国家教育委员会组织编写
顾问／李岚清 张岱年
编委会主任／朱开轩
主编／罗国杰
副主编／夏伟东

中国传统道德

ZHONGGUO CHUANTONG DAODE

普及本

（重排本）

中国人民大学出版社
· 北京 ·

弘揚中國古代優良道德

传统和革命道德传统吸取

人類一切優秀道德成就努

力創建人類先進的精神文明

江澤民

一九九五年十月六日

江泽民同志为《中国传统道德》题词

弘扬精华，除弃糟粕，
广征博引，治学严谨，
以教兴国，精神文明。
为《中国传统道德》丛书题
李鹏 一九九四年
六月十二日

李鹏同志为《中国传统道德》题词

继承和弘扬
中华民族的传统美德

——《中国传统道德》序

李岚清

中国素以礼仪之邦、文明古国著称于世。中华民族传统文化为人类文明发展做出了非凡的贡献，老一辈无产阶级革命家历来都非常重视对我国优秀传统文化的继承和弘扬。毛泽东同志曾经说过："我们这个民族有数千年的历史，有它的特点，有它的许多珍贵品。对于这些，我们还是小学生。今天的中国是历史的中国的一个发展；我们是马克思主义的历史主义者，我们不应当割断历史。从孔夫子到孙中山，我们应当给以总结，承继这一份珍贵的遗产。"邓小平同志也要求我们"大胆吸收和借鉴人类社会创造的一切文明成果"。江泽民总书记在庆祝中国共产党成立七十周年大会上的讲话中强调指出："中华民族是有悠久历史和优秀文化的伟大民族。我们的文化建设不能割断历史。对民族传统文化要取其精华、去其糟粕，并结合时代的特点加以发展，推陈出新，使它不断发扬光大。"中国传统道德，是中华民族在其长期过程中逐渐凝聚起来的民族精神的一个重要组成部分；从一定意义上说，是中华民族传统文化的核心。

建设有中国特色的社会主义，既要抓好物质文明建设，又要抓好精神文明建设，特别是在社会主义市场经济体制下，更要重视精神文明建设。继承和弘扬中华民族的优秀传统文化，尤其是传统美德，无疑是精神文明建设的一个重要方面。继承和弘扬中华民族传统美德的根本目的，在于结合革命传统教育，更加振奋我们的民族精神，增强中华民族的自尊心、自信心、自豪感和凝聚力；在于使社会主义道德具备更为丰富的内涵；在于更好地协调人际关系，促进社会主义市场经济的健康发展；在于使社会主义、集体主义、爱国主义思想更加深入人心，成为社会文化思想的主旋律，并形成适应现代社会发展、有中国特色的价值观和伦理道德规范。

加强对广大青少年的传统美德教育，是摆在教育工作者乃至全社会面前的一项重要战略任务。为此，由国家教委组织领导，数十名专家参与，在对中国传统道德素材进行全面分析整理的基础上，按照传统道德与时代精神相结合，与革命传统相结合，与爱国主义、国际主义相结合的原则，取其精华，分类归纳，编撰成《中国传统道德》一书的多卷本和简编本。

此书可作为德育的参考教材，在学校试用一段时间，收集一下各方面的意见和反映，然后再组织力量，在此基础上编写出适合各级各类学校学生使用的教科书。同时，还应把此书内容通过电化教育手段和文艺作品的形式传播开来，以扩大传统美德的教育面。

希望有关专家和广大读者，尤其是教育工作者，能对此书提出修改意见，及时告知编者，以便再版时使其更臻完善。

编者的话

（一）

《中国传统道德》普及本是根据中央领导同志和国家教委领导同志的指示精神，由国家教委组织编写的。本书主要用于在各类学校进行中国古代优秀传统道德的教育。

我们这里所讲的中国传统伦理道德，主要是指从先秦到辛亥革命时期，以儒墨道法各家伦理道德传统为内容的伦理思想以及道德实践活动的行为规范的总和。其中，由于中国历史的特殊原因，儒家的伦理道德思想占有重要的地位，具有重要的影响。

中国传统道德是中华民族思想文化传统的重要组成部分，是中国古代思想家对中华民族道德实践经验的总结，是中华民族在长期社会实践中逐渐凝聚起来的民族精神的一个重要组成部分，对于中国传统文化、民族心理有着巨大的影响和作用。从一定意义上说，中国传统道德是中华民族思想文化传统的核心。

弘扬中华民族优良道德传统，其根本目的，在于振奋我们的民族精神，增强民族自豪感和民族责任感，提高民族自尊心和民族自信心；在于使社会主义道德有更丰富的内容和更能为群众所喜闻乐见的民族形式，有更强的民族特色和凝聚力、向心力；在于能更好地协调社会主义社会的人际关系，促进社会主义市场经济的健康发展；在于使集体主义、爱国主义和社会主义真正成为我们社会在思想上的主旋律，从而促进社会主义精神文明的建设，形成有中国特色的价值观和伦理道德规范。

（二）

中华民族的传统道德与当今中国社会主义的现代化建设有着密切的

关系。

第一，实现国家的现代化，大力发展国家的经济，使人民的生活更加富裕起来，是世界各发展中国家独立以后所面临的历史任务。任何一个国家的现代化，都是以不同的文化道德传统和价值观念作为指导的。每个不同的民族，都有与其他民族不同的传统文化，任何一个人都要直接或间接地接受包括传统道德在内的传统文化的哺育和影响。在实现现代化的整个过程中，究竟怎样对待自己的传统文化和伦理道德，这是发展中国家所面临的一个重要问题。传统文化包括传统伦理道德，是积淀在民族的思想意识和行为规范里的，是民族心理和民族性格的组成部分，制约和影响着人们的现实生活。一个着眼于未来、大力进行现代化工作的国家和民族，必然不会忘记自己的历史，更不会抛弃本民族的优良道德传统。从这一点出发，世界各发展中国家 20 世纪以来在大力实现现代化的过程中，都极力倡导和弘扬自己国家的价值观念，保持和发扬本民族的优良道德传统。中国的现代化是社会主义的现代化，是为实现共产主义的最终目的而实行的现代化。保持和发扬中华民族的优良传统道德，更有特殊的意义。

第二，现代化决不等于西方化。社会主义的现代化更是如此。我们要实现社会主义的现代化，就必须吸收人类文明发展中的一切优秀成果，包括西方近现代伦理思想文化的优秀成果。但是，我们在实现现代化的过程中，必须抵御西方拜金主义、享乐主义和个人主义的影响。应当看到，由商品经济的负面影响所诱发的自私自利、见利忘义、损人利己和损公肥私的行为，是极端有害的。随着社会主义市场经济体制的形成，在以公有制为主体多种经济成分并存、以按劳分配为主体多种分配形式并存的局面下，人们面临着多样化的价值取向。但是，社会主义根据其基本的经济政治和文化制度的要求，在价值导向上必须是一元化的，这就是以马克思主义为指导的社会主义的集体主义。批判地继承中国传统道德，也就是用民族的美德来更好地弘扬社会主义的集体主义道德。

第三，中华民族的优秀传统文化，特别是优良道德传统，对于推动我国当前的现代化事业具有重要的意义。从根本上而言，我们的现代化既包括物质方面的现代化，社会结构和社会关系的现代化，更必须保持和发扬强大的精神力量，包括继承和弘扬中华民族的传统文化，特别是优良道德传统，可以说，中华民族优良的道德传统是社会主义现代化建设必不可少的重要的精神力量。历史的发展说明，中华民族的优良道德传统，对于中国社会优良道德风尚的形成，对于中华民族的团结、和谐与发展，产生过并正在产生着非常重要的作用。中国及其周边一些国家的经济发展，已经并正在有力地说明，古老的东方传统文化，不但没有影响这些国家的现代化的发展，而且一定程度上已经成为这些国家维持社会秩序、改善社会风尚、协调人际关系、增强国家凝聚力的精神力量。在社会主义现代化的建设事业中，我们应当使民族的优良道德传统通过改造和发展，在社会主义现代化中发挥优于其他国家和地区的更加巨大的作用。

(三)

毋庸讳言，中国传统道德具有鲜明的矛盾性和两重性。它既有民主性的精华，又有封建性的糟粕；既有积极、进步、革新的一面，又有消极、保守、落后的一面。而且在有些情况下，精华与糟粕又互相结合，良莠混杂，瑕瑜互见。

对于中国传统道德，我们既不能全盘否定，也不能全盘继承。全盘否定势必导致历史虚无主义；全盘继承势必导致复古主义。这两种倾向都是错误的。正确的态度是以历史唯物主义为指导，坚持批判继承、弃糟取精、综合创新和古为今用的方针。“批判继承”是一个总的原则，即强调继承是在历史唯物主义的理论指导下有批判、有选择、有目的的继承，是以是否符合广大人民群众的利益为原则的继承。“弃糟取精”是继承文化遗产、特别是继承传统伦理道德的一个重要要求，是一种弘扬精华、除弃糟粕的继承，是经过咀嚼、消化的继承。“综合创新”是强调在吸取中国传统伦理道德时，要注意进行一种“综合”和“创新”的工作。一方面，对中国历史上诸子百家的伦理道德思想，要择各家之精华，加以比较、分析和综合，使之形成一种新的符合时代需要的思想，并使之成为社会主义、共产主义道德的一个组成部分。另一方面，还要注意对全人类的伦理道德遗产进行整理、对比和鉴别，并善于吸取其中有益的东西，同中国的传统伦理道德相综合，以创造出先进的精神文明。“古为今用”就是为了适应有中国特色的社会主义建设的需要，解决现实生活中的有关伦理道德问题，为我国的经济建设创造良好的道德环境，保证我国的物质文明建设能够沿着社会主义道路更加健康地向前发展。

(四)

中国优秀传统道德的核心及其一贯思想，是强调为社会、为民族、为国家、为人民的整体主义思想。所谓整体，在中国长期的封建社会中，主要指的是整个社会、民族和国家。可以说，一切传统美德都是围绕着这一整体精神而展开的。《诗经》中提出的“夙夜在公”，贾谊《治安策》中提出的“国而忘家，公而忘私”等，都不断强调着一种为整体而献身的精神。正是在这种精神的影响下，范仲淹提倡“先天下之忧而忧，后天下之乐而乐”；文天祥认为“人生自古谁无死，留取丹心照汗青”；顾炎武提出“天下兴亡，匹夫有责”；颜元力求“富天下，强天下，安天下”；林则徐主张“苟利国家生死以，岂因祸福避趋之”等等，这些思想都显示了强烈的为国家、为民族、为整体的献身精神。也正是从国家利益和整体利益的原则出发，在个人对他人、对社会的关系上，中国传统道德强调先人后己，助人为乐；强调个人对社会尽责；强调自觉地为他人、为社会、为人群。这种群体主义思想，应当说是中国伦理道德传统区别于西方伦理道德传统的一个重要的特点和优点。

历史长河的发展，王朝统治的不断改变，各民族的纷争和融合，孕育和培养了这样一种崇高、伟大、朴实的整体主义思想，使中华民族始终没有解体，没有屈服，傲然屹立于世界民族之林，这是世界各国所未有的。维护国家的统一，民族的团结，反对分裂，反对内战，成为几千年来各族人民的共同愿望，从而决定了中国历史发展的主流和方向。尽管中华民族在历史上也曾经历了无数次严重的外忧，也曾经历了造成国家分裂和地区政权间对立的内患，诸如魏晋南北朝，五代十国，宋、辽、金、西夏并峙等时期，但最终都依靠自己的力量，一次次地获得了新的生机。

中华民族的整体主义思想具有十分丰富的历史内涵。在长达数千年之久的中国历史长河中，中华民族依靠这种精神无所畏惧地战胜了一个又一个的困难，克服了一个又一个的障碍，涌现了一批又一批光照日月、永垂青史的民族英雄，谱写了一曲又一曲高亢激越的整体主义颂歌。今天，弘扬中华民族的整体主义精神，对于团结全国各族人民齐心协力地振兴我们的政治、经济和文化，建设我们伟大的祖国，实现社会主义现代化，不但具有十分深远的历史意义，而且具有十分深刻的现实意义。

当然，我们应当看到，中国传统道德中的整体主义思想，在过去剥削阶级掌握政权的社会中，又总是打上剥削阶级的烙印，成为维护其阶级统治的一种思想武器。在长期的封建社会中，统治阶级总是把自己的阶级利益，甚至是把一姓王朝的利益冒充为所谓国家的利益和整体的利益。我们今天批判继承中国传统道德中的整体主义精神，就是要批判这种用一己私利冒充国家利益、整体利益的思想，继承那种“夙夜在公”、“公而忘私”的精神。国家、社稷和民族的利益，确实是同广大人民群众的生活幸福、社会稳定、生产发展、人际和谐等联系在一起的。每当一个王朝的经济得到发展、政治清明廉洁、社会秩序稳定、道德风尚良好的时候，社会各个阶层，当然也包括劳动人民，都能够从中得到好处，直接感受到经济利益。相反，每当一个王朝日趋衰落、经济凋敝、政治腐败时，受害最大的又必然是处在最底层的劳动人民。特别是每当一姓王朝处于积贫积弱、日趋没落的境况时，外忧内患的直接结果，必然是使广大劳动人民承受最直接、最深重的灾难，处于水深火热之中而不能自拔。也正是由于这种原因，历史上的无数志士仁人、英雄豪杰，尽管对某一姓封建王朝压迫人民、倒行逆施的腐败统治的认识程度不同，但他们总是勇于献身，杀身成仁，舍生取义，为民族为国家尽自己的忠心。

(五)

《中国传统道德》普及本是在李岚清副总理和国家教委主任朱开轩同志直接领导下编写的。国家教委高等学校社会科学发展研究中心承担了本书编写的组织工作。

《中国传统道德》普及本是在《中国传统道德》多卷本和简编本的基础上改编而成的。“多卷本”共分五卷，分别为：《规范卷》、《德行卷》、《教育修养卷》、《理论卷》和《名言卷》；“简编本”共分四篇，分别为：《规范篇》、《德行篇》、《教育修养篇》和《名言篇》。“多卷本”和“简编本”也是在李岚清副总理和朱开轩主任直接领导下编写的。

虽然目前这本“普及本”是在原来的“多卷本”和“简编本”的基础上编写的，与“多卷本”和“简编本”是一套书，但“普及本”不是一本删繁就简的“缩编本”，而是为新的读者对象重新编写的一本新书。考试 到本书的读者对象，我们在编写“普及本”时把握着三条原则：一是选材要少而精；二是注释要简明而通俗；三是译文要准确而易懂。于是，我们对“多卷本”和“简编本”的古文原文重新作了筛选，尤其是增加了一些新的材料；同时也对古文原文作了重新注释；在此基础上，对所选古文原文逐条进行白话翻译，译文尽量紧扣原文，但也对一些费解的词语采取大意翻译的办法。加上我们根据新的读者对象而重新撰写的每篇《导言》和每节《案语》，我们相信，这本“普及本”在语言文字方面的障碍已减少了很多，能够较好地发挥普及中国古代优秀传统道德的作用，适合中、小学校的学生，中等专业学校特别是中等师范学校的学生，以及一般文化水平的干部、职员、工人、农民、军人阅读。大学生、研究生，以及大、中、小学校的老师，也可以将此书作为参考读物。

本书仍由《中国传统道德》总主编罗国杰（中国人民大学教授）任主编，夏伟东（国家教委高校社会科学发展研究中心副主任、编审）任副主编；第一篇《规范》由焦国成（中国人民大学教授）编写，第二篇《教育修养》由夏伟东编写，第三篇《德行》由钱逊（清华大学教授）编写；罗国杰统审统改全书，夏伟东、焦国成协助审改了第三篇《德行》。《高校理论战线》杂志总编辑、《中国传统道德》丛书编委会副主任武兆令，社科中心主任田心铭、副主任史习江做了大量组织工作，并认真审读了全书，提出了许多很好的修改意见。社科中心助理研究员杨宗元核校了全书的原文。

弘扬和普及中国古代优秀传统道德，是当前加强和改进学校德育工作，促进全社会精神文明建设的一项重要工作，我们编写《中国传统道德》普及本，就是为这项工作尽一点力量。但由于中国传统道德总是瑕瑜互见、精华与糟粕共存的，再加上我们的水平所限，本书一定还会有这样那样的问题。诚恳希望阅读本书的读者，提出批评意见，以利我们改正。

目录

第一篇　规范　1

第一篇

规　范

导言

中国传统道德规范是一个博大精深、内涵丰富的体系。在中国传统道德中，规范部分是其主体构架或核心的部分。道德理论学说，是对它的根据的说明；道德实践，是对它在人生活动中的应用。在古代，道德规范就像木匠用来划圆划方的规和矩一样，是人们道德行为的标准。

中国传统道德规范可以有多种划分。在《中国传统道德》多卷本中，我们把它划分成“基本道德规范”、“职业道德规范”、“家庭伦理规范”和“文明礼仪规范”四个部分。在这里，由于篇幅所限，我们仅仅以基本道德规范为主，选取了二十一个规范加以阐释。

这二十一个道德规范分别是公忠、正义、仁爱、中和、孝慈、诚信、宽恕、谦敬、礼让、自强、持节、知耻、明智、勇毅、节制、廉洁、勤俭、爱物、敬业、友谊和礼仪。

前九个道德规范，为人际交往的基本道德规范。公忠，讲处理个人与国家、个人与天下关系的道德规范；正义，讲处理人际关系、利益关系的道德原则；仁爱，讲人与人相处之道；中和，讲处己和接人待物中所应持守的言行限度；孝慈，讲父母与子女之间各自应遵守的规范；诚信，讲人际交往中道德主体所应遵守的基本道德；宽恕，讲人际交往遇到矛盾和冲突时，主体所应遵守的态度和行为规范；谦敬，讲主体在如何处己和人际交往时所应持守的道德规范；礼让，讲在与人交往时主体在行为上应遵守的具体规范。能依此九条规范行事，就能达到人际关系的和谐。

第十至第十八个规范，是关于个人如何处己立身的道德规范。自强，讲人之奋斗进取，自强不息；持节，讲一个有道德的人所应有的道德信念、原则和操守；知耻，讲人应当有怎样的善善恶恶的道德感；明智，讲如何正确地辨别是非，选择自己的道德行为；勇毅，讲人的行仁行义、克敌制胜、纠错改非的道德和坚持精神；节制，讲人对待欲望方面的自我控制和自我管理；廉洁，讲从政之人所应遵行的道德规范；勤俭，讲人们在日常生活之中，尤其是在生产和消费两个方面所应遵循的道德规范；爱物，讲人们在如何对待人以外的自然事物、人造事物等方面所应持守的道德要求。

敬业，是关于职业方面的道德规范。职业有许多种，而每一种职业又依据其职业需要而有其特殊的道德规范。敬业则是对所有职业道德规范的最基本的道德要求的一个概括。

此外，我们考虑到现实的需要，还选择了“友谊”和“礼仪”两个方面的规范，供大家学习。

中国传统道德规范，是在中华民族长期实践中形成和发展的，它蕴含了中国人民的道德智慧，适应中国的国情和国人的性格，其中也包含了相当多的道德真理，因此，我们在今天应该予以很好地继承和发扬。中国传统道德规范，又是在以往的阶级社会中由统治阶级提倡的道德规范，所以，它又有以往旧社会的痕迹和局限。这就需要我们在学习时有一个批判分析的态度，切忌无批判地吸取。学古是为了今用。我们如果能够对于传统道德规范进行很好的批判继承，必将有助于现代社会主义道德规范体系的完善，有助于“四有”新人的培养。

第一节 公 忠

本节案语

公忠是中国传统道德最重要的规范之一。它是处理个人与整体、个人与国家、天下和人民之间关系的基本规范。这一道德规范，要求每一个个人都要把公共整体利益放在第一位，把自己的利益放在第二位；忠诚于公共利益和事业，在必要的时候为之献身。这种“公而忘私”、“临患不忘国”、“乐以天下，忧以天下”、“天下为公”的公忠思想，千百年来一直为仁人志士所提倡和实践，从而凝结为中华民族道德精神的核心。

值得注意的是，统治阶级也是一直非常重视公忠道德，并把它作为封建道德教化的核心内容的。统治阶级的某些思想家，一直把“忠于君主”、“忠于社稷国家”作为公忠的根本要求，从而维持君主和整个剥削阶级的统治。公忠的这种局限性，是由私有制社会所决定的。不过，历代都有进步的思想家积极地宣扬民本主义的观点，认为民众是国家的根本，公忠首先是忠于人民、忠于道义。明清之际的思想家更是把对一家一姓的忠与对天下对人民的忠区分开来，提倡“天下兴亡，匹夫有责”的公忠。我们要继承的正是这种有人民性内涵的公忠规范。

【原文】 公家之利①，知无不为②，忠也。（《左传·僖公九年》）

【注释】 ①公家之利：指国家利益。②无不为：没有不去做的。

【大意】 凡是对国家有利的事，知道了就马上去做，这就叫做忠。

【原文】 临患不忘国①，忠也。（《左传·昭公元年》）

【注释】 ①临患：面临灾难。

【大意】 面临灾祸而不忘国家利益，才算得上真正的忠。

【原文】 乐民之乐者，民亦乐其乐；忧民之忧者，民亦忧其忧。乐以天下，忧以天下①，然而不王者②，未之有也。（《孟子·梁惠王下》）

【注释】 ①忧以天下：为天下人而忧虑。②不王：不能称王于天下。

【大意】 以民众的快乐为快乐的人，民众也会以他的快乐为快乐；以民众的忧愁为忧愁的人，民众也会以他的忧愁为忧愁。为天下人的快乐而快乐，为天下人的忧愁而忧愁，这样还不能称王于天下的人，是不曾有过的。

【原文】 天下非一人之天下也，天下之天下也。阴阳之和①，不长一类②；甘露时雨，不私一物；万民之主，不阿③一人。（《吕氏春秋·贵公》）

【注释】 ①阴阳：最初指日光的向背，向日为阳，背日为阴。后以阴阳指自然界两种既相对立又互不相离的势力，并以阴阳之间的矛盾说明事物的变化。和：调和。②长：生长。不长一类：不只生长一种物类。③阿：偏袒，庇护。

【大意】 整个天下不是哪一个人的私有财产，而是天下所有的人的天下。阴阳和合不仅仅生长一种事物，甘露时雨也不只是浇灌一种花草。万民的领导者也应该效法天地本有的公道，对哪一个人也不要偏袒。

【原文】 国耳[①]忘家，公耳忘私，利不苟就[②]，害不苟去[③]，惟义所在[④]。(《汉书》卷八《贾谊传》)

【注释】 ①耳：语助词。②利不苟就：遇利不苟且地趋就追求。③害不苟去：遇害不苟且地躲避远离。④惟义所在：只是以义为行为的准则。

【大意】 为国家而忘记家事，为公事而忘记私事，遇利而不无原则地求取，遇害而不苟且地躲避，一切都要按义的准则去做。

【原文】 大道之行也，天下为公[①]，选贤与能，讲信修睦[②]。故人不独亲其亲，不独子其子[③]，使老有所终[④]，壮有所用，幼有所长，矜[⑤]、寡、孤、独、废、疾者皆有所养，男有分[⑥]，女有归[⑦]。货恶其弃于地也，不必藏于己；力恶其不出于身也，不必为己。是故谋闭而不兴[⑧]，盗窃乱贼而不作，故外户而不闭。是谓“大同”。(《礼记·礼运》)

【注释】 ①天下为公：意为天下乃天下人之天下，不为一人一家所私有。②讲信修睦：讲求诚信，致力友爱和睦。③不独子其子：不只是慈爱自己的子女。④使老有所终：使老人们都能安度终生。⑤矜：通“鳏”，老而无妻者。⑥分：职分，职务。⑦归：归宿，指能及时嫁人。⑧谋闭：谓机谋闭塞。兴：起。

【大意】 在大道施行的时候，天下是公有的，选拔的都是有贤德和有能力的人，讲的是信义，修习的是亲睦。所以，那时的人们不只是亲爱自己的父母，不只是慈爱自己的子女；使老人们都能安度余生，使壮年的人都有用处，使幼年的人都能得到抚育；男子老了没有妻子的，女子老了没有丈夫的，年幼而没有父母的，年老而没有子女的，残废的，身体常有疾病的，都能得到赡养。男人们都有职分事业，女人们都有合意的丈夫和家庭。财货怕它抛弃在地上不用浪费掉，不必归于自己才肯收藏起来；力气怕的是没法贡献出来，不必是为了自己。因此，自私自利的智谋机心被闭塞住而不会兴起，盗窃作乱伤害人的事不会发生，所以人们连外面的大门也用不着关上。这就叫做“大同”世界。

【原文】 理者，天下之至公，利者，众人所同欲。苟公其心，不失其正理，则与众同利无侵于人，人亦欲与之。若切[①]于好利，蔽于自私，求自益以损于人，则人亦与之力争，故莫肯益之，而有击夺之者矣[②]。(《二程集·周易程氏传》卷三)

【注释】　①切：急切。②故莫肯益之，而有击夺之者矣：意思是说，自私自利、损人利己的人，别人要同他斗争，不肯使他得益，并且有的人还要打击他，与他夺利。

【大意】　理是天下至为公正的东西，利是众人所共同欲求的东西。只有把心放公正，不违反正确的道理，那么就会与众人同得利益而不会侵害别人，别人也愿意给他利益。如果一个人急切地渴求利益，被一颗自私的心所蒙蔽，不知正确的道理，只求对自己有好处而不惜损害他人，那么他人也要与之力争，不肯使他占便宜，并且还会有人出来打击他，连他应得的那一份也给夺走。

【原文】　有亡国，有亡天下，亡国与亡天下奚辨？曰：易姓改号，谓之亡国；仁义充塞，而至于率兽食人，人将相食，谓之亡天下。……是故知保天下，然后知保其国。保国者，其君其臣，肉食者谋之；保天下者，匹夫之贱，与有责焉耳矣。(顾炎武：《日知录·正始》)

【大意】　有“亡国”，有“亡天下”。这两者有什么分别呢？改朝换代，某姓王朝被推翻了，这叫“亡国”。仁义大道被扼制而不再流行，天下失去了公平正义，以至于率领禽兽吃人，社会成了人吃人的社会，这就叫做“亡天下”。……因此，知道保卫天下正义，然后才知道保卫国家。保卫国家之事，由该国的君主和臣们担当，每天都有肉吃的高官显贵们在谋划这件事。保卫天下这件事，即使低贱的布衣男子，也都是有一份责任的。(后来，梁启超将这段话概括成了“天下兴亡，匹夫有责”。)

第二节　正　义

本节案语

正义是一个含义十分广泛的传统道德规范。古人说：“义者，宜也。”意思是说，义就是适宜、适当、应当的意思。义历来被人们所重视，是儒家所提倡的“五常”之一。传统思想认为，义是人之为人的根本，一个人如果不讲义，就和禽兽差不多了；义还是组成社会的一种根本原则，社会、国家之所以能够维持下去，主要赖于有正义存在。思想家们还特别强调了公义和私义的区别问题。他们认为，从不同的立场出发，就会提出不同的“义”，有所谓一人之正义，有所谓一时之大义，有所谓天下之通义。传统道德强调的是以整体利益、天下和人民利益为内涵的正义，反对以私义害公义。义作为一种道德的标准，必然要与个人利益发生关系。传统道德要求人们见利思义，以义制利，主张“敬事而后食”，“义以为上”。在正义与个人的利益或生命发生对立和冲突且两者必选其一时，传统道德要人们坚持正义的原则和信念，杀身成仁、舍生取义。这种道德规范及其思想，在历史上产生了巨大的影响，造就了一大批仁人志士和民族的“脊梁”。

【原文】 见得思义。（《论语·季氏》）

【大意】 看见可得的，要考虑是否应该得。

【原文】 子曰：“君子义以为质[①]，礼以行之，孙以出之[②]，信以成之。”（《论语·卫灵公》）

【注释】 ①义以为质：以义作为根本。②孙：同“逊”。出：说出。

【大意】 孔子说：“君子要以义作为根本，依照礼节即道德行为规范去实行它，用谦逊的语言来表达它，用诚实的态度完成它。”

【原文】 曰：义正者何若[①]？曰：大不攻小也，强不侮弱也，众不贼寡也，诈不欺愚也，贵不傲贱也，富不骄贫也，壮不夺老也。是以天下之庶国[②]，莫以水火毒药兵刃以相害也。（《墨子·天志下》）

【注释】 ①义正：以义服人的政治。正通政。何若：如何，怎么样。②庶国：众国。

【大意】 义政的实际内涵就是：大者不攻击小者，强者不欺辱弱者，人多势众者不伤害人少势弱者，狡诈机变者不欺负愚笨迟钝者，高贵者不傲视低贱者，富有者不鄙视贫穷者，年壮者不夺取年老者。如果能够做到这样，那么天下各个国家之间就不会用水火、毒药和兵刃相互残害了。

【原文】 非其义也，非其道也，禄之以天下，弗顾也；系马千

驷[①]，弗视也。非其义也，非其道也，一介[②]不以与人，一介不以取诸人。(《孟子·万章上》)

【注释】　①千驷：四马曰驷。千驷即四千匹马。②介：同“芥”。一介，喻极其轻微的东西。

【大意】　如果不是合乎正义的，不是合乎大道的，即使拿天下所有的财富给他作俸禄，他也不会留恋眷顾；给他在那里拴四千匹马，他也不会看一眼。如果不是合乎正义的，不是合乎大道的，就是一点点小东西也不会拿来送给别人，同样也不会向别人要一点点小东西。

【原文】　孟子曰：“鱼我所欲也，熊掌[①]亦我所欲也；二者不可得兼，舍鱼而取熊掌者也。生亦我所欲也，义亦我所欲也；二者不可得兼，舍生而取义者也。”(《孟子·告子上》)

【注释】　①熊掌：亦名熊蹯。据《本草纲目》记载：“熊冬月蛰时不食，饥则舐其掌，故其美在掌”。

【大意】　孟子说：“鱼，是我想吃的；熊掌，也是我想吃的。两种东西不能同时得到时，宁愿舍弃鱼而要熊掌。生命是我想要的，道义也是我所想要的。两者不能同时兼得的话，就宁愿牺牲生命而取道义。”

【原文】　水火有气而无生，草木有生而无知，禽兽有知而无义，人有气，有生，有知，亦且有义[①]，故最为天下贵也。力不若牛，走不若马，而牛马为用，何也？曰：人能群，彼不能群也[②]。人何以能群？曰：分[③]。分何以能行？曰：义。故义以分则和，和则一[④]，一则多力，多力则强，强则胜物。(《荀子·王制》)

【注释】　①气：我国古代一些思想家把气当作原始物质，认为万物都是由气构成的。生：生命。知：知觉，指动物本能的反应。义：道义。②若：如。群：合群，这里指人们按一定职分关系组织起来。彼：它们，指牛马。③分：职分。④一：一致，统一。

【大意】　水火是由气的原始物质所构成的，但它们没有生命；草木有生命，但是没有什么知觉和本能的反应；禽兽有知觉和本能的反应，但不知道道义。人有构成身体的原始物质气，有生命，有知觉，还有道义，所以是天下最高贵的事物。人的力气比不上牛，奔跑起来不如马，而牛马却为人所役使，这是为什么呢？这是因为人能够合群，而牛马不能合群的缘故。人为什么能够合群呢？是因为人有职分，能按一定的职分关系组织起来。职分又怎么能行得通呢？是因为其合乎义。所以以义来定职分，人们的关系就能和谐，能够和谐就能够一致；能够一致，力量就大；力量大，就强大；强大，就能够战胜万物。

【原文】 义与利者，人之所两有也。虽尧、舜[①]不能去民之欲利，然而能使其欲利不克其好义也[②]。虽桀、纣[③]亦不能去民之好义，然而能使其好义不胜其欲利也。故义胜利者为治世，利克义者为乱世。上[④]重义则义克利，上重利则利克义。（《荀子·大略》）

【注释】 ①尧舜：传说生活于夏朝之前的两位圣明的君主。尧曾传位于舜，舜传位于夏朝的实际开创者禹。②克：胜。好（hào 浩）：喜好。③桀纣：古代的两位暴君。桀是夏朝末年的君主，纣是殷朝末年的君主。④上：指统治者。

【大意】 正义和财利，是人民所兼有的。纵然是上古的圣王尧舜，也不能够去掉人民对利的追求，然而能够使他们的喜好财利之心不胜过喜好正义。纵然是上古的暴君桀和纣，也不能够去掉人民对于道义的追求，然而能够使他们的喜好道义之心不胜过喜好财利。所以喜好道义胜过了喜好财利的，是治平的世界；喜好财利胜过喜好正义的，是混乱的世界。统治者重视道义，人民的喜好道义之心会胜过喜好财利之心；统治者重视财利，人民的喜好财利之心就会胜过喜好道义之心。

【原文】 有一人之正义，有一时之大义，有古今之通义[①]；轻重之衡，公私之辨，三者不可不察。以一人之义，视一时之大义，而一人之义私矣；以一时之义，视古今之通义，而一时之义私矣；公者重，私者轻矣，权衡之所自定也。（王夫之：《读通鉴论》卷十四《安帝十四》）

【注释】 ①通义：指适用于一般情况和一切时代的道理和法则。

【大意】 有只适用于一个人的道理和法则，有适用于一个时期的道理和法则，有适用于一般情况和一切时代的道理和法则。对于这三种道理和法则，哪个轻哪个重，哪个是公哪个是私，不能不察看清楚。拿一个人的道理和法则与适用于一个时期的道理和法则相比，适用于一个人的道理和法则是私；拿适用于一个时期的道理和法则与通行天下的道理和法则相比，适用于一个时期的道理和法则是私。属于公的道理和法则重，属于私的道理和法则轻，衡量起来自然应当如此。

【原文】 其实义中之利，君子所贵也。后儒[①]乃云“正其谊不谋其利”，过[②]矣！宋人喜道之，以文其空疏无用之学。予尝矫其偏，改

云："正其谊[3]以谋其利，明其道而计其功。"（颜元：《四书正误》卷一）

【注释】　①后儒：指生活于西汉时期的大儒董仲舒。因其时代后于春秋战国时的儒家，故称后儒。②过：错，过头。③谊：同"义"。

【大意】　其实合乎正义的利益，君子也是看重的。后来儒者说"只要讲正当而不要谋求利益"，说得过头了！宋代的人很喜欢宣扬这句话，以便装饰他们提出来的空洞无用的学问和思想。我曾经矫正这句话的偏颇，改为："讲究应当，同时为了谋取利益，讲明道义而且考虑行为的功效。"

第三节　仁　爱

本节案语

仁爱，是中国传统道德最重要的规范之一。它讲的是人与人的相处之道，在历史上被看作是"五常"之首。人们认为，一个人算不算作是真正的人，是否具有仁德仁心就是衡量的重要标准。仁爱具有宽广的内涵，孝、悌、忠、恕、恭、宽、信、敏、惠、智、勇等都是它的组成部分。在儒家那里，仁被视为"全德"。它的核心内容，就是对人爱，即对人同情、关怀、爱护和帮助。仁爱，是中国古代人道主义最集中的体现。

仁爱在不同的阶级和不同的学派那里有不同的解释。在儒家那里，仁爱被看成是一种以孝为根本、以爱人和爱物为主要内容的、分等差、分厚薄、分先后的爱。在墨家那里，仁爱就是兼爱，即"视人之国若视其国，视人之家若视其家，视人之身若视其身"的不分等差和先后的博爱。前者反映了统治阶级的意志，反映了宗法等级制对道德的制约作用，后者则反映了处于社会下层的人民群众的善良本质和良好愿望。在阶级社会中，超阶级的人类之爱是很少的，所以说，历史上的以人类共同道德面目出现的仁爱规范含有一定的空想成分。

【原文】　樊迟[1]问仁。子曰："爱人。"（《论语·颜渊》）

【注释】　①樊迟：孔子弟子，名须，字子迟。

【大意】　樊迟问什么是仁。孔子回答说："爱别人就是仁。"

【原文】 子贡[①]曰："如有博施于民而能济众，何如？可谓仁乎？"子曰："何事于仁，必也圣乎！尧舜其犹病诸[②]！夫[③]仁者，己欲立而立人，己欲达而达人[④]。能近取譬，可谓仁之方也[⑤]已。"（《论语·雍也》）

【注释】 ①子贡：孔子弟子，姓端木，名赐，字子贡，卫国人。②尧舜：传说中的两位上古帝王，也是孔子心目中的圣人。病：指没有完全做到。诸：相当于"之乎"的意思。③夫（fú扶）：发语词。④达：通达。⑤取譬：相当于"取例"。方：方法。

【大意】 子贡问："如果有一个人，能广泛地给人民以好处，又能帮助大家生活得很好，怎么样？可以算是仁了吗？"孔子答："哪里仅仅是仁，那一定是圣了！尧和舜这样的圣王都难以做到呢！所谓仁，就是自己要立得住，同时也要使别人立得住，自己想要通达，也要让别人通达。能够拿对待亲近的人和事做比喻，推而去对待一切人和事，这可以说是实行仁道的方法了。"

【原文】 子张[①]问仁于孔子。孔子曰："能行五者于天下为仁矣。""请问之"。曰："恭、宽、信、敏、惠。恭[②]则不侮，宽则得众[③]，信[④]则人任焉，敏[⑤]则有功，惠[⑥]则足以使人。"（《论语·阳货》）

【注释】 ①子张：孔子弟子，姓颛孙，名师，字子张。②恭：庄重。③宽：宽厚。④信：诚实。⑤敏：勤敏。⑥惠：恩惠。

【大意】 子张向孔子问仁。孔子说："能把五种东西推行到对人处事的一切方面，就算是仁了。"子张说："请问是哪五种？"孔子说："庄重，宽厚，诚实，勤敏，慈惠。庄重就不会受到轻侮，宽厚就会得众人之心，诚实就会得到别人的任用，勤敏就会取得成效，慈惠就能够使用别人。"

【原文】 子曰："志士仁人，无求生以害仁[①]，有杀身以成仁。"（《论语·卫灵公》）

【注释】 ①害仁：损害仁德。

【大意】 孔子说："志士仁人不苟全生命而损害仁德，宁肯牺牲生命而成全仁德。"

【原文】 叔向[①]问晏子[②]曰："意[③]孰为高？行孰为厚？"对曰："意莫高于爱民，行莫厚于乐民。"又问曰："意孰为下，行孰为贱？"对曰："意莫下于刻民，行莫贱于害民。"（《晏子春秋·内篇问下》）

【注释】 ①叔向：春秋时晋国大夫。②晏子：春秋时齐国大夫，即晏婴。③意：据刘师培考证，他认为此节四个“意”字，均为“德”字之误写。“德”在古代原写作“真”，与“意”字形相近。

【大意】 晋国的大夫叔向问齐国的大夫晏婴：“什么道德最高尚？什么行为最厚重？”晏子回答说：“最高尚的道德莫过于爱民，最厚重的行为莫过于乐民。”叔向又问：“什么道德最卑鄙？什么行为最下贱？”晏子回答说：“最卑鄙的道德莫过于苛刻老百姓，最下贱的行为莫过于扰害老百姓。”

【原文】 夫爱人者，人必从而爱之；利人[1]者，人必从而利之；恶[2]人者，人必从而恶之；害人者，人必从而害之。（《墨子·兼爱中》）

【注释】 ①利人：把利益施于别人。利，此作动词用。②恶（wù物）：憎恶。

【大意】 爱别人的人，别人也必然会爱他；把利益给别人的人，别人也必然会给他利益；憎恨别人的人，也必然会遭到别人的憎恨；伤害别人的人，别人也必然会反过来伤害他。

【原文】 仁之法，在爱人，不在爱我。义之法，在正我，不在正人。我不自正，虽能正人，弗予[1]为义。人不被其爱，虽厚自爱，不予为仁。（董仲舒：《春秋繁露·仁义法》）

【注释】 ①予：称许。

【大意】 仁的法则，在于爱别人，而不在于爱自己。义的法则，在纠正自我，而不在于纠正别人。不能纠正自我，虽然能纠正别人，《春秋》这本经书不称许这样的行为是合乎义的。别人不能得到他的爱，虽然他非常爱自己，《春秋》也不称许这样的行为合乎仁。

【原文】 民吾同胞，物吾与也[1]。大君者，吾父母宗子[2]；其大臣，宗子之家相也。尊高年，所以长其长[3]；慈孤弱，所以幼其幼。圣其合德，贤其秀也。凡天下疲癃残疾，惸独鳏寡，皆吾兄弟之颠连而无告者也[4]。（《张载集·正蒙·乾称》）

【注释】 ①与：友伴、朋友。②父母：根据《周易·说卦》：“乾，天也，故称乎父；坤，地也，故称乎母。”张载这里所说的父母，指万物之父母，即天地。宗子：嫡长子。③高年：老年。长其长：尊敬长者。④疲癃：同“罢癃”，衰老有病之人。惸（qióng琼）：本谓无兄弟，引申为孤独无依靠者之称。颠连：困顿不堪。

【大意】 民众都是我的同胞兄弟，万物都是我的同伴朋友。君主是天地的长子，大臣们是天地长子家里的总管。人们尊敬岁数大的人，就同尊敬家里的长者一样；慈爱幼而无父及弱小的人，就像慈爱我家里的孩子一样。圣人，是与天地合德的人；贤者，是秀出精英之士。举凡天下残疾、孤苦的人，都如同自己苦难、可怜而又无处诉说的兄弟。

【原文】 是故其仁小者则为小人，其仁大者则为大人。故孝弟于家者，仁之本也；睦姻①于族者，仁之充②也；任恤③于乡者，仁之广也。若能流惠于邑，则仁大矣；能推恩于国，则仁益远矣；能锡④类于天下，仁已至矣。（康有为：《长兴学记》）

【注释】 ①睦姻：即《周礼》所说的“睦婣”，为“六德”即“孝、友、睦、姻、任、恤”之二德。②充：扩充。③任恤：与睦姻相联，为《周礼》所说“六德”之二德。④锡：通“赐”，赠给。

【大意】 所以仁爱少的人是渺小的人，仁爱多的人是伟大的人。在家里孝顺父母、敬从兄长，是仁的根本。对本族讲和睦，对亲戚讲亲爱，是仁的扩充。在乡里讲信义，能体恤贫穷，是仁的推广。如果能在本邑普施恩惠，是仁的扩大。能使全国人都得到益处，其仁德就更为远大。能使天下的人都得到益处，其仁德可以说是达到最高的境界了。

第四节 中 和

本节案语

中和是关于人们的行为、态度的总体性道德要求。它要求人们做人、立身要中正，处事要合乎中道，避免过度和不及的偏激行为，使人际关系之间保持一种团结、和平、和谐的良好状态。在个人修养方面，中和这一道德规范要求人们在视听言貌思和七情六欲方面保持一个适当的限度，使之合乎礼乐的规定。中和规范，反映了中国人对于“度”的认识和把握，是很有价值的。然而，古代思想家们对于中和道德规范的解释，有些具有明显的唯心主义内容；在它的应用方面，也在不同程度上存在着无原则地调和矛盾、否定斗争的倾向。

【原文】 子曰："过犹不及[①]。"（《论语·先进》）

【注释】 ①过：过分。不及：达不到。

【大意】 孔子说："过分就像达不到一样。"

【原文】 子曰："君子和而不同，小人同而不和。"（《论语·子路》）

【大意】 孔子说："君子强调和谐，但不无原则地盲从；小人盲从，而做不到和谐。"

【原文】 有子[①]曰："礼之用，和[②]为贵，先王之道，斯[③]为美。小大由之，有所不行。知和而和，不以礼节[④]之，亦不可行也。"（《论语·学而》）

【注释】 ①有子：孔子弟子，姓有，名若。②和：调和，和谐。亦有适合、恰当、恰如其分、恰到好处的意思。③斯：指"和"。④节：调节，节制。

【大意】 有子说："礼的应用，以和谐、恰当为可贵。过去圣明的君王治理国家的方法，可宝贵的地方就在这里。小事大事都依照和的原则去做，有的地方就行不通。为和谐而求和谐，不以礼节规矩来加以节制，也是不可行的。"

【原文】 天地之气，莫大于和。和者，阴阳调，日夜分而生物。春分而生，秋分而成。生之与成，必得和之精。故圣人之道，宽而栗[①]，严而温，柔而直，猛而仁。太刚则折，太柔则卷，圣人正在刚柔之间，乃得道之本。积阴则沉，积阳则飞，阴阳相接，乃能成和。（《淮南子·氾论训》）

【注释】 ①栗：严密。

【大意】 天地之间的气，莫有比和气更大的。达到了和，阴阳协调，日夜分开，而万物生长。春分时万物开始生长，秋分时万物成熟。生长与成熟，必然是得到了和气中的精微之气的结果。因此圣人的道术，宽容而严密，庄严而温和，柔软而直率，威猛而仁厚。过分刚强就会折断，过分柔软就会卷曲，圣人正好处于刚柔之间，才得到了"道"的根本。阴气积得厚了会沉滞，阳气积得多了会上扬，阴气与阳气相接相合，才能成为和气。

【原文】 孔子曰："中人之情，有余则侈，不足则俭，无禁则淫，无度则失[①]，纵欲则败。饮食有量，衣服有节，宫室有度，畜聚有数，车器有限，以防乱之源也。故夫度量不可不明也，善欲[②]不可不听也。"（刘向：《说苑·杂言》）

【注释】 ①失：通"佚"，逸乐，放荡。②善欲：疑为"善教"，好的教诲。

【大意】 孔子说："中等人的性情，有多余就会奢侈，不充足就会吝啬，没有限制就会过分，没有限度就会放荡，顺从其所欲所求就会导致毁败。饮食有一定的量，衣服有节制，宫室有度，聚攒有限数，车马和用的器具都有限定，这是为了堵塞混乱的根源。因此，度量不可以不明确，好的教诲不可以不听从。"

第五节 孝 慈

本节案语

孝慈是关于家庭中父母与子女伦理关系的规范。孝是对待子女的道德规范，慈是对待父母的道德规范。这种规范，是建立在一种血缘亲情和长期共同生活基础上的，因而较其他规范有更多的特殊性。孝和慈被人们视为"人伦之公理"，是最基本的人道，也是仁义的根本或基础。孝在中国古代有着多方面的规定，如对父母要养活，要尊敬，要以礼的要求对待父母的生活、丧葬等事宜，事奉父母要保持愉悦的容貌和颜色，要委婉地劝谏父母的过失，自己要保养好身体，要躬行仁义之道而不做坏事，要善于继承父母的志向和事业，立身行道以显扬父母等等。慈则相对较为简单，要求父母要保养子女，要教育子女，要在行为上给子女做出榜样。在中国古代，孝是得到特别强调的，甚至认为它是治理天下的"至德要道"。孝慈规范也有不合理的一面，即其中包含着压抑子女独立自主、拘于家族的亲情等狭隘因素。到了封建社会后期，统治阶级宣扬愚孝，就更是应该予以批判了。对于"老吾老以及人之老，幼吾幼以及人之幼"等思想，则应该大力弘扬。

【原文】 父慈而教，子孝而箴[①]，兄爱而友[②]，弟敬而顺，夫和而义，妻柔而正，姑[③]慈而从，妇[④]听而婉，礼之善物[⑤]也。（《左传·昭公二十六年》）

【注释】　①箴：规劝。②友：友善、友爱。③姑：婆婆。④妇：儿媳妇。⑤善物：好事。

【大意】　父亲慈爱而教育子女，儿子孝顺而规劝父母的过失，兄长仁爱而对弟友善，弟弟恭敬而服从兄长，丈夫亲和而知大义，妻子温柔而正派，婆婆慈爱而听从规劝，儿媳顺从而委婉，这是礼所带来的好事。

【原文】　石碏谏[①]曰："臣闻爱子，教之以义方[②]，弗纳[③]于邪。骄奢淫佚[④]，所自邪也。四者之来，宠禄过[⑤]也。"（《左传·隐公三年》）

【注释】　①石碏（què 鹊）：春秋时卫国大夫。谏：直言规劝。②义方：义道，正道。③纳：入的意思。④骄奢淫佚：骄横奢侈，荒淫放肆。⑤宠：宠幸。禄：谓赏赐，见《诗经·小雅·瞻彼洛矣》郑笺。

【大意】　石碏规劝说："我听说，一个人对儿子爱，就要以正道来教育孩子，不要使其走入邪道。骄奢淫佚，是因走上邪道而发生的。这四种恶德，都是由于宠幸和赏赐太过分了的结果。"

【原文】　子夏[①]问孝。子曰："色难[②]。有事，弟子服其劳；有酒食，先生馔[③]：曾[④]是以为孝乎？"（《论语·为政》）

【注释】　①子夏：孔子弟子，姓卜名商，字子夏。②色难：谓事奉父母，每时都能做到和颜悦色是件难事。孝子对父母有深爱，才能不恼不烦，总是保持愉悦之色。③先生：此谓年长者。馔（zhuàn 撰）：食用。④曾（céng 层）：竟。

【大意】　子夏问什么是孝。孔子说："事奉父母，时时都能做到和颜悦色可是件难事。有了事情，儿子代其操劳；有了好吃的，就让父兄吃：难道仅仅做到这些竟可认为是孝么？"

【原文】　孟武伯[①]问孝。子曰："父母唯其疾之忧[②]。"（《论语·为政》）

【注释】　①孟武伯：孟懿子之子。名彘。②疾：疾病。

【大意】　孟武伯问孝。孔子说："使父母只为自己的疾病担忧，而不为别的方面的事担忧，就叫做孝。"

【原文】　子游[①]问孝。子曰："今之孝者，是谓能养[②]。至于犬马，皆能有养；不敬，何以别乎？"（同上）

【注释】　①子游：孔子弟子，姓言，名偃，字子游。②能养：谓能养活父母，供其衣食。

【大意】 子游问孝。孔子说："现在人们认为，能养活父母就算是孝了。人们对于狗马，也都是要喂养它们的。如果对父母不敬，怎么能与养狗养马区别开来呢？"

【原文】 事父母幾谏[①]。见志不从，又敬不违[②]，劳[③]而不怨。（《论语·里仁》）

【注释】 ①幾（jī 基）：轻微，婉转。幾谏：谓父母有过失，就和颜悦色、轻微婉转地规劝。②又：更，再，仍然。不违：不忤逆，不冒犯。③劳：劳累，操劳。

【大意】 事奉父母，要和颜悦色、委婉地规劝他们的过失。他们内心不愿听从，仍能尊敬和不冒犯他们，因此受劳累而不怨恨他们。

【原文】 孝，以亲为芬[①]，而能能利亲[②]。不必得[③]。（《墨子·经说上》）

【注释】 ①芬："分"字的繁文，意为本分，分内事。②能能：第一"能"字是能够之能；第二"能"字是善于的意思。③得：谓中父母双亲之意。

【大意】 孝，就是把敬养父母视为自己的本分，能够善于有利于父母，不一定非得中父母双亲之意。

【原文】 为人父而不明父子之义以教其子而整齐之，则子不知为人子之道以事其父矣。故曰：父不父，则子不子。（《管子·形势解》）

【大意】 作为父亲，不知道父子之间的伦理，不能以此教育儿子，纠正其不好的思想行为，那么儿子就不知道怎样做一个儿子以侍奉他的父亲。所以说：父亲不像个父亲，儿子也就不像个儿子。

【原文】 世俗所谓不孝者五：惰其四支[①]，不顾父母之养，一不孝也；博弈好饮酒，不顾父母之养，二不孝也；好货财，私妻子[②]，不顾父母之养，三不孝也；从[③]耳目之欲，以为父母戮[④]，四不孝也；好勇斗很[⑤]，以危父母，五不孝也。（《孟子·离娄下》）

【注释】 ①四支：即"四肢"。惰其四肢，即四体不勤。②私妻子：谓偏爱妻室儿女。③从：通"纵"，放纵。④戮（lù 路）：羞辱。⑤斗很：犹斗气。很，通"狠"。

【大意】 世俗所说的不孝有五种：四体不勤，不管养活父母，是第一种不孝；喜好赌博和下棋、饮酒，不管养活父母，是第二种不孝；贪图货财，偏爱妻室儿女，不管养活父母，是第三种不孝；放纵耳目的贪欲，行为淫佚，使父母遭受羞辱，是第四种不孝；逞勇斗气，打架斗殴，连累父母，是第五种不孝。

【原文】 老吾老①，以及人之老；幼吾幼②，以及人之幼。天下可运于掌③。（《孟子·梁惠王上》）

【注释】 ①老吾老：前一个“老”是动词，敬养的意思。后一个“老”指老人。②幼吾幼：前一个“幼”是动词，爱护的意思。③天下可运于掌：谓治理天下如同运转于掌心之间，极其容易。运，运转。

【大意】 敬养我的老人，同时也照顾到别人的老人；慈爱自己的孩子，同时也关怀别人的孩子。这样，治理天下就如同在掌心中转动一个小东西那样容易。

【原文】 入孝出弟①，人之小行②也；上顺下笃③，人之中行也；从道不从君，从义不从父④，人之大行也。若夫志以礼安⑤，言以类使⑥，则儒道毕矣⑦。（《荀子·子道》）

【注释】 ①弟（tì 替）：同“悌”。②行：德行。③上顺下笃：对上顺从于君父，对下则笃爱于卑幼。④从：服从。⑤志以礼安：心意思想依礼而动，违礼则心志不安。⑥言以类使：言据义类而发，即谓言语本于义理和礼法。⑦毕：尽备。

【大意】 入门孝顺父母，出门恭敬长上，这是人的小德行；对上顺从于君父，对下笃爱于卑下和年幼的人，这是人的中等的德行；服从道义而不服从君主和父亲的不正当命令，是人的大的德行。如果心志依照礼去做才安心，说话也以义理、礼法为依据，那么儒所讲的道也就算是齐备了。

【原文】 凡为人子之礼，冬温而夏清①，昏定而晨省②，在丑夷③不争。（《礼记·曲礼上》）

【注释】 ①清（qìng 庆）：清凉。②晨省（xǐng 醒）：清晨向老人问安。③丑夷：平辈的人。丑，通“俦”。夷，犹“侪”。

【大意】 凡做儿子的规矩，冬天要使父母的居处温暖，夏天要使父母的居处清凉；晚上，要使老人睡得很安定；早上要向老人问安，与平辈的人相处，不发生争斗。

【原文】 夫为人子者，出必告[①]，反必面[②]，所游必有常[③]，所习必有业[④]，恒言[⑤]不称老。（同上）

【注释】 ①出必告：谓外出前必告知父母。②反必面：谓回家后必同父母照面，以解父母的挂念。反，同“返”。③所游必有常：出门必有个常去的处所。④所习必有业：学习必有个固定的课业。⑤恒言：平常说话。

【大意】 做儿子的人，外出时必告诉父母，回来后必先与父母照面，出门必有个常去的处所，平常学习必有固定的课业，日常说话不挂“老”这个字。

【原文】 夫孝者，善继人之志[①]，善述人之事[②]者也。（《礼记·中庸》）

【注释】 ①志：遗志。②述：继续。

【大意】 所谓孝，就是很好地继承前人的遗志，很好地接续和完成前人的事业。

【原文】 为人母者，不患不慈，患于知爱而不知教也。古人有言曰：“慈母败子。”爱而不教，使沦于不肖，陷于大恶，入于刑辟[①]，归于乱亡。非他人败之也，母败之也。（司马光：《温公家范》卷三）

【注释】 ①入于刑辟（bì 必）：受法律、刑罚的制裁。辟，法，刑法。

【大意】 作为母亲，不怕对儿女不慈爱，就怕只知慈爱而不知道对子女进行做人的教育。古人有这样的话：“慈母常常有败家的儿子。”只知道溺爱而不教育，使子女沦为没出息，陷入大的罪恶，受刑罚的制裁，最终因作乱而亡。这不是别人害了他，而是母亲害了他。

【原文】 守身，持守其身，使不陷于不义也。一失其身，则亏体辱亲，虽日用三牲[①]之养，亦不足以为孝矣。（朱熹：《四书章句集注·孟子集注》卷七）

【注释】 ①三牲：牛、羊、猪。

【大意】 所谓守身，也就是用道德的标准来约束自己，使自己不陷入不义的事情里面。一旦失足，则亏待了堂堂七尺之躯，也侮辱了父母双亲，即使天天给父母吃鲜美的牛肉、猪肉和羊肉，也算不上是孝。

【原文】 忠孝二德，人格最要之件也①。二者缺一，时曰非人。……人非父母无自生，非国家无自存。孝于亲，忠于国，皆报恩之大义，而非为一姓之家奴走狗所能冒②也。（梁启超：《饮冰室合集》专集之四《新民说·论国家思想》）

【注释】 ①最要之件：最重要的条件。②冒：假充。

【大意】 忠孝二种道德，是人格最重要的条件。二者缺少了任何一件，都算不上是个真正的人。……一个人没有父母，就没有生命；没有国家，就不能生活。孝父母，忠国家，都是一种报恩的道德，这不是那些只为某家某姓当走狗的人的行为所能假冒的。

第六节 诚 信

本节案语

诚信，要求人们诚实而有信用，即内心善良，而又能言行一致。传统道德认为，一个人立身的根本就是诚信二字。孔子就曾经提出，“人而无信，不知其可也”的思想。一个国家，立政之本也是诚信二字。孔子也曾提出“民无信不立”的思想，即一个国家或政府，如果失去了百姓的信任，也就要垮台了。在传统道德中，诚信是与仁、义、礼等道德标准紧密地联系在一起的。如果离开了仁义之道，诚信也就没有任何善的价值了。古代一些思想家对于诚信做了玄学化的论证，认为诚是宇宙存在的根本规律，而人应效法天道，亦应以诚为本，显然，这是有神秘化意味的。诚信的传统道德，强调表里如一，反对虚伪，是有积极意义的。尤其是思想家们所论述的诚信在政治中的意义，在今天更值得我们重视。

【原文】 “君子终日乾乾，夕惕若，厉，无咎。”①何谓也？子曰：“君子进德修业。忠信，所以进德也②。修辞立其诚，所以居业也③。知至至之④，可与言幾⑤也。知终终之⑥，可与存义也。是故居上位而不骄⑦，在下位而不忧⑧。故乾乾因其时而惕，虽危无咎矣。”（《周易·乾》文言）

【注释】 ①这段引语是《周易·乾》卦的爻辞。乾乾，即健健，努力不息的意思。惕，警惕。若，与然同。厉，危险。咎，灾祸。②进德：增进美德。③居业：积功立业、守业。④知至至之：知至，即预知事情发展将到某种地步。至之，即努力去做。⑤言幾：言，言说，讲论。幾，即微，有机先、征兆的意思。⑥知终终之：知终，即预知事情将有某种结局。终之，即努力去争取要达到的结果并该止则止。⑦骄：骄横。⑧忧：忧愁、忧忿。

【大意】 《周易·乾》卦中说："有道德的君子终日都勤勉不倦，努力不息，晚上仍能时时警惕，虽然处境危险，也不会发生灾祸。"这句话说的是什么意思呢？孔子说："君子增进美德，干好业务。讲求忠信，用以增进美德。说话立论，以诚为本，用以积功立业。预知事情将发展到何种地步，就努力去做，这样的人就可以与他言说事物发展变化的微妙契机了。预知事情将会有某种结局，就努力去争取要达到的结果并能在该停止的时候停止，这样的人就能与他一道保持正义了。因此，居于社会的上等地位而不骄横，居于下等的地位而不忧忿。所以勤勉不倦而又能够把握事物发展的时机，知道随时警惕，虽有危险，也就不会有灾害了。"

【原文】 子贡[①]问政。子曰："足食，足兵[②]，民信之矣。"子贡曰："必不得已而去，于斯三者何先[③]？"曰："去兵。"子贡曰："必不得已而去，于斯二者何先？"曰"去食。自古皆有死，民无信不立[④]。"（《论语·颜渊》）

【注释】 ①子贡：孔子的弟子，姓端木，名赐，字子贡。②足兵：意思是要有充足的武器、军备。③于斯三者何先：斯，这；三者，指食、兵、民信。④民无信不立：如果人民不信任，国家朝政就立不住脚了。

【大意】 子贡问怎样去治理政事。孔子说："充足粮食，充足军备，百姓对政府信任。"子贡说："如果迫不得已而必须从这三者中去掉一项，应该先去掉哪一项？"孔子说："先去掉军备。"子贡说："如果迫不得已而要在这剩下的二项中再去掉一项，应该先去掉哪一项？"孔子说："去掉粮食。没有粮食，大不了饿死，但自古以来谁也免不了死掉，如果人民对政府不信任，国家就立不住脚了。"

【原文】 圣人之诺已[①]也，先论其理义，计其可否[②]。义则诺，不义则已；可则诺，不可则已；故其诺未尝不信也。小人不义亦诺，不可亦诺，言而必诺，故其诺未必信也[③]。故曰：必诺之言[④]，不足信也。

(《管子·形势解》)

【注释】　①诺：允诺。已：止，谓不允诺。②计其可否：考虑其是否可以。③其诺未必信：其允诺未必可信。④必诺之言：不应承诺的话而必定承诺。

【大意】　圣明的人的答应不答应，是先看这件事是否合于理义，考虑它是不是可以。合乎正义则答应，不合乎正义则不答应；可以则答应，不可以则不答应，所以他答应的事没有不守信用的。小人是不合乎正义也答应，不可以做也答应，一说话就答应，所以他的答应未必可以信赖。所以说，不论什么事都必然承诺的人，是不足信的。

【原文】　凡人所以立身行己[①]，应事接物，莫大乎诚敬。诚者何？不自欺不妄之谓也。敬者何？不怠慢不放荡之谓也。(朱熹：《朱子语类》卷一一九)

【注释】　①立身：确立人格。行己：犹言自己做人。

【大意】　凡是人们要确立人格，自己做人，与人交往，最重要的莫过于诚和敬。什么是诚？就是不自我欺骗、不乱来的意思。什么是敬？就是不散慢、不放荡的意思。

【原文】　诚意，只是表里如一。若外面白，里面黑，便非诚意。今人须于静坐时见得表里有不如一，方是有工夫。如小人见君子则掩[①]其不善，已是第二番过失。(朱熹：《朱子语类》卷十六)

【注释】　①掩：掩饰，掩盖，隐瞒。

【大意】　所谓使自己的意识诚，不过是表里如一罢了。如果外面的行为表现白，而里面的心肠黑，就不叫做诚意。现在的人要在静坐反省的时候，发现有表里不一致的方面，就算是有修养功夫了。如果小人看见君子就掩饰自己的过失，这是在过失上面又加了掩饰过失的过失，是第二次过失了。

第七节　宽　恕

本节案语

宽恕，是关于处理个人与他人之间关系的道德规范。所谓宽，就是自己要有一个宽大的胸怀，待人要能宽容，不求全责备，不同别人斤斤计较。所谓恕，就是孔子曾经说过的“己所不欲，勿施于人”，即能够推己及人，能够设身处地为他人着想，自己所不愿意做的，所厌恶的事，就不要强加到别人身上。古代思想家认为，这是达到仁爱之德的一条捷径，是可以终生遵循的做人原则。古人还认为，遵循这一做人原则处事，可以协调好人际关系，可以赢得人们的真正尊敬和爱戴。

然而，宽恕并不是无原则的退让，不是无原则的容忍。在大是大非问题上，应该是寸步不让的，不能有一丝一毫的宽恕。对待仇怨，古人主张“以直报怨”；对待恩惠，古人主张“以德报德”。对于宽恕这一传统规范，历史上有些人做了过分庸俗的理解，所谓“百忍成金”、“唾面自干”就是其突出的表现。这种思想，放弃了做人的尊严，放弃了人生的原则，是奴性意识的表现，已不是宽恕这一道德规范的真正内涵，这是我们应该予以注意的。

【原文】 子贡问曰：“有一言而可以终身行之者乎?”子曰：“其[①]恕[②]乎！己所不欲，勿施于人。”（《论语·卫灵公》）

【注释】 ①其：助词，表示推测，大概。②恕：在孔子的思想中，恕与忠相对。忠是尽己而为人，恕是“己所不欲，勿施于人”。

【大意】 子贡问：“有没有一句话可以终身奉行?”孔子说：“大概就是‘恕’吧！自己不愿意要的，就不要强加给别人。”

【原文】 子曰：“躬自厚而薄责于人[①]，则远怨[②]矣。”（《论语·卫灵公》）

【注释】 ①躬自厚：躬身自省，多责备自己。薄：少。②远怨：远离怨恨，即免招怨恨。

【大意】 孔子说：“躬身自省，多责备自己，少责备别人，就不会招致怨恨了。”

【原文】 故君子之度己则以绳[①]，接人而用抴[②]。度己以绳，故足以为天下法则矣；接人用抴，故能宽容，因求[③]以成天下之大事矣。故君子贤而能容罢[④]，知而能容愚[⑤]，博而能容浅[⑥]，粹而能容杂[⑦]，夫是之谓兼术。（《荀子·非相》）

【注释】 ①度（duó 夺）：衡量。绳：木工用的墨线，比喻指道德的准绳。②抴（yè 夜）：通“枻”，划船的短桨。③因求：“求”字当为

“众”。杨倞：“成事在众”，则“求”为“众”之误。因：亲，亲近。④罢（pí）：通“疲”，软弱无能。⑤知而能容愚：明智而能宽容愚昧无知的人。⑥博而能容浅：胸怀博大而能宽容浅薄的人。⑦粹而能容杂：纯粹而又能宽容驳杂的人。

【大意】 因此君子要以道德的准绳来衡量自己，对待别人要像船工那样用短桨来接引乘客登船。用道德的准绳来衡量自己，因而足以为天下所有人的标准；对待别人像船工用桨接引乘客登船那样拉他一把，所以就能对人宽容，亲爱众人以成就天下的大事情。因此，君子有好的品德和才能而又能够宽容懦弱无能的人，明智而能宽容愚昧无知的人，胸怀博大而能宽容浅薄的人，纯粹而又能宽容驳杂不纯的人，这就叫做兼人之术。

【原文】 所恶[①]于上，毋以使下；所恶于下，毋以事上；所恶于前，毋以先后[②]；所恶于后，毋以从前；所恶于右，毋以交于左[③]；所恶于左，毋以交于右。此之谓絜矩之道[④]。（《礼记·大学》）

【注释】 ①恶（wù务）：讨厌，不喜欢。②所恶于前，毋以先后：厌恶前面的人对待自己的事，就不要用它来对待后来的人或事。③所恶于右，毋以交于左：厌恶右边人办的事，就不要像他那样和左边的人交往。④絜（xié协）矩之道：絜是量围长用的绳，矩是画方用的角尺，此指度量的原则、方法。比喻以自身的标准来规范、衡量事物。朱熹注：“度之以矩而取之以方。”

【大意】 厌恶自己的上级对待自己所做的事，就不要用它来对待自己的下级；厌恶自己的下级对待自己所做的事，就不要用它来对待自己的上级；厌恶前面的人对待自己所做的事，就不要用它对待后来的人或事；厌恶后面的人对待自己所做的事，就不要用它对待前面的人或事；厌恶右边人所办的事，就不要像他那样和左边的人交往；厌恶左边人所办的事，就不要像他那样与右边的人交往。这就叫做以本身为标准来衡量和规范事物、推己及人的“絜矩之道”。

【原文】 所谓恕者，君子之人，论彼恕于我[①]，动作消息于心[②]。己之所无，不以责[③]下。我之所有，不以讥彼。感己之好敬[④]也，故接[⑤]士以礼。感己之好爱[⑥]也。故遇人有恩[⑦]。己欲立而立人，己欲达而达人。善人之忧我也[⑧]，故先劳人[⑨]。恶[⑩]人之忘我也，故常念人[⑪]。凡品[⑫]则不然，论人不恕己，动作不思心。无之己而责之人，有之我而讥之彼。己无礼而责人敬，己无恩而责人爱。贫贱则非[13]人初不[14]我忧也，富贵则是[15]我之不忧人也。行己若此[16]。难以称仁矣。（王符：《潜夫论·交际》）

【注释】 ①有学者认为，“彼”字后少一“则”字，应为“论彼则恕于我”。②动作消息于心：动作，指接人待物的行为。消息，消长。消指该停止的行为，息指该兴作的行为。③责：要求。④感己之好敬：感受到自己愿意受尊敬。好，喜爱、愿意。⑤接：对待，接待。⑥好爱：喜欢受人爱戴。⑦遇人有恩：对待别人要有恩情。⑧善人之忧我也：喜欢让别人为自己忧虑。善，喜欢。⑨劳人：为别人操劳。⑩恶：厌恶、不喜欢。⑪念人：想念别人。⑫凡品：一般人，普通人。⑬非：非议，批评，责怪。⑭初不：一点儿也不。⑮是：肯定，称赞，认为是对的。⑯行己若此：自己的行为如果是如此的话。

【大意】 所谓恕，君子论别人是出于宽恕的态度，在接人待物方面，无论该做或者不该做，都从自己的良心出发。自己身上所没有的，不去要求别人具有。我身上有这样的缺点，就不去讥讽别人有这样的缺点。感觉到自己愿意受到敬重，因此对待别人要有礼貌。感觉到自己愿意受到爱戴，因此对待别人有恩情。自己想站得住，也要使别人站得住；自己想行得通，也要使别人行得通。感谢别人为自己忧虑，就先为别人操劳、费心。厌恶别人忘记我，就时常想念别人。一般人则不是这样，论别人不是出于宽恕的态度，在接人待物的日常行为上，不考虑自己的本心。自己没有的，却要求别人具有；自己也有这种毛病，却讥讽别人。自己对人没有礼貌，却要求别人对自己尊敬。自己对别人没有恩情，却要求别人对自己慈爱。自己贫贱时，却责备别人为什么一点儿也不为我忧虑。自己富贵了，又认为自己不忧虑别人是对的。自己的行为如果是这样的话，就难以被认为是有仁的品德了。

【原文】 问：古人之言天理，何谓也？曰：理也者，情之不爽失[1]也；未有情不得而理得者也，凡有所施于人，反躬而静思之：“人以此施于我，能受之乎？”凡有所责于人，反躬而静思之：“人以此责我，能尽之乎？”以我絜[2]之人，则理明。天理云者，言乎自然之分理也；自然之分理，以我之情絜人之情，而无不得其平是也。（戴震：《孟子字义疏证》卷上《理》）

【注释】 ①爽失：差失。②絜：衡量。

【大意】 古代人所讲的天理，是什么意思呢？所谓理，就是人的情感没有差失，既不过分，也没有达不到。没有情感差失而理不差失的。凡是有施加给别人的行为，平心静气地反问一下自己："别人用这样的行为施加给我，我能接受吗?"凡是对人提出要求，也平心静气地反问一下自己："别人如此要求我，我能都做到吗?"用我自身为标准来衡量别人，道理就明白了。所谓天理，讲的就是自然而然的恰如其分的道理。自然的恰如其分的道理，也就是以我的情感为尺子来推测、衡量别人的情感，这样，也就没有不公平了。

第八节 谦 敬

本节案语

谦敬，是传统道德中关于如何处己的道德规范。谦，即自谦，要求人们为人要谦虚而不自满。敬，即内心庄严专注，它要求人们做事、待人要一心一意，不随便敷衍。敬是与恭相联系的，内心庄敬专注，外在行为上就会礼敬他人。在中国古代的思想家那里，谦敬这一规范还是与宇宙之道密切地联系在一起的。在客观事物中，盈则亏，满则损，事物总是要向其反面转化。伦理思想家们把这一规律用于为人处世上，提出谦受益、敬得人的观点。这是一种合理的思想，值得继承。但是，在传统道德思想中，有着"不争"、"卑己"等内容，这是一种不求进步的消极思想，它也是封建的尊卑贵贱等级观念及明哲保身思想的一种反映，对此应当予以批判。

【原文】 满招损，谦受益，时乃天道①。(《尚书·大禹谟》)

【注释】 ①时乃天道：时，通"是"，代词。天道，即天的常道，自然规律。

【大意】 满盈则招致损失，谦下则会得到增益，这是自然的规律，天的常道。

【原文】 不自见①，故明；不自是②，故彰③；不自伐④，故有功；不自矜，故长。(《老子》第二十二章)

【注释】 ①不自见：不坚持己见，不主观。②不自是：不自以为是。③彰：明，著。④伐：夸。

【大意】 不坚持自己的主观意见，所以就能明察；不自以为是，所以声名就彰著；不自己夸耀，所以才显得有功劳；不自矜自傲，所以能够居于统治的地位。

【原文】 凡论人有要①：矜物之人，无大士②焉。彼矜者，满也。满者，虚也③。满虚在物④，在物为制也⑤。矜者，细之属⑥也。（《管子·法法》）

【注释】 ①论人有要：评论人有要领。②大士：伟大的人士。③满者，虚也：自满就必然空虚。④满虚在物：以满而虚来待人接物。⑤在物为制：就会被外物所制。⑥细之属：属于渺小之列。

【大意】 评论人是有要领的：凡是傲视一切的人，没有一个是有成就的伟大人物。他的骄矜，是自满的表现。自满就是空虚。行事有了自满和空虚，就被外物所限制。骄傲的人，属于渺小人之列。

【原文】 孟子曰："食而弗爱①，豕交之也②；爱而不敬，兽畜之也。恭敬者，币之未将者也③。恭敬而无实④，君子不可虚拘⑤。"（《孟子·尽心上》）

【注释】 ①食（sì 四）而弗爱：只给他吃的而不爱他。食，同"饲"，即喂养。②豕交之也：是把他当猪来对待了。豕：猪。③恭敬者，币之未将者也：古代以束帛作为赠送宾客的礼物，称此束帛为币。币亦泛指车马玉帛种种礼物。将，送。④无实：无实在的心。⑤虚拘：拘于虚假礼文。

【大意】 孟子说："只给吃的而不爱他，是把他当猪来对待了；只爱而不尊敬，是把他当牲畜来养了。所谓恭敬，就是恭敬的心在赠送礼币之前就存于胸中了。只有外表的恭敬的形式而没有真实的诚心，君子不要这种拘于虚假礼文的恭敬。"

【原文】 所谓恭者，内不敢傲于室家，外不敢慢于士大夫；见贱如贵，视少如长；其礼先入①，其言后出；恩意②无不答，礼敬无不报；睹贤③不居其上，与人推让；事处其劳，居从其陋，位安其卑，养甘其薄④。（王符：《潜夫论·交际》）

【注释】 ①其礼先入：礼仪为先的意思。②恩意：恩惠情意。③睹贤：见到贤者。④养甘其薄：养生方面自甘俭约。

【大意】 所谓恭就是：在家不敢对妻子傲慢，在外不敢对士大夫傲慢；遇见卑贱的人就当成高贵的人来对待，看见年少的人就当成年长的人来对待；先行礼仪，然后再说话；对于一切施恩惠情意于己的行为无不答谢，对于别人施于己的任何礼敬无不相酬；见到贤能的人才，不敢位居其上，而是把尊位高官推让给他们；做事不辞辛劳，安于居住简陋的房子，安于下等的官位，生活方面甘于俭朴。

第九节　礼　让

本节案语

礼让是关于处理人际关系的道德规范。礼，在中国传统文化中，有着十分广泛的含义。在伦理道德方面讲，它指的是社会伦理道德规范以及各种待人接物的礼节仪式。礼让，也就是按照传统的礼节规定对人恭敬、谦让，以求达到人际关系的和谐。礼作为一种言行仪表仪式的规范体系，首先要求每个人自己要能自我克制，服从礼的要求，在仪表仪态上合乎规范，而能这样做才是待人礼让的前提。中华民族以礼仪之邦著称于世，这在很大程度上与中华民族推崇礼让有关。在今天社会主义条件下，在人民内部，人与人之间都是平等的，因此，礼让的道德就更应该加以弘扬。值得指出的是，在传统的礼让道德中，有着过分崇尚“卑让”的内涵，这有时会消融人们敢于进取、敢于担当的精神品质。

【原文】　子曰：“恭而无礼则劳①，慎而无礼则葸②，勇而无礼则乱，直而无礼则绞③。”（《论语·泰伯》）

【注释】　①劳：劳倦。②葸（xǐ 洗）：畏缩，拘谨。③绞：指说话刻薄，出口伤人。

【大意】　孔子说：“为人恭敬但不知礼，就难免劳倦；为人谨慎但不知礼，就会流于畏缩拘谨；为人勇敢而不知礼，就会盲动闯祸；为人直率而不知礼，就会说话刻薄，出口伤人。”

【原文】　君子敬而无失，与人恭而有礼。四海之内，皆兄弟也——君子何患乎无兄弟也？（《论语·颜渊》）

【大意】　君子为人处世严肃认真，不出差错，对待别人谦恭而合乎礼节。天下之人，都是自己的兄弟——君子又何必害怕自己没有好兄弟呢？

【原文】 夫遇长不敬，失礼也；见贤不尊，不仁也。（《庄子·渔父》）

【大意】 见到长者而不能尊敬，这是失礼；见到贤者而不能尊崇，这是不仁。

【原文】 礼起于何也？曰：人生而有欲，欲而不得，则不能无求；求而无度量分界①，则不能不争；争则乱，乱则穷②。先王③恶其乱也，故制礼义以分④之，以养人之欲，给人之求，使欲必不穷乎物，物必不屈⑤于欲，两者相持而长，是礼之所起也。（《荀子·礼论》）

【注释】 ①度量分界：一定的限度和界限。②穷：困穷，没有办法。③先王：古代圣明的君主。④分：区分，辨别。⑤屈（jué 决）：竭尽。

【大意】 礼是如何起源的呢？回答说：人生来都有欲望，有欲望而得不到满足，就不能没有追求；追求而没有一定的限度和界限，就不能没有争夺；相互争夺则社会混乱，社会混乱则人们就会走投无路。古代的君王厌恶社会的动乱，因此制定了礼义，并根据礼义的标准对人群进行区分，以便使人们的欲望得到满足，使人们的追求得到实现，使人的欲求不耗尽财物，使财物不耗尽人的欲望，让欲、物两者协调增长，这就是礼发生的根本原因。

【原文】 凡用血气、志意、知虑，由礼则治通，不由礼则勃乱提僈①；食饮、衣服、居处、动静，由礼则和节，不由礼则触陷生疾②；容貌、态度、进退、趋行，由礼则雅③，不由礼则夷固僻违④，庸众而野⑤。故人无礼则不生，事无礼则不成，国家无礼则不宁。（《荀子·修身》）

【注释】 ①由：遵“循”。勃：同“悖”。勃乱，惑乱的意思。提：松弛。僈：通“慢”。提僈，懈怠的意思。②触：犯。陷：过失。触陷生疾，即犯错误，生毛病。③雅：文雅。④夷固：傲慢。僻违：乖邪，违反常情。⑤庸众：庸俗。野：粗野。

【大意】 凡是人的血气性情、心志意识、智慧思考，依照礼就有条理，就行得通，不依照礼就惑乱，就懈怠；饮食、衣服、住室、动静，依照礼就和谐，就有节制，不依照礼就犯过失，出毛病；容貌、态度、进退、奔走，依照礼则文雅，不依照礼就傲慢乖邪，违背人之常情，庸俗而粗野。因此人无礼则不能生活下去，事情无礼则办不成功，国家无礼就会动乱不宁。

【原文】 夫行[①]也者，行礼[②]之谓也。礼也者，贵者敬焉，老者孝焉，长者弟[③]焉，幼者慈焉，贱者惠焉。（《荀子・大略》）

【注释】 ①行：德行。②礼：指礼仪。③弟：同“悌”，敬顺。

【大意】 所谓德行，也就是实行礼仪。所谓礼，就是对尊贵的人敬，对年老的人孝，对岁数大过自己的人敬顺，对幼小的人慈爱，对贫贱的人施恩惠。

【原文】 恒言不称老[①]。年长以倍，则父事之[②]。十年以长，则兄事之。（《礼记・曲礼上》）

【注释】 ①恒：平常。此句意为，平时说话不得妄自尊大称老。②则父事之：就当父辈事奉。

【大意】 平时说话，不妄自尊大称自己为“老”。年纪超过自己一倍的（通常指大 20 岁），拿他当父辈看待。超过自己 10 岁的，拿他当兄长看待。

【原文】 忠信，礼之本也；义理，礼之文也。无本不立，无文不行。（《礼记・礼器》）

【大意】 忠信，是礼的根本；义理，是礼的文采。礼，没有本就立不起来，没有文饰就难以实行。

【原文】 礼尚往来，往而不来，非礼也；来而不往，亦非礼也。人有礼则安，无礼则危。故曰：礼者不可不学也。（《礼记・曲礼上》）

【大意】 礼是崇尚彼此来往的。此往而彼不来，不合乎礼；彼来而此不往，也不合乎礼。人依照礼做事就平安，不依照礼做事则危殆。所以说，礼是不可以不学习的。

【原文】 夫礼者，自卑而尊人。虽负贩者[①]必有尊也，而况富贵乎？富贵而知好礼，则不骄不淫；贫贱而知好礼，则志不慑[②]。（同上）

【注释】 ①负贩者：指挑担子做买卖的人。②慑：畏怯。

【大意】 礼，就是降低自己而尊敬别人。即使挑担子做买卖的人也有自己的尊严，何况富贵的人呢！富贵的人知道喜爱礼义，就不会骄傲和淫佚；贫贱的人知道喜爱礼，则心志上就不会畏怯。

第十节 自 强

本节案语

自强，是传统道德中关于如何处己、如何对待人生的道德规范。所谓自强，就是自我奋发，勇敢地不断地进取。自强这一道德规范不只是对个人的，也是对国家和民族以及各种群体的；不仅指道德方面的自强向上，也指事业方面的努力进取。自强，还包含着改革图新、穷则思变的内容，包含着不甘受困、力求转败为胜的精神。有人认为，这种道德规范也是与天道相联系的。《易传》说："天行健，君子以自强不息。"认为天处在一种永恒的运动和变化之中，作为一个有道德心和事业心的人，就应该效法天道，不断进取。这种自强思想，推动了中华文明的不断发展，也铸造了伟大的民族精神。

【原文】 天行健①，君子以自强不息②。（《周易·乾》象辞）

【注释】 ①天行：即天体或天道的运行。一说，"天行"即天道的古代说法。健：即强健，不衰竭。②不息：永不停息。

【大意】 天道的运行是刚劲强健的，君子应该效法天道，自我奋发，永不停息。

【原文】 知人者智，自知者明。胜人者有力，自胜者强。知足者富。强行者有志。不失其所①者久。死而不亡者寿。（《老子》第三十三章）

【注释】 ①所：根基。

【大意】 能认识别人的人是机智的，能认识自己的人才算高明。战胜别人的人是有力量，而战胜自己的弱点、缺点的人才算坚强。知道满足的人就是富有。努力勤行的人就是有志气。不失掉其根基的人才能长久，身死而垂昭后世、流芳不朽的人才是真正的长寿。

【原文】 孟子曰："……有孺子歌曰：'沧浪之水①清兮，可以濯我缨②；沧浪之水浊兮，可以濯我足。'孔子曰：'小子③听之！清斯濯缨，浊斯濯足矣，自取④之也。'夫人必自侮，然后人侮之；家必自毁，而后人毁之；国必自伐⑤，而后人伐之。"（《孟子·离娄上》）

【注释】　①沧浪（láng 郎）之水：即青苍的水。②缨：冠上的系带。③小子：一般指青年子弟。这里是孔子称呼自己的学生。④自取：自己选择的，本身所招引来的。⑤自伐：自己讨伐自己。这里指国家自己给自己造成被人讨伐的条件。

【大意】　孟子说："……有一个儿童唱歌说：'沧浪的水清啊，可以洗我的缨；沧浪的水混啊，可以洗我的脚。'孔子说：'弟子们都听着，水清了就用来洗帽缨，水混了就用来洗脚，这是水本身招致的。'人一定是自己先侮辱自己，然后别人才侮辱他；家必是自取毁坏，而后别人才来毁坏；国家必是自我伤害，然后别人才来讨伐。"

第十一节　持　节

本节案语

持节，是关于个体行为及道德操守的道德规范。它与节操、德操、守节等概念意义相近，并统摄了这三个概念所具有的含义。它要求人们坚持自己的道德信念和原则，不论何时何地都不予放弃。古人提出"富贵不能淫，贫贱不能移，威武不能屈"的大丈夫人格，充分表现了持节规范的内涵。传统道德认为，道义的原则是最高的原则，道义的价值是最高的价值，一个人可以舍弃一切利益甚至生命，唯独不可舍弃道义。能坚持道义，不因任何条件而放弃，就是持节。这一规范反映了中华民族的不屈不挠的意志和精神，它激励着仁人志士为民族大义而献身。不过，在中国历史上，持节规范中也包含着为封建君主献身的意义，包含着要求妇女"三从"的封建道德的内容。我们今天要剔除这部分糟粕，吸收其合理的内涵。

【原文】　志士仁人，无①求生以害仁，有②杀身以成仁。（《论语·卫灵公》）

【注释】　①无：通"毋"，意为不能，不要。②有：意为只能，应当。

【大意】　志士仁人，不为保全自己的生命而损害仁德，只能勇于牺牲生命而成全仁德。

【原文】　居天下之广居①，立天下之正位②，行天下之大道③；得

志，与民由之[④]；不得志，独行其道[⑤]。富贵不能淫，贫贱不能移，威武不能屈，此之谓大丈夫。（《孟子·滕文公下》）

【注释】 ①广居：宽广的住宅。这里指仁。②正位：正当的位置。这里是指礼。③大道：光明正大的道路。这里是指义。④与民由之：与人民一起遵循仁义之道，有推其所得于人的意思。⑤独行其道：自己坚持践行仁义之道。与上句相对应，有守其所得于己的意思。

【大意】 居于天地之间最宽广的住宅“仁”里面，站在天底下最正确的位置“礼”上面，走着天底下最光明的正路“义”，得志的时候，就和人民一起遵行仁义之道；穷困不得志的时候，就独自一个人坚持践行仁义之道。富贵不能使自己改变信念，贫贱不能使自己改变志向，威武不能迫使自己屈服，这才叫做大丈夫。

【原文】 故士[①]穷不失义，达[②]不离道。穷不失义，故士得己[③]焉；达不离道，故民不失望焉。古之人，得志，泽[④]加于民；不得志，修身见于世。穷则独善其身[⑤]，达则兼善天下[⑥]。（《孟子·尽心上》）

【注释】 ①士：春秋时代最低的贵族阶层。士受过教育，有专门知识和才能，后来逐渐成为知识分子的通称。②达：显达，与穷相对，指仕途亨通。③得己：自得的意思。④泽：恩惠。⑤穷：穷困。⑥达：显达、得志。

【大意】 因此士在穷困的时候不忘记行义，在得志显达的时候不背离仁道。穷困时不失掉义，所以士就能自得其乐；显达做官时不背离仁道，所以老百姓就不会失望。古代的人，得志的时候，给老百姓以恩惠好处；不得志的时候，修好自己的品德在社会上露面。穷困时，就修养自身，独立地坚守仁义之道；显达时，就把仁义推广于天下，使所有的人都成为讲道德的人。

【原文】 是故权利不能倾[①]也，群众不能移也，天下不能荡[②]也。生乎由是，死乎由是[③]，夫是之谓德操[④]德操然后能定，能定然后能应，能定能应，夫是之谓成人。（《荀子·劝学》）

【注释】 ①倾：倾倒。②荡：动摇。③生乎由是，死乎由是：意思是生遵循此正道而生，死遵循此正道而死。由是，即循此。④德操：有德并能够操持。

【大意】 所以权利再大也不能使他倾倒，人多势众也不能使他改变，天下任何事物也不能使他动摇。活着这样做，到死也坚持这样做，这才算是有好的品德和好的操守。有好的德行和操守，然后才能坚定不移；能坚定不移，然后才能应付一切变化，能应付一切变化，才算得上是一个完美成熟的人。

【原文】　夫生不可不惜，不可苟惜[1]。涉险畏之途[2]，干祸难之事，贪欲以伤生，谗慝[3]而致死，此君子之所惜哉；行诚孝而见贼[4]，履仁义而得罪，丧身以全家[5]，泯躯而济国[6]，君子不咎[7]也。（颜之推：《颜氏家训·养生》）

【注释】　①苟：苟且。②险畏之途：艰险可畏的道路。③谗慝（tè特）：讲谗言，做坏事。④见贼：被害。⑤全家：这里指保全整个家庭。⑥泯躯：献身。济国：利国，救国。⑦咎：归罪，指责。

【大意】　生命不可以不爱惜，但也不可以苟且地追求活命。走艰险可畏的道路，牵涉进祸难的事情，贪心纵欲以伤害生命，进谗言，做坏事而导致被杀，这是君子之所痛惜的；如果行信行孝而被害，践行仁义而被刑罚，杀身以保全整个家庭，为国家利益而牺牲生命，这是君子所不予指责的。

【原文】　生以载义[1]，生可贵；义以立生[2]，生可舍。（王夫之：《尚书引义》卷五）

【注释】　①生以载义：生命负载道义。②义以立生：意谓以道义为立身之本。

【大意】　生命是道义的载体，所以生命才显得可贵；以道义为立身的根本，所以生命可以为道义而舍弃。

第十二节　知　耻

本节案语

知耻，是关于个人在如何对待邪恶、不良事情方面所应持的内心态度。它指内心怀有一定的道德标准，对于不正之事有一种羞耻感。孟子认为，人有“羞恶之心”，并把它作为人与禽兽相区别的根本标志之一。管子把人们是否有耻看成是国家存亡的一个重要条件。知耻，就要羞于为非，不追随别人干不道德的事情。能对他人干了不好的事情感到厌恶，对自己干了不好的事而羞辱，就是有知耻之心的表现。古代把培养士君子的“行己有耻”，作为教育的重要目标之一。古人认为，廉耻是立身之大节。一个人知耻，就会有所不为；相反，如果没有了羞耻之心，其心中最后的一道防线也将崩溃，就没有什么事情是干不出来的了。一个人知耻，犯了错误后会努力改正。普通人有耻，则有人格；当政的士大夫有耻，国家才有尊严。知耻规范，在任何时代都不会过时。值得提出的是，在传统思想中，有从唯心主义的观点论证知耻是人的一种天生的本性的理论，这从理论上说是错误的。

【原文】 子曰：“君子耻其言而过其行。”（《论语·宪问》）

【大意】 孔子说：“君子以说得多做得少、言行不符、言过其实为耻辱。”

【原文】 子曰：“巧言、令色、足恭[①]，左丘明[②]耻之，丘[③]亦耻之。匿[④]怨而友其人，左丘明耻之，丘亦耻之。”（《论语·公冶长》）

【注释】 ①巧言、令色、足恭：花言巧语，装着和颜悦色，过分的恭敬。②左丘明：春秋末年鲁国的史官，相传是《左传》的作者。③丘：孔丘。④匿：隐藏。

【大意】 孔子说：“花言巧语，装出一副和颜悦色的样子，过分的谦卑恭敬，左丘明以此为耻，我也以此为耻。把自己内心的怨恨隐藏起来，与怨恨的人交朋友，左丘明以此为耻，我也以此为耻。”

【原文】 礼不逾节[①]，义不自进[②]，廉不蔽恶[③]，耻不从枉[④]。故不逾节则上位安，不自进则民无巧诈，不蔽恶则行自全[⑤]，不从枉则邪事不生。（《管子·牧民》）

【注释】 ①逾节：超越应守的规矩。②自进：妄自求进。③蔽恶：掩饰过错。④从枉：依从邪恶。⑤行自全：德行自然完满。

【大意】 礼就是不超过应守的规矩，义就是不妄自追求进身，廉洁就是不掩饰自己的过错，知耻就是不依从邪恶不直之事。因此，人们都不超越应守的规矩，则上层统治者的地位就能安稳；不妄自求进，则民众就不去追求机巧奸诈；不掩饰过错，则人们的德行自然完满；不依从邪恶不直，则奸邪之事就不会发生了。

【原文】 孟子曰：“人不可以无耻，无耻之耻[①]，无耻矣[②]。”（《孟

子·尽心上》)

【注释】　①无耻之耻：不知道羞耻的那种羞耻。②无耻矣：是真正的不知羞耻。

【大意】　孟子说："作为一个人，不可以没有羞耻之心。不知道羞耻的那种羞耻，是真正的无耻。"

【原文】　故君子耻不修①，不耻见污②。耻不信③，不耻不见信④；耻不能⑤，不耻不见用⑥。(《荀子·非十二子》)

【注释】　①耻不修：以自己品德不好为耻。修，善，这里指品德高尚。②不耻见污：不怕被别人污蔑。③耻不信：以自己不讲信用为耻。④不见信：不被别人信任。⑤耻不能：以自己没有才能为耻。⑥不见用：不被任用。

【大意】　所以君子以自己的品德没有修养好为耻，而不以被别人污蔑为耻；以自己不讲信用为耻，而不以不被别人信任为耻；以自己没有才能为耻，而不以不被任用为耻。

【原文】　人唯知所贵①，然后知所耻。不知吾之所当贵，而谓之有耻焉者，吾恐②其所谓耻者非所当耻矣。(《陆九渊集》卷三十二《人不可以无耻》)

【注释】　①贵：贵重，珍贵。②恐：恐怕，担心。

【大意】　人只有知道什么是最可宝贵的，才知道真正应该引以为耻辱的是什么。一个人如果不知道应当宝贵的是什么，而说自己有羞耻感，我却担心他所谓的耻辱不是真正应当引以为耻的东西。

【原文】　人之有所不为，皆赖①有耻心。如无耻心，则无事不可为矣。风俗之美，在养民知耻②。耻者，治教之大端③。(康有为：《孟子微》卷六)

【注释】　①赖：依靠，仰赖。②风俗之美，在养民知耻：良好的社会风尚，在于养成人们的羞耻心。美，古义与"善"通。③治教：犹政教，指政事与教化。大端：指事物的主要部分。

【大意】　人们之所以能够对某些事坚决不做，都仰赖有一个羞耻之心。如果没有羞耻之心，便没有什么事是不可以干的了。良好的社会风俗，就在于养成人们的羞耻心。羞耻心是政治与教化的主要方面。

第十三节　明　智

本节案语

明智，也作智，是关于个体的道德规范。古代很重视智德，并把它作为智、仁、勇“三达德”之首来加以强调。明智，是一种认识道德标准和价值、认识事物发展规律的素质，是一种是非之心，即判断事物是非善恶的素质，是进行正确地决断事宜和进行正确行为选择的素质。没有这种素质，一切道德都是谈不上的。所以，古人又把它作为“五常”之一。在传统道德中，“知道”、“知人”、“谨慎”、“通权达变”等，都是明智之德中应有的内涵。

【原文】 知人者智，自知者明。(《老子》第三十三章)

【大意】 能认识他人的才能品质是机智，能认识自己才算高明。

【原文】 樊迟[①]问知。子曰：“务[②]民之义，敬鬼神而远之，可谓知矣。”(《论语·雍也》)

【注释】 ①樊迟：孔子弟子，名须，字子迟。据《孔子家语》小孔子46岁。②务：致力，专心从事。

【大意】 樊迟问什么是智。孔子说：“专心致力于人民认为应该做的事，尊敬鬼神却远离它，可以说是智了。”

【原文】 知之为知之，不知为不知，是知也[①]。(《论语·为政》)

【注释】 ①句中前四个“知”字指知道、懂得；后一个“知”字同“智”。

【大意】 知道就是知道，不知道就是不知道，这才是真知、明智。

【原文】 是是、非非谓之知；非是、是非谓之愚[①]。(《荀子·修身》)

【注释】 ①是：正确。非：错误。是是：即以是为是。非是：即以是为不是。前一个是或非字，做动词用。

【大意】 肯定正确的，否定错误的，就叫做明智；否定正确的，肯定错误的，就叫做愚蠢。

【原文】　何谓之智？先言而后当[1]。凡人欲舍行为，皆以其智先规而后为之[2]。其规是者，其所为得，其所事当，其行遂[3]，其名荣，其身故利而无患，福及子孙，德加万民，汤武是也。其规非者，其所为不得，其所事不当，其行不遂，其名辱，害及其身，绝世[4]无复，残类灭宗亡国是也[5]。故曰莫急于智[6]。智者见祸福远，其知利害蚤[7]；物动而知其化，事兴而知其归[8]，见始而知其终，言之而无敢哗[9]，立之而不可废，取之而不可舍，前后不相悖，终始有类，思之而有复，及之而不可厌[10]。其言寡而足，约而喻，简而达，省而具，少而不可益，多而不可损[11]。其动中伦，其言当务[12]。如是者谓之智。（董仲舒：《春秋繁露·必仁且智》）

【注释】　①先言而后当：指对于事物的判断，先说出来，而后证明是恰当的。当，合宜。②凡人欲舍行为，皆以其智先规而后为之：意思是，人要做什么事，都是通过其理智，先规划然后再去做。舍，施。规，谋划。③遂：成。④绝世：绝嗣，没有子孙。⑤残类灭宗：伤残同类，毁灭宗族。俞樾说："是也"二字之上，应当补"桀纣"二字。⑥莫急于智：没有比智慧更迫切的东西了。⑦见祸福远：能看到未来的祸福。知利害蚤：能预先知道利害。蚤，同"早"。⑧归：归向，趋向。此二句意思是说，物类一发动就知道它的变化，事情一兴起就知道它的趋向。⑨言之而无敢哗：指他说话而人不敢喧哗、反对。⑩悖：同"背"，违反。类：指法度。思之而有复：思之而可以再做。及：至，到达。厌：损抑，减损。⑪此六句意思是：他的话简短而内容充实，精约而容易了解，简单而意思明达，省略而具备大体，简洁而不可增加，繁多而不可减少。⑫中伦：合乎条理。当务：正合时务。

【大意】　什么叫做智？对于事物的判断，先说出来，而后被事物的发展结果证明是恰当的。凡是人决定去做或是不做，都是运用他的智慧，先谋划然后再去做。他的谋划正确，他的所作所为得当，其行为就能成就，其名声就荣耀，只有利益而没有祸害，子孙受福，千千万万的老百姓都受到了恩惠，商朝的汤王和周朝的武王就是这样的人。他的谋划错误，所作所为不合乎应当的标准，他的所作所为不能成功，名声上受辱，不仅自身有了大祸患，而且也使子孙和宗族灭绝，使国家灭亡，夏桀和殷纣王就是这样的人。所以说，没有比智慧更迫切的东西了。有智慧的人，能看到未来的祸福，能很早地预先得知利害；事物一动就知道它的变化，事情一发生就知道它的趋向和归宿，看到开始就知道结果；他说的话人们不敢争论反对，他树立的制度规矩都是不能废除的，他所采取的一切都是不可舍弃的；他的言行前后一致，开始和终结都有法度，他所思考的方案方法都是可以再次验证的，他所达到的不可以减损；他的话虽然少而内容充实，简洁而又很明白，简洁而意思明达，省略而具备大体，话少而又不能给他增加，话多而又不能给他减少；他的行动合乎条理规矩，言论切中时务。像这样的，就叫做智慧。

【原文】 知过[①]之谓智，改过之谓勇，无过之谓仁。学者无遽言仁[②]，先为其智勇者而已矣。好问好察，改过不吝[③]之谓上智；饰非拒谏[④]，自以为是之谓下愚。故上智者必不自智，下愚者必不自愚。(《陈确集·别集》卷二《近言集》)

【注释】 ①过：过失，过错。②无遽言仁：不急于言仁。遽，急，骤然。③改过不吝：有过错就改正，无所吝惜。吝，吝惜，舍不得。④饰非拒谏：掩饰过错，拒绝劝谏。

【大意】 知道自己的过错，就叫做智慧；改正自己的过错，就叫做勇敢；没有过错，就叫做仁德。学习的人不要急于说自己已达到仁德，能先做到智和勇就算不错了。喜好请教别人，观察问题深刻，有过错没有舍不得改正的毛病，这就叫做智慧。掩饰自己的错误，拒绝别人好心的劝告，自以为是，这就叫做愚蠢。所以有上等智慧的人必定不自以为自己有智慧，低等的愚蠢人却必定不以为自己愚蠢。

第十四节　勇　毅

本节案语

勇毅，是关于个体道德品质的概念，也是对人的一种道德要求。在古代，勇毅被视为“三达德”之一。勇是勇敢，毅是坚毅，勇敢坚毅是在与自然和社会的恶势力斗争中所形成的。传统道德认为，没有勇毅，再好的道德也得不到实行，再坏的事情也得不到消除。所以说，它是实践仁德的重要条件。传统道德强调，勇是一种与正义、善事相联系的德性，是一种战胜困难、克敌制胜、见义敢为的道德品质和道德精神。好勇斗狠、心毒手辣，胆大妄为都不能被称作勇毅。

【原文】 子路曰："君子尚①勇乎？"子曰："君子义以为上②，君子有勇而无义为乱，小人有勇而无义为盗。"（《论语·阳货》）

【注释】 ①尚：崇尚，尊贵。②上：最可尊贵的，第一位的。

【大意】 子路说："君子崇尚勇敢吗？"孔子回答说："君子认为义是最为可贵的。君子只有勇敢而不知道义，就会作乱闯祸；小人只有勇敢而不讲义，就会去做强盗。"

【原文】 子曰："非其鬼①而祭之，谄也②。见义不为，无勇也。"（《论语·为政》）

【注释】 ①鬼：指已死的祖先，也泛指鬼神。②谄：谄媚。

【大意】 孔子说："不是自己应该祭祀的鬼神而去祭祀，这是谄媚。看到正义的事情而不敢干，是没有勇气。"

【原文】 有狗彘之勇者，有贾盗之勇者①，有小人之勇者，有士君子之勇者：争饮食，无廉耻，不知是非，不辟死伤，不畏众强，恈恈然唯饮食之见②，是狗彘之勇也。为事利，争货财，无辞让，果敢而振，猛贪而戾③，恈恈然唯利之见，是贾盗之勇也。轻死而暴④，是小人之勇也。义之所在，不倾于权，不顾其利，举国而与之不为改视，重死持义而不桡⑤，是士君子之勇也。（《荀子·荣辱》）

【注释】 ①彘：猪。贾（gǔ 鼓）：商人。盗：盗贼。②辟：通"避"。恈恈然：形容非常贪婪的样子。恈恈然唯饮食之见：意谓眼巴巴地只看到吃喝。③为事利：做事为了利。振："振"为"很"字之误。"很"，同"狠"。戾（lì 立）：戾，乖张。④轻死而暴：指轻于死亡，性情凶暴。⑤与：对付，这里指反对。桡：同"挠"，屈从。

【大意】 有狗和猪的勇敢，有商人和强盗的勇敢，有小人的勇敢，有士君子的勇敢。争夺吃喝，没有廉耻，不知道是非善恶，不怕死伤，不怕对手人多势众，眼巴巴地只看到吃喝，是狗和猪的勇敢。为了得利，争夺财货，丝毫不肯推辞谦让，果断而又凶狠，凶猛、贪婪而又暴戾，眼巴巴地只盯着利益，是商人和强盗的勇敢。轻视生命，性情凶暴，是小人的勇敢。站在正义的立场上，不屈服于权势，不考虑自己的利益，整个国家都反对也不能改变他的看法，虽然爱惜生命，但为了坚持正义而不屈服，敢于拿生命去牺牲，这是士君子的勇敢。

【原文】 勇一也，而用①不同，有勇于气②者，有勇于义者。君子

勇于义，小人勇于气。（《二程集·河南程氏外书》卷七）

【注释】 ①用：用处，功能。②气：意气，感情。

【大意】 勇敢都是一样的，但其运用不同。有闹意气的勇敢，有坚持正义的勇敢。君子在坚持正义上勇敢，小人在闹意气上勇敢。

第十五节 节 制

本节案语

节制，是关于个体行为的道德规范。所谓节制，就是按照道德要求和原则，控制自己的情欲和行为。它强调一个人要能控制自己，在视听言动方面都能够遵从礼义道德；要求在对待财物方面，取用有节，消费有度。能把道义放在首位，能以义制利、以义导欲的人，就是一个能够战胜自我的人，也是一个能够有伟大成就的人。不过，宋明道学在这方面强调得太过，曾提出“存天理，灭人欲”的思想，从而窒息了人的创造精神。节制这一传统道德规范，对我们今天发扬艰苦奋斗的精神还是有重要意义的，其中主要的部分都应予以提倡。

【原文】 不役耳目①，百度惟贞②。玩人丧德③，玩物丧志④。（《尚书·旅獒》）

【注释】 ①不役耳目：不被耳目感官所役使，即不做声色之欲的奴隶的意思。②百度惟贞：百度，即百事。惟贞，即要正当的意思。③玩人丧德：玩弄人就丧失德性。④玩物丧志：心思放在玩弄器物上就会丧失大志。

【大意】 不被耳朵和眼睛等感官欲望所役使，百事的处理就会适当。把心思放在戏弄人上就会丧失道德，把心思放在玩弄器物上就会丧失大志。

【原文】 圣人为政一国，一国可倍①也。大之为政天下②，天下可倍也。其倍之非外取地③也，因其国家，去其无用之费④，足以倍之。圣王为政，其发令兴事⑤，使民用财⑥也，无不加用而为者⑦，是故用财不费，民德不劳，其兴利多矣。（《墨子·节用上》）

【注释】 ①可倍：言其利可扩大一倍。②天下：众多大小诸侯国合之而统称的中国。③非外取地：不是从外面再取得土地。谓不是扩大国土以增利。④去其无用之费：省去无用的消费。⑤兴事：兴办事业。⑥使民用财：役使民众，动用财力。⑦无不加用而为者：没有不增加用度而为的。

【大意】　圣明的人治理一个国家，这个国家的利益就会扩大一倍。再大一些，治理整个天下，天下的利益可以扩大一倍。所取得的成倍的利益，并不是从外面夺取土地、扩大疆土而增加的，而是根据国家的实际情况，省去无用的耗费，就足以使国家的利益成倍增长。圣明的君主治理国家天下，发布命令，兴办事业，役使民众，动用财力，没有不增加用度而这样做的，因此费用不多，百姓不劳累，而兴建利益则是多方面的。

【原文】　人有不为也，而后可以有为[①]。（《孟子·离娄下》）

【注释】　①有为：有所作为。

【大意】　一个人有不为的事情，然后才可以大大地有所作为。

【原文】　人生而静，天之性也。感于物而动，性之欲[①]也。物至知知，然后好恶形焉[②]。好恶无节于内[③]，知诱于外[④]，不能反躬[⑤]，天理灭矣[⑥]。夫物之感人无穷，而人之好恶无节，则是物至而人化物[⑦]也。人化物也者，灭天理而穷人欲者也。（《礼记·乐记》）

【注释】　①性之欲：指人的本性所具有的欲望。②物至知知，然后好恶形焉：外界事物纷纷而至，心智加以感知，然后心中形成了爱好和憎恶两种情欲。③无节于内：在内心没有节制。④知诱于外：理智被外界事物所引诱。⑤不能反躬：自己不能反省、检点自己。⑥天理灭矣：天赋的理性泯灭了。⑦人化物：人随物化了。

【大意】　人生下来本是平静安详的，这是天赋的本性。接触了外界的事物而引起心理感情的活动，这是人的本性所具有的情欲。外界的事物一到来，人心所含的知觉就对它有所认识，然后心里的喜好或厌恶的情感就表现出来了。如果喜好和厌恶的情感在内心没有节制，知觉被外界五光十色的事物所引诱，而又不能作自我反省，天赋的本来的理性也就被毁灭了。外界的各种各样的事物对人的诱惑是无穷无尽的，而人们的喜好和厌恶的情感又没有很好地节制，这样，外物一到来，人也就随着外物变化了，自己就不能主宰自己了。人不能自主，无节制地跟着外物的变化，就会磨灭本来平静安详的天赋理性，而尽量地发泄人的情欲了。

【原文】 为学之道，制欲为先。彼出而不能反[①]，申而不能屈[②]，必至溺其身，堕其名。博学智士，蹈此者多矣；此无他，欲败之也。人之情，孰无所欲！得其正而安之，不得其正则弃之，是为君子。得其正而溺之，不得其正而强遂之，是为鄙夫。（唐甄：《潜书·贞隐》）

【注释】 ①彼：指欲。反：返回，收拢。②申：伸展。屈：屈曲。意谓情欲能伸展而不能抑止。

【大意】 学习的道路方法，以控制自己的欲望为第一。欲望发出而不能收拢，伸展开来而不能抑止，必然最终导致身体生命的毁灭，名誉的败坏。有广博深厚学问的人，有聪明智慧的人，弄到这样一个可悲结果的太多了！没有别的原因，就是他们的欲望把他们给毁掉了。人天生有性情，谁能没有任何欲望呢？欲望是正当的，可以心安理得；欲望不是正当的，就抛弃它，这样的人才是君子。欲望是正当的，但沉溺其中不能自拔，欲望是不正当的，而强要追求并想方设法地使其满足，这样的人就是浅陋卑劣的人。

第十六节 廉 洁

本节案语

廉洁，是传统道德中对于从政者的道德规范，故人称其为“仕者之德”。所谓廉洁，就是立身清白，不贪取非分的、不合乎道义的财物。这一规范，要求人们见利思义，循礼合法。在古代思想家、政治家看来，廉洁是为政之本。从政的人能做到廉洁，政治就清明，社会就治理，民心就向善；相反，则治道衰颓，社会风俗败坏。正是由于其对社会具有巨大的导向和影响作用，所以才受到特别的重视。在中国历史上，有大批廉洁之士被载入史册，流芳百世；亦有相当多的贪官污吏被写进史书，遗臭万年。在社会主义社会，廉洁仍具有十分重大的意义，需要予以特别弘扬。

【原文】 君子之道也，贫则见廉[①]，富则见义[②]，生则见爱，死则见哀[③]，四行者不可虚假，反之身[④]者也。（《墨子·修身》）

【注释】 ①贫则见廉：贫穷时表现出廉洁。②富则见义：富足时表现出大义。③见爱：表现出仁爱。见哀：表现出哀痛。④反之身：反躬自问。

【大意】 君子的处世之道就是：自己贫穷时能够廉洁、不贪图财物，富足时能使自己的言行都合乎正义，对于活着的人表现出自己的仁爱，对于死了的人表现出自己的哀痛。这廉洁、正义、仁爱、哀死四种品行是不可以虚假伪装的，应该反躬自问自己是否真的有这样的品德。

【原文】 故临大利而不易其义[①]，可谓廉矣。廉故不以贵富而忘其辱[②]。（《吕氏春秋·仲冬纪·忠廉》）

【注释】 ①不易其义：不改变道义原则。②不以贵富而忘其辱：贵：崇尚、重视。富：财物多。不因崇尚富贵而忘记自己可能遭受的耻辱。

【大意】 面对着很大的利益而能不改变、不放弃自己坚持的道义原则，可以说是廉洁了。因为廉洁，所以才不会因崇尚富贵而忘记自己的耻辱。

【原文】 廉耻，士君子之大节，罕[①]能自守者，利欲[②]胜之耳。（欧阳修：《欧阳文忠公集·廉耻说》）

【注释】 ①罕：少。②利欲：财利的占有欲。

【大意】 廉洁、知耻，是君子德行的主要方面，而人们很少能够坚守这种节操，是因为被财利的占有欲所战胜了的缘故。

【原文】 尚廉，谓甘心淡薄，绝意纷华，不纳苞苴[①]，不受贿赂，门无请谒[②]，身远嫌疑，饮食宴会，稍以非义，皆谢却之。（徐元瑞：《吏学指南·吏员三尚》）

【注释】 ①苞苴（jū居）：馈赠的礼物。赠人礼物，必加包裹，因称馈赠的礼物为苞苴。苞：席草。苴：包裹。②请谒：告求，即无原则地求人关照、帮助。

【大意】 崇尚廉洁，也就是要甘心过朴素节俭的生活，绝对不喜求豪华奢靡，不收受他人的礼物馈赠，不接受贿赂，自家的大门口没有等着请求拜见的人，自己也远离是非嫌疑，对于吃喝宴会，只要有一点不符合正义的，一概谢绝。

【原文】 世之廉者有三：有见理明而不妄取者，有尚名节而不苟取者，有畏法律、保禄位而不敢取者。见理明而不妄取，无所为而然[①]，上也；尚名节而不苟取，狷介[②]之士，其次也；畏法律、保禄位

而不敢取，则勉强而然，斯又为次也。（《薛瑄全集·薛文公从政名言》卷二）

【注释】 ①无所为而然：没有什么目的，自然而然的。②狷介：拘谨自守。

【大意】 世上廉洁的人有三种类型：有认识义理明白、只按应当办事而不妄自收取财物的人，有看重自己的名誉、节操而不随便收受财物的人，有害怕法律、刑罚的惩罚，为保住自己的官职俸禄而不敢收取财物的人。认识义理明白、只按应当办的人，没有任何个人的目的意图，自然而然，是上等的廉洁之士。崇尚和看重自己的名声荣誉，而不随便收取财物，不为利益而损坏自己名声的人，是不肯做坏事的谨小慎微之士，这比上等的廉洁之士要次一等。害怕法律刑罚的惩处，为保住自己的官位俸禄而不敢收取财物的人，是勉强而做到廉洁的，这就又次一等了。

第十七节　勤　俭

本节案语

勤俭，是关于如何对待生产、如何对待消费的道德规范，也是中华民族的传统美德之一。勤，是勤劳，指对待生产劳动的态度和品质。它要求人们积极劳动，不怕苦累，不偷懒。俭，是节俭，指人对待生活欲望、对待财物消费的态度和品质。它要求人们约束自己，尽力减少消费，节约用度。无勤则财物没有来源，无俭则财物将消耗殆尽。没有这两者，一个人则将一事无成。俭不是吝啬，而是有节制地生活。勤也不是无休止地劳动，而是把工作视为人生中的首要之事。勤俭在本质上属于劳动人民创造的并身体力行的道德，也是一种富有建设性的道德。在今天，我们应该大力提倡。

【原文】 民生在勤，勤则不匮[①]。（《左传·宣公十二年》）

【注释】 ①匮（kuì 愧）：困乏，空乏。

【大意】 民众生活的根本保证在于勤劳。能够勤劳，用于生活的财富才不会空乏。

【原文】 林放[①]问礼之本[②]。子曰："大哉问[③]！礼，与其奢也，宁

俭；丧，与其易也，宁戚[④]。”（《论语·八佾》）

【注释】　①林放：春秋时鲁国人。②本：根本，本质。③大哉问：问的问题意义重大啊！④丧：此处指办丧葬的礼仪。易：指丧仪周全。戚：悲痛。

【大意】　一个叫林放的人问什么是礼的根本。孔子说：“这个问题意义重大啊！行礼，与其讲求铺张浪费，不如注重朴素节俭。丧礼，与其礼仪周到，倒不如内心悲痛为好。”

【原文】　强本而节用[①]，则天不能贫；养备而动时[②]，则天不能病；修道而不贰[③]，则天不能祸。故水旱不能使之饥渴，寒暑不能使之疾，祆怪不能使之凶。本荒而用侈，则天不能使之富；养略而动罕[④]，则天不能使之全；倍道而妄行[⑤]，则天不能使之吉。（《荀子·天论》）

【注释】　①本：这里指农业生产。强本而节用：加强农业生产而节省费用。②养：供养，指衣食等生活资料。备：完备，充足。动时：劳动适时。③修道：遵循正道。不贰：专一，坚定不移。④养略：供养不足。略，简略，不足。动罕：懒惰。⑤倍道：背离正道。倍，通“背”。

【大意】　努力加强农业生产这个根本，又节约费用，那么上天也不能使你贫穷。供养身体的衣食住行等生活资料充足而完备，活动又符合时令气节，那么上天也不能使你生病。遵循天道而坚定不移，那么上天也不能降给你灾祸。因此，无论水灾旱灾都不能使你饥饿，无论严寒还是酷热都不能使你生病，无论何种怪异的现象都不能使你遭受凶险。荒废了生产这个根本，费用上又奢侈，上天也无法使你富足。身体的供养不足而又懒惰，不注意活动锻炼，上天也无法保全你的健康。背离人伦正道，胡作非为，上天也不能保证你有吉祥好运。

【原文】　然则可俭而不可吝已。俭者，省约为礼之谓也；吝者，穷急不恤之谓也。今有施者奢，俭者吝；如能施而不奢，俭而不吝，可矣。（颜之推：《颜氏家训·治家》）

【大意】　可以节俭但不可以吝啬。节俭，是在行礼过程中节约财物、不讲排场的意思；吝啬，是舍不得钱财周济贫穷、救急难的意思。如今有能施舍却很奢侈的人，有能节俭却又吝啬的人。如果既能施舍贫穷的人和救助有急难的人，而自己在生活上又不奢侈，并能于平时节俭．而在周穷救急他人上又不吝啬，这样就可以了。

【原文】 凡言节用，非偶节一事，便能有济[①]。当每事以节俭为意，则积久累日，国用自饶[②]。（《宋史》卷三四二《王岩叟传》）

【注释】 ①有济：有益，起作用。②国用：国家的财用。饶：富足，多。

【大意】 所谓节约，并不是偶然在一件事情上节约，就可以起作用的。应当在生活中的每一件事上都注意节俭，这样长期地坚持下去，国家的财富就会积累起采，用度自然也就充足了。

【原文】 治家者，勤苦操作矣，又必节食省衣，量入为出，夫而后仓有余粮之积，门无索逋之呼[①]。至于因浪费而举债贷赀[②]，则其家道苦矣！（《严复集·代北洋大臣杨拟筹办海军奏稿》）

【注释】 ①门无索逋（bū）之呼：门前没有索要欠债的呼声。索，要。逋，拖欠，此处指欠债。②赀：货物，钱财，通“资”。

【大意】 所谓治家，平时要辛勤劳动，又要节省衣食，根据收入来计划支出，这样仓库中就会积存有余粮，门口就没有讨债的叫喝声。如果因为浪费而借贷欠债，那么他的家庭就要过苦日子了。

第十八节 爱 物

本节案语

爱物，是关于人与自然事物之间关系的道德规范。爱物，亦称惜物，指对自然事物爱惜和关怀。中国传统道德从两个方面论证了爱物这一道德规范。一方面，人与物都是天地的产物，物是人的友伴，故应爱惜；另一方面，物是人赖以生存的东西，只有对之爱惜，人才能有不尽的生活资源。在这方面，传统道德中有许多爱物的具体要求和规定，强调要尊重事物的自然生长规律，以时开发。这一道德规范及其思想，在现代科技高度发展、生态平衡日益受到破坏、资源日益枯竭的今天，尤有重要的参考价值和借鉴意义。

【原文】 不违农时[①]，谷不可胜食[②]也；数罟不入洿池[③]，鱼鳖不可胜食也；斧斤以时入山林[④]，材木不可胜用也。谷与鱼鳖不可胜食，材木不可胜用，是使民养生丧死无憾也。养生丧死无憾，王道[⑤]之始也。（《孟子·梁惠王上》）

【注释】　①农时：指农业耕种锄收的各种时机。不违农时，谓国家凡兴作用人，应不妨碍农民春耕、夏耘和秋收，而待冬日闲暇之时。②不可胜食：粮食吃不完的意思。③数（cù 醋）罟（gǔ 古）：细密的网。洿池：池塘。此句的意思是，不要用小眼的网捕鱼，则小鱼得生，所以下句说“鱼鳖不可胜食也”。④斤：斧头。以时入山林：谓采伐树木选在草木凋零的时节，不妨害其生长。⑤王道：指行仁义、得民心的政治之道。

【大意】　不耽误农民的春耕、夏耘和秋收等农忙时节，粮食是吃不完的。不用小眼网在池塘湖泽中捕鱼，鱼鳖是吃不完的。能够按照时节、在草木凋零的季节采伐树木，木材是用不完的。粮食、鱼鳖吃不完，木材用不完，那么百姓的日常生活及丧葬事宜也就没有费用方面的短缺。百姓的养生送死都没有问题，这可以说是仁义政治的开端。

【原文】　群道当[①]则万物皆得其宜，六畜皆得其长，群生皆得其命。故养长时[②]则六畜育，杀生时[③]则草木殖，政令时则百姓一[④]，贤良服。圣王之制也，草木荣华滋硕[⑤]之时则斧斤不入山林，不夭[⑥]其生，不绝其长也；鼋鼍、鱼鳖、鳅鳣孕别之时[⑦]，罔[⑧]罟毒药不入泽，不夭其生，不绝其长也；春耕、夏耘、秋收、冬藏四者不失时，故五谷不绝而百姓有余食也；污池[⑨]、渊沼、川泽谨[⑩]其时禁，故鱼鳖优多而百姓有余用也；斩伐养长不失其时，故山林不童[⑪]而百姓有余材也。（《荀子·王制》）

【注释】　①群道当：外群之法合宜恰当。②养长（zhǎng 掌）时：养育家畜合时。长，生长，发育。此节中的“长”字，均读为 zhǎng。③杀生时：斩伐和种植合时。④百姓一：百姓统一步调，服从法度。⑤硕：大。⑥夭：摧折。⑦鼋（yuán 元）：绿团鱼，俗称癞头鼋，背有甲，散生小疣，生于河泽中，鼍（tuó 驼）：即扬子鳄，俗称猪婆龙。鳣（shàn 善）：通“鳝”。别：谓生育，同母分别，生出的意思。⑧罔：同“网”。⑨污池：停水之处。⑩谨：严的意思。⑪童：山无草木。

【大意】　领导和管理群众的方法得当，则万事万物都会处于恰当的地位，六畜都得到养育，一切有生命的事物也都成长。所以养育合于时节，六畜就繁殖；砍伐和种植合于时节，草木就会繁茂；政治法令合乎时事，百姓就会服从法度，步调一致，社会中的贤良之人也都会服从领导。圣明君主的制度规定是：在草木繁荣开花生长的时候，不能入山林砍伐，这是出于不摧折草木的生命，不断绝其成长的考虑；鱼鳖类的水生动物在孕期和出生期时，捕鱼的网、杀鱼的药都不能用于池塘湖泽，这也是出于不摧折鱼鳖的生命、不断绝其生长的考虑。春耕、夏耘、秋收、冬储四季的农活按时节做好，那么五谷不断而老百姓都有余粮了；池沼、湖泽、河流严格地按时节开禁，那么鱼鳖丰美而众多，老百姓也就食用不完了；砍伐种植都能依季节合理地安排，山林就不会光秃，百姓也就有充足的木材用了。

【原文】 夫地力之生物有大数，人力之成物有大限，取之有度，用之有节，则常足；取之无度，用之无节，则常不足。生物之丰败由天，用物之多少由人。是以圣王立程①，量入为出②，虽遇灾难，下无困穷。理化③既衰，则乃反是，量出为入④，不恤所无。……是乃用之盈虚，在节与不节耳，不节则虽盈必竭，能节则虽虚必盈。（陆贽：《陆宣公奏议·均节赋税恤百姓六条疏》）

【注释】 ①立程：订立度量标准。②量入为出：根据收入来决定支出。③理化：治理和教化。④量出为入：根据支出费用的数额确定征收赋税的多少。

【大意】 土地的能力究竟能生长多少是有一个大概的数目的，人的力量能够制造和养育多少也是有限度的。从自然中拿取有固定的数额，费用有节制，那么无论什么时候财物也是充足的；如果从自然中索取没有限度，耗费财物资源没有节制，那么就会常常感到财富不够用。事物的丰与歉由天决定，用物的多少由人决定。所以圣明的君主订立度量标准，根据收入来决定支出，虽遇灾难，民众也不会困穷。政治的治理、教化走下坡路后，就反着来了，不是量入为出，而是量出为入，即根据支出费用的数额确定征收赋税的多少，根据用度来索取，而不考虑将来用尽了怎么办。……所以用度是否充足，在能不能节俭。不节俭，虽然财用足最后必然耗尽；能节俭，则虽然财用不足最终也会变得有余。

第十九节　敬　业

本节案语

敬业，是职业道德的核心和基本原则。人生活于世上，必须依靠劳动而取得生活资料；而要劳动，就必然有一定的社会分工和在一定的社会分工中选择自己的职业。无论从事何种职业，都必须有一个最基本的道德原则来对待职业劳动。敬业就是这个总的原则。敬业就是对待职业劳动要严肃认真、勤奋努力、精益求精。古代有多种职业，政、学、农、工、商、医等就是其中的几个主要方面。每种职业，都有每种职业的具体的道德要求。在这里，我们受篇幅所限，不能一一列举，只能选择部分职业道德规范分类加以介绍。如果读者想仔细了解，请查看《中国传统道德·规范卷》的职业规范部分。

【原文】　正以处心，廉以律己，忠以事君，恭以事长，信以接物，宽以待下，敬以处事，居官之七要也。荀悦：《申鉴·政体》）

【大意】　用正当来安顿自己的心，用廉洁来要求自己，用忠心来事奉君主，用恭敬来对待长辈，用诚信来与人相交往，以宽容来对待下属，用虔敬来处理政事，这是做官的人应守的七条重要规矩。

【原文】　当官之法，唯有三事：曰清①，曰慎，曰勤。知此三者，则知所以持身矣②。（陈宏谋：《从政遗规·舍人官箴》）

【注释】　①清：谓清廉不贪。②本段乃吕本中之言。

【大意】　做官的诀窍，只有三条：是清廉，是谨慎，是勤勉。知道了这三条，就知道如何保持自己的人格了。

【原文】　子曰："默而识①之，学而不厌，诲②人不倦，何有于我哉③？"（《论语·述而》）

【注释】　①识（zhì至）：记住。②诲：教导，教诲。③何有于我哉：孔子自谦之辞，意思是这些事我能做到哪些呢？

【大意】　孔子说："把所见到所听到的知识默默地记在心里，学习不厌烦，教导别人不疲倦，这些事情我做到了哪些呢？"

【原文】　敬业乐群。（《礼记·学记》）

【大意】　严肃认真地对待学业，快乐地与大家和谐相处。

【原文】　凡学，必务进业，心则无营①。疾讽诵，谨司闻②，观欢愉，问书意，顺耳目，不逆志，退思虑，求所谓③，时辨说④，以论道，不苟辨⑤，必中法⑥，得之无矜⑦，失之无惭，必反其本。（《吕氏春秋·尊师》）

【注释】 ①无营：无欲，无求。②司闻：耳为司闻者，谨司闻即谨耳之听。③求所谓：退而思虑，省求师之所言。④时辨说：时常讨论辨说。⑤不苟辨：不为辨而辨，反是为非。⑥必中法：必中法度、大道。⑦无矜：不骄傲。

【大意】 凡学习，一定务求增进学业，这样心就不会被无关的事搅乱了。努力诵习所学的功课，谨慎小心地聆听老师的讲解；看到老师欢心时就去请教书中的深刻含义，顺从地听和看而不违背老师的心意，回来后认真地思考，探求反省老师所讲的话；时常讨论辨说，以求推论明白老师所讲的道理；辨说一定要符合道理和规矩，而不是为了辨而辨；学有所得而不要骄傲自夸，弄错了也不要觉得羞愧，一定要从根本上弄清所以然。

【原文】 学以治之，思以精之，朋友以磨[1]之，名誉以崇之，不倦以终之，可谓好学也已矣。（扬雄：《法言·学行》）

【注释】 ①磨：切磋琢磨。

【大意】 依靠学习来锻炼修养自己的品德，依靠思考来使自己的知识精微，依靠朋友来相互切磋纠正，依靠名誉来增长自己的学识，依靠不倦的努力来坚持终生，这可以说是好学的人了。

【原文】 夫道成于学而藏于书，学进于振而废于穷[1]。（王符：《潜夫论·赞学》）

【注释】 ①振：振奋。穷：止。

【大意】 高深的道理成就于学习，蕴藏在书籍里面，学问上的进步出于勤奋的努力，而荒废于停止不前。

【原文】 业精于勤，荒于嬉；行成于思，毁于随。（韩愈：《韩昌黎集·进学解》）

【大意】 学业的精进在于勤奋，荒疏在于嬉戏；德行的成就在于深思反省，毁败在于因循苟且。

【原文】 学者不可以不诚，不诚无以为善，不诚无以为君子。修学不以诚，则学杂；为事不以诚，则事败；自谋不以诚，则是欺其心而自弃其忠；与人不以诚，则是丧其德而增人之怨。（《二程集·河南程氏遗书》卷二十五）

【大意】　学习的人不可以不一心一意，不一心一意就不能办成善事，不一心一意就不能成为一个有道德的人。做学问不一心一意，其学问就驳杂而不纯；做事不一心一意，所做的事就容易失败；为自己的品德打算不一心一意，就是欺骗自己的良心，自我毁弃其忠实的品德；与别人交往时不一心一意，则是丢掉了好的德行，会增加别人的怨愤。

【原文】　"敬"字工夫，乃是圣门第一义，彻头彻尾，不可顷刻间断。……敬非是块然兀坐[①]，耳无所闻，目无所见，心无所思，而后谓之敬。只是有所畏谨，不敢放纵。如此则身心收敛，如有所畏，常常如此，气象自别。……无事时敬在里面，有事时敬在事上。有事无事，吾之敬未尝间断也。且如应接宾客，敬便在应接上；宾客去后，敬又在这里。若厌苦宾客，而为之心烦，此却是自挠乱，非所谓敬也。（朱熹：《朱子语类》卷十二）

【注释】　①块然兀坐：块然，木然无知的样子。兀坐，独自端坐。大意指木然无知独自端坐的样子。

【大意】　"敬"这种功夫，是圣人教导人的第一条原则。从头至尾地保持敬，一会儿都不可间断。……敬，不是说要一个人像个木头那样独自端坐，两耳无所听，双目无所看，心里无所想，而后才叫做敬。敬只是有所畏惧、谨持，不敢放纵思想行为。这样则身心收敛，自我约束，像有所畏惧一般。能经常这样做，人的气度形象也就慢慢地与别人不一样了。……没有事做的时候，心里保持谨慎庄重，有事情做的时候，则对待事情要严肃认真。无论有事做还是没有事做，我的庄敬的心态都未曾间断过。比如迎接宾客，敬便在迎接上；宾客走了以后，敬又存于胸中。如果对宾客厌倦，为宾客来而心烦，这却是自我扰乱，就不是敬了。

【原文】　师者，所以传道、授业、解惑者也。道之未闻，业之未精，有惑而不能解，则非师矣。本无可师，强聚道路交臂之人，曰师曰弟子云者，曾不如童子之师习其句读，巫医乐师百工之人授以艺术者之有其实也。（黄宗羲：《南雷文案·续师说》）

【大意】　老师是传授真理、讲授学业，解除迷惑的。没有听到真理，未能对学业精熟，对学生的迷惑不能解除，则不是真正的老师。本来没有什么学问值得别人拜他为师的，却把路上碰到的人强聚在一起，称什么师傅呀、弟子呀什么的，这还不如小童的老师教他们习练读些句子，巫士、医生、乐师和手工业者对他们的徒弟传授一些技术来得实在。

【原文】 夫以利济存心，则其学业必能日造乎高明，若仅为衣食计，则其知识自必终囿于庸俗。（叶天士：《临证指南医案·华序》）

【大意】 如果志在帮助众人，那么这个人的学业必定能够一天比一天进步，一天比一天高明；如果仅仅是为了自己的生计着想，那么他的知识必定最后也突不破庸俗。

【原文】 故良农不为水旱不耕，良贾不为折阅①不市，士君子不为贫穷怠乎道。（《荀子·修身》）

【注释】 ①折阅：亏本。

【大意】 所以一个好的农民不会因为有水灾旱灾而不种地，一个好的商人不会因为亏本而不再买卖东西，真正的士君子不会因为贫困而怠惰于寻求和坚持真理。

第二十节 友 谊

本节案语

交友择朋，是人生活动的一个重要方面。古人以同门为“朋”，以同志为“友”，后来则常常把朋友二字连用，用以特指志同道合、过从较密的人之间的关系。对待这种特殊的人伦关系，古人有一整套规范。这些规范，主要包含了这样几个意思：交友择朋要交“益友”而不交“损友”，即交那些对自己有助益的朋友，而不交对自己有损害的朋友。孔子曾提出，要与直率的人交朋友，与诚实的人交朋友，与博学多闻的人交朋友。朋友之间要以信义为本，以诚相待，而不可虚情假意，不可“以利为朋”，“以势为朋”，相互勾结，狼狈为奸。朋友相处，要相互责善，指出并帮助对方纠正缺点和过失。朋友之间，还要相互帮助，既能共享欢乐，又能患难相扶。此外，传统道德还主张要分清公义和私义，不能因私交而损害公义，不能为了朋友而损害国家、天下和人民的利益。这些思想，都是极其可贵的。古人的交友之道，是古人在长期的处世为人实践中提炼出来的。它对于纠正今人的利交，有着重要的现实意义。

【原文】　孔子曰：“益者三友，损者三友。友直①，友谅②，友多闻③，益矣。友便辟④，友善柔⑤，友便佞⑥，损矣。”（《论语·季氏》）

【注释】　①直：正直、直率。②谅：诚信。③多闻：见闻广博。④便（pián 骈）辟：谄媚奉承。⑤善柔：当面恭维，而在背后诋毁。⑥便（pián 骈）佞：花言巧语。

【大意】　孔子说：“有益的朋友有三种，有害的朋友有三种。同正直的人交朋友，同信实的人交朋友，同多闻多见、知识广博的人交朋友，便有益处。同谄媚奉承的人交朋友，同当面恭维而又在背后诋毁的人交朋友，同夸夸其谈、花言巧语的人交朋友，便有害了。”

【原文】　与朋友交，言而有信。（《论语·学而》）

【大意】　与朋友相交往，说话要有信用。

【原文】　曾子①曰：“君子以文会友，以友辅仁。”（《论语·颜渊》）

【注释】　①曾子：孔子弟子，姓曾，名参，字子舆。春秋末期鲁国南武城人。

【大意】　曾子说：“君子用文章学问来聚会朋友，用朋友来帮助自己培养仁德。”

【原文】　二人同心，其利断金①。同心之言，其臭②如兰。（《周易·系辞上》）

【注释】　①利：锋利。断金：斩断金属之物。②臭：通“嗅”。气味。

【大意】　朋友同心，其锋利能把坚硬的金属斩断，也就是说，没有什么事物是不能战胜的。朋友之间，同心同德，所发自的肺腑之言，就像兰草一样，散发着芬芳的气味。

【原文】　君子之交淡若水，小人之交甘若醴①；君子淡以亲，小人甘以绝。（《庄子·山木》）

【注释】　①醴（lǐ 礼）：甜酒。

【大意】　君子之间的朋友交往，是一种道义之交，淡淡的像白水一样。小人之间的朋友交往，是一种利益之交，浓浓的像甜酒一样。君子间的道义之交虽淡，却是心心相印，能保持长久。小人间的利益之交虽甜，却是相互算计，利尽而交绝。

【原文】 蓬生麻中①，不扶而直。白沙在涅②，与之俱黑。兰槐之根是为芷③。其渐之滫④，君子不近，庶人不服⑤。其质非不美也，所渐者然也。故君子居必择乡，游必就士⑥，所以防邪僻而近中正也⑦。（《荀子·劝学》）

【注释】 ①蓬：草名。麻：各种麻类植物的统称。②涅：黑泥土。白沙在涅，谓雪白的沙子落在黑泥之中。③兰槐：一种香草。芷：兰槐的根，有香气。④渐：浸，泡。滫：臭水，脏水。其渐之滫，谓把兰芷浸到臭水里。⑤庶人：普通老百姓。服：佩戴。⑥游必就士：交游必须要主动接近有道德、有学问的人。⑦中正：指公平正直的人。

【大意】 蓬草生在挺直修长的麻类植物之中，不用人扶也会直立生长。雪白的沙子掉在黑色的污泥之中，也就和黑泥的颜色一样了。兰槐的根叫做“芷”，香气袭人，受到人们的普遍喜欢。如果把它浸泡在臭水里面，再取出来以后，有地位的人不接近它，普通老百姓也不佩戴它。兰芷的质地并非不美，人们之所以不再喜欢它，是因为浸泡到臭水里以后也变臭了的缘故。因此，君子的住所，必然选择在风气淳正的乡里，君子的交游，也必然是有道德、有学问的人。这样做的目的，就在于防止邪僻不良之人的影响，而接近公平正直的人。

【原文】 朋友之道四焉，通财不在其中：近则正之，远则称之，乐则思之，患则死之。（《白虎通·谏诤》）

【大意】 交朋友的原则有四条，财物通用不包括在其中：近在身边时纠正他的过失，远离身边时称道他的长处，自己欢乐时思念与他分享，他有患难时不惜为他牺牲。

【原文】 人之交士也，仁爱笃恕，谦逊敬让，忠诚发乎内，信效著乎外。流言无所受，爱憎无所偏。幽暗①则攻己之所短，会同②则述人之所长。有负我③者，我又加厚焉。有疑我者，我又加信焉。患难必相恤，利必相及。行潜德④而不有，立潜功而不名。孜孜为此，以设⑤其身。（仲长统：《昌言》）

【注释】 ①幽暗：指私下独处之时。②会同：与人在一起交往。③负我：对不起我。④潜德：犹“阴德”，不为人见、不为人知的德行和好心。⑤设：立。

【大意】 人们要结交朋友，应该是怀有一颗仁爱之心，笃实地实行“己所不欲，勿施于人”的恕道，将心比心，对朋友谦逊、恭敬、礼让，忠诚发乎内心深处，信用表现在言行之上。对流言蜚语不往心里去，喜爱憎恶无所偏心。私下独处时则自我批评一己的短处，与别人在一起时则称道他人的长处。有对不起我的人，我就多厚待他几分。有怀疑我的人，我就多信任他几分。患难之时相互慰问帮助，有利益的时候必相顾及。暗地里为人做好事而不以有美德自居，背地里立功劳而不求拥有名誉。勤勉不倦地做这样的事，以求立身行道。

【原文】 以财交者，财尽而交绝；以色交者，华[①]落而爱渝[②]。（《战国策·楚策》）

【注释】 ①华：华美，指美丽的容色。②渝：变。

【大意】 依靠财物与别人交朋友，当自己的财产耗费尽了的时候，朋友的交往也就到头了。依靠美丽的容色与别人交朋友，色衰华落以后，恩爱也就完结了。

【原文】 善人同处，则日闻嘉训[①]；恶人从游，则日生邪情。（《后汉书·爰延列传》）

【注释】 ①嘉训：美好的训导。

【大意】 与有道德的人相处，就会天天听到美好的训导；与恶人相处，就会天天生长出邪恶的性情。

【原文】 是以与善人居，如入芝兰之室，久而自芳也；与恶人居，如入鲍鱼之肆[①]，久而自臭也。墨翟悲于染丝[②]，是之谓矣。君子必慎交游焉。（颜之推：《颜氏家训·慕贤》）

【注释】 ①鲍鱼：咸鱼。肆：铺子。②墨翟：春秋末期墨家学派的创始人，其思想保存在《墨子》一书中。墨翟悲于染丝：墨子曾见染丝者而叹曰：“染于苍则苍，染于黄则黄。”见《墨子·所染篇》。

【大意】 所以与善良的人在一起，就像进入栽种着芝兰香草的房子一样，呆久了自己身上也会有香味；与恶人在一起，就像进入卖咸鱼的铺子一样，呆久了自己也会变臭。春秋时的思想家墨子，曾经见染丝而发感叹，也就是这个缘故了。君子一定要谨慎地对待交朋友这件事。

【原文】 善交狎而不慢[①]，和而不同[②]，见彼有失，则正色而谏之；告我以过，则速改而不惮[3]。不以忤[4]彼心而不言，不以逆我耳而不纳，不以巧辨饰其非，不以华辞文其失，不形同而神乖[5]，不匿情而口合，不面从而背憎，不疾[6]人之胜己。（葛洪：《抱朴子·外篇·交际》）

【注释】 ①狎：亲近，亲昵。慢：怠慢。②同：雷同，随声附和。③惮：畏惧，害怕。④忤（wǔ 五）：违逆，抵触。⑤乖：背离，不一致。⑥疾：同“嫉”，嫉妒。

【大意】 善于交朋友的人，亲近而又不怠慢，和谐相处而不盲目附和。看到对方有过失，就严肃地规劝他；对方告诉我自己的毛病，就迅速加以改正而不畏惧。不因违逆对方的心思就不说自己的意见，不因对方的话刺耳就不采纳，不用巧妙的辩解来掩饰自己的错误，不以美丽的言辞来装饰自己的过失，不表面上与对方一致而内心离心离德，不隐藏自己内心的情感、想法而在口头上附和对方，不表面上服从而背地里憎恨，不嫉妒他人胜过自己。

【原文】 交友之道，惟淡乃成。甘如醴者，忿怒易生。交友之道，惟敬乃久。谑浪笑傲[1]，难善其后。（罗泽南：《小学韵语》）

【注释】 ①谑（xué 穴）浪笑傲：戏谑放浪，调笑戏弄。语出《诗经·邶风·终风》。

【大意】 交友，只有“淡如水”才能维持真朋友的情谊。朋友之间甜蜜之极，浓烈得像酒一般，反而容易产生忿怒仇恨。朋友之间，只有相互敬重对方，友谊才能维持长久。戏谑放浪、调笑戏弄、是难以有好结果的。

第二十一节 礼 仪

本节案语

中华民族以礼仪之邦著称于世。在中国传统道德中，文明礼仪方面的资料十分丰富。它们是古代社会中维持社会人伦关系，修养身心的具体的道德行为标准。在旧的宗法等级制社会中，礼仪有繁多的内容和形式，鲜明地表现着社会中的尊卑等级，并为维护其宗法等级制服务。古代的礼仪内容十分复杂，有所谓“吉礼”、“凶礼”、“军礼”、“宾礼”、

“嘉礼”的划分。吉礼，是有关祭祀的典礼；凶礼，是有关丧葬的礼仪，也包括对天灾人祸的哀吊礼仪；军礼，是有关军事活动的典礼，也包括田猎等活动的礼仪；宾礼，是朝觐、聘问、会盟等外交方面的礼仪；嘉礼，是节日、重大事件的典礼，涉及众多的方面，古代的冠礼、射礼、宴礼、立储等都属于嘉礼的范围。这些礼仪，常常因时代的不同而有重要的变化。我们在这里，剔除封建主义的、过时的、束缚人们自由的陈腐内容，选择一些有助于培养人们文明的生活方式，涉及容貌、衣冠、视听行止、接人待物等方面的具体礼仪规范，供大家学习参考。

【原文】　孔子曰：“君子有九思①：视思明，听思聪，色思温②，貌思恭，言思忠，事思敬③，疑思问，忿思难④，见得思义。”（《论语·季氏》）

【注释】　①思：考虑。②色：指神色。温：温和。③敬：庄重，严肃，认真。④忿思难：将要发怒时考虑会有什么后患。

【大意】　孔子说：“君子要做九个方面的考虑：看时要考虑看明白了没有，听时要考虑听清楚了没有，对自己的脸色要考虑是不是温和，对自己的容貌态度要考虑是不是恭敬有礼，对自己的言语要考虑是不是忠诚老实，对待事务要考虑是不是严肃认真，遇到疑惑时要考虑向他人请教，将要发怒时要考虑会有什么后患，看到可得的好处时要考虑是不是合乎道义。”

【原文】　君子所贵乎道者三：动容貌①，斯远暴慢②矣；正颜色③，斯近信④矣；出辞气⑤，斯远鄙倍⑥矣。（《论语·泰伯》）

【注释】　①动容貌：严肃自己的容貌。②暴慢：粗暴无礼，怠慢不敬。③正颜色：端正自己的神色态度。④近信：接近于诚信。⑤辞气：言辞和声调。⑥鄙倍：鄙，粗野俗陋；倍，同“背”，不合理，错误。

【大意】　有身份的人接人待物有三个方面应该注重：严肃自己的容貌，就可以避免别人的粗暴无礼，怠慢不敬。端正自己的神色态度，就可以使别人相信。说话时注意言辞和声调，就可以避免粗俗和错误。

【原文】　入竟而问禁①，入国而问俗②，入门而问讳③。（《礼记·曲礼上》）

【注释】　①竟：通“境”，某个国家或地区所辖治的区域。禁：指禁令。②俗：风俗，风习。③入门：指自己作为宾客进入主人的家里。讳：忌讳。

【大意】 进入一个地区，要先询问当地的法制禁令，进入到一个国家，要先询问该国的风俗习惯；到别人家里做客，要先了解主人的忌讳。

【原文】 毋侧听①，毋嗷应②，毋淫视③，毋怠荒④。游毋倨⑤，立毋跛⑥，坐毋箕⑦，寝毋伏⑧。（《礼记·曲礼上》）

【注释】 ①毋：勿要，不要。侧听：歪着脑袋听。②嗷（jiào 叫）应：粗声大气地答应。③淫视：斜眼而视，不正眼看人。④怠荒：怠懈荒放。⑤游：游走。倨：傲慢。⑥跛：腿脚有毛病，此指歪斜，不平衡。⑦箕：畚箕。此指两腿向前岔开坐着。⑧伏：趴着。

【大意】 不要歪着脑袋听别人说话，不要粗声大气地吼着答应别人的问话，不要斜着眼看人，不要懒散怠懈。走路不要露出一副傲慢的样子，不要歪歪扭扭地站立，不要岔开双腿像畚箕一样地坐着，不要趴着睡觉。

【原文】 凡与客人①者，每门让于客。（《礼记·曲礼上》）

【注释】 ①入：指进门。

【大意】 凡是与客人一起进门，在每一个门前都要请客人先进。

【原文】 衣服容貌者，所以悦目也；声言应对者，所以悦耳也；好恶去就①者，所以悦心也。故君子衣服中②而容貌恭，则目悦矣；言理应对逊③，则耳悦矣，好仁厚而恶浅薄，就善人而远僻鄙④，则心悦矣。故曰："行思可乐，容止可观"⑤。此之谓也。（董仲舒：《春秋繁露·为人者天》）

【注释】 ①去：疏远。就：接近。②衣服中：服饰合乎礼。③逊：谦逊。④僻鄙：指邪僻，庸俗、卑鄙的人。⑤行思可乐，容止可观：语出《孝经·圣治章》。可乐，可以使人快乐。容止，容貌举止。

【大意】 衣服容貌，是为了使眼睛愉悦的；说话交流，是为了使耳朵愉悦的；喜好、厌恶、疏远和接近什么，是为了让心愉悦的。所以君子的服饰适中，合乎礼的规定，其容貌又温和恭敬，人们看到后眼睛就感到愉悦。讲话合乎道理，言谈又很谦逊，人们听了后耳朵就感到愉悦。喜好仁厚的人，厌恶浅薄的人，接近善人，疏远邪僻卑鄙的人，心就感到愉悦。所以《孝经》说："做事要考虑使人快乐，容貌举止要考虑可供人观瞻。"说的就是上面的意思吧。

【原文】　曾子曰："狎[①]甚则相简[②]也，庄[③]甚则不亲。是故君子之狎，足以交欢；庄，足以成礼[④]而已。"（刘向：《说苑·谈丛》）

【注释】　①狎：亲近，亲密，亲昵。②简：怠慢。③庄：庄重。④成礼：完成礼节。

【大意】　曾子说："亲近过分了就会彼此怠慢，庄重过分了就显得不亲密。因此，君子的亲近态度，足以使彼此欢悦，君子的庄重态度，足以遵行和完成礼节。"

【原文】　夫容貌者，人之符表[①]也。符表正，故情性治；情性治，故仁义存；仁义存，故盛德著；盛德著，故可以为法象，斯谓之君子矣。（徐幹：《中论·法象》）

【注释】　①符表：标记，表征。

【大意】　容貌是人的标记和象征。容貌这个标记象征端正，就标志着一个人的性情欲望控制得好；性情欲望控制得好，其仁义的行为就能不断积累；仁义行为不断积累，其美好的德行就会显著；其美好的德行显著，所以其各个方面可以成为人们言行的楷模，这就是所谓君子了。

【原文】　君子必贵其言。贵其言则尊其身，尊其身则重其道，重其道所以立其教。言费则身贱，身贱则道轻，道轻则教废。故君子非其人则弗与之言，若与之言，必以其方。（徐幹：《中论·贵言》）

【大意】　君子必定重视他的言语。重视他的言语就尊重他这个人，尊重他这个人就尊重他的人生原则，尊重他的人生原则也就会因此树立其相应的教育。言语浪费，说话不管用，则其人就显得卑贱，其人卑贱则其人生原则就没有分量，人生原则没有分量则其教育也就会被废弃。因此，君子对那种不适合的人就不同他讲话，如果要与他讲话，也必定依循规矩。

【原文】　心术以光明笃实为第一，容貌以正大老成为第一，言语以简重真切[①]为第一。（吕坤：《呻吟语·修身》）

【注释】　①简重真切：简，简明；重，稳重；真，真实；切，确切。

【大意】 心地要以光明磊落、诚恳实在为第一，容貌要以中正大方老成为第一，言语要以简明稳重、真实确切为第一。

【原文】 凡饮食，须要敛身离案[①]，毋令太迫[②]。从容举箸[③]，以次著于盘中，毋致急剧，将肴蔬拨乱。咀嚼，毋使有声，亦不得恣所嗜好，贪求多食。安放盌[④]箸，俱当加意照顾，毋使失误堕地。（屠羲时：《童子礼·饮食》）

【注释】 ①案：饭桌。②迫：迫近，靠近。③箸：筷子。④盌：通“碗”。

【大意】 凡是在饮食方面，要收敛自己的身体，离开饭桌一定的距离，而不要太靠近桌子。从容地拿起筷子，按照一定的次序夹盘中的食物，不要惶急毛躁，把盘中的菜拨乱。咀嚼时不要发出响声，也不要对自己喜爱吃的菜无节制地多吃。在放碗和筷子时，要特别留神，不要不小心使其掉在地上。

【原文】 长者立，幼勿坐，长者坐，命[①]乃坐。尊长前，声要低，低不闻[②]，却非宜[③]。……问起对，视勿移[④]。（李毓秀：《弟子规》）

【注释】 ①命：指示。②低不闻：声音低得让人听不见。③宜：适宜，恰当。④移：视线不定，眼睛东张西望。

【大意】 年长辈大的人站着，年幼辈小的人就不要坐；年长的人坐下了，指示你坐下，你才能坐下。在尊长面前，说话声音要低，但声音低得几乎听不见了，也是不恰当的。尊长问你话的时候，要站起来对答，而且眼睛不可以东张西望。

【原文】 人不闲，勿事搅，人不安，勿话扰。（李毓秀：《弟子规》）

【大意】 别人正忙着的时候，就不要再拿别的事搅乱他们；别人正在烦躁不安的时候，就不要再说废话打扰他们。

第二篇

教育修养

导言

道德教育与道德修养是中国古代传统道德中极其重要的内容，也是极具中国特色的内容。

社会个体成员的主要道德品质，从总体上说，都是由社会占主导地位的道德规范在社会个体成员身上内化的结果。社会道德规范要转化为社会个体成员的道德品质，一是靠社会外部的“灌输”，一是靠个人自身的自觉认同。在中国古代，社会外部的灌输，大致是三种途径：家庭教育、学校教育和社会环境潜移默化的教育。家庭教育和学校教育是主动实施的，目的明确，手段也明确，施教者明确，受教育者也明确；社会环境的影响则是自发的，目的和手段都不甚明确，施教者和受教育者也不甚明确。因此，严格意义上的道德教育（德教），只能算家庭教育和学校教育，中国古代的德教，所指的也主要是这两种教育。个人自身的自觉认同，实际上指的就是个人的道德修养，它既包括修身，也包括养性。

中国古代的思想家，对社会道德规范与社会个体成员道德品质之间的相互关系，是认识得比较清楚的，他们对道德教育与道德修养在道德规范向道德品质的转换过程中的特殊作用，也是认识得比较清楚的。正因为如此，中国古代有成就的思想家们，普遍比较重视道德教育与道德修养问题，并提出了许多有长远价值的思想，这还不仅仅是指儒家的思想家们，同时也是指墨家、道家、法家等等思想派别的思想家们。当然，由于儒家十分强调德治，即把道德作为治理国家的首要手段，因而儒家更加重视培养社会个体成员的道德品质，自然也就更加重视道德教育与道德修养，他们明确提出了“德教为先”和“修身为本”的命题。

中国古代思想家特别是儒家的思想家们对道德教育和道德修养的重视，从根本上说是对道德的社会作用有一个极高的评价。以儒家的德教为先和修身为本思想而论，其内含的珍贵的历史遗产，就是相信人的善良品质基本上都是后天产生的，因而，人不仅可以教化，而且必须教化；“无教”的人，和禽兽差不多，“有教”的人，几乎个个可以成为像尧和舜那样的“圣人”。这样的思想就容易激励人们对人性、对他人、对社会、对生活，充满着理想和信心。

当然，我们今天批判继承中国古代德教为先和修身为本的思想，并不是说要宣扬道德万能论，不是认为道德教化可以解决社会的一切问题。中国历史上的思想家就曾广泛地争议过治理国家和社会是靠“德治”还是靠“法治”的问题。现在看来，虽然儒家所推崇的“德治”思想有其深刻的合理性，但无疑也走向了重德治轻法治的极端，有其相当的片面性。“德治”和“法治”本身是不可偏废的。我们今天一方面要大力弘扬儒家“德治”思想中的好的方面，另一方面也要批判儒家轻视“法治”的片面性，把抓德教与抓法制建设作为一项共同的事业。

根据以上原则，我们在这一篇中，选编了17节内容，其中既有教育修养的基础理论问题，如“德教为先”、“修身为本”，等等，也有具体的教育方法和修养方法，包括“志学”、“志道”、“好学”、“博学”、“为己”（以上是“德教”的内容），以及“节欲”、“慎独”、“自省”、“改过”、“以公克私”、“躬行笃行”、“事上磨炼”、“君子圣贤”、“孔颜乐处”、“浩然之气”（以上为“修身”的内容），等等。

必须说明的是，以上所选的这些内容，并不是中国古代道德教育和道德修养的全部内容，中国古代思想家对道德教育与道德修养作过许许多多的论述，我们这里仅仅是择其主要的内容加以介绍而已。

第一节　德教为先

本节案语

德教为先，是中国古代道德教育与道德修养中一个极其重要的命题。它的含义主要有二：一是在治理国家的基本手段上，要把德教放在第一位，德教重于法治；二是在培养人才的过程中，要把德教放在第一位，品德教育重于智力教育。儒家是中国古代最重视道德教育的思想流派，德教为先的理论可以说主要是由儒家创立并推向高峰的；儒家在与法家的长期争论中，通过对不同历史时期的历史现象的分析总结，在自己的人性论的基础上（即人的德性主要是后天教化的产物），构建了德教为先的理论体系。法家是强调法治的，但其思想家们也并不绝对排斥道德教化，如管仲就提出了守护国家的准则，在于“整饬四维（礼、义、廉、耻）”，以及“终身之计，莫如树人”等深刻的思想。

【原文】　子曰：“道①之以政，齐②之以刑，民免③而无耻④；道之以德，齐之以礼，有耻且格⑤。”（《论语·为政》）

【注释】　①道：同“导”，引导。②齐：整治。③免：避免犯罪。④无耻：不知道可耻。⑤格：正。

【大意】　孔子说：“用政令来引导百姓，用刑罚来整治百姓，他们虽可以免于犯罪，却不会懂得犯罪是可耻的；而用道德来引导百姓，用礼教来整顿百姓，他们就不但会懂得犯罪是可耻的，而且还会改正自己的错误。”

【原文】　子适①卫②，冉有③仆④。子曰：“庶⑤矣哉！”冉有曰：“既庶矣，又何加焉？”曰：“富之。”曰：“既富矣，又何加焉？”曰：“教之。”（《论语·子路》）

【注释】　①适：往，到。②卫：孔子时代的诸侯国名。③冉有：孔子的弟子，姓冉，名求，字子由。④仆：驾车。⑤庶：众多，这里指人口众多。

【大意】　孔子到卫国，冉有为他驾车。孔子说：“卫国的人口真稠密呀！”冉有说：“人口这么多了，还应该做什么呢？”孔子答道：“还应该使他们富裕起来。”冉有又说：“已经富裕了，还应该做什么呢？”孔子答复说：“还应该教育他们。”

【原文】　子曰：“不教而杀谓之虐，不戒视成谓之暴，慢令致期谓之贼。”（《论语·尧曰》）

【大意】　孔子说：“不进行教育就加以杀戮，这就叫虐；不事前告诫就要看到成绩，这就叫暴；一开始松懈又突然限期完成，这就叫贼。”

【原文】　守国之度，在饰①四维②。……国有四维，一维绝则倾，二维绝则危，三维绝则覆，四维绝则灭。倾可正也，危可安也，覆可起也，灭不可复错也。何谓四维？一曰礼，二曰义，三曰廉，四曰耻。（《管子·牧民》）

【注释】 ①饰：通“饬”，整治，治理。②四维：系在帐篷四根柱子上的绳索。帐篷要借助于四维，才不会倾倒。

【大意】 守护国家的准则，在于整饬四维。……国家有四维，断绝了一维，国家就会倾斜，断绝了两维，国家就很危险，断绝了三维，国家就将颠覆，断绝了四维，国家就要灭亡。倾斜可以扶正，危险可以转安，颠覆可以再起，灭亡就不可能再复生了。什么叫四维？一维叫礼，二维叫义，三维叫廉，四维叫耻。

【原文】 一年之计，莫如树谷；十年之计，莫如树木；终身之计，莫如树人。一树一获者，谷也；一树十获者，木也；一树百获者，人也。我苟[①]种之，如神用之，举事如神，唯王之门。(《管子·权修》)

【注释】 ①苟：如果。

【大意】 作一年的打算，最好是种谷；作十年的打算，最好是种树；作终身的打算，最好是育人。种谷，是播种一次，收获一次；种树，是栽种一次，收获十次；培育人才，是培养一次，收获百次。我如果培育了人才，使用起来的效果会是神奇的，做事就像得到了神助，这是称王天下的唯一门路。

【原文】 人之有[①]道也，饱食、暖衣、逸[②]居而无教，则近于禽兽。(《孟子·滕文公上》)

【注释】 ①有：为。②逸：安逸，舒适。

【大意】 人之所以为人，不仅仅是吃得饱，穿得暖，住得舒适，如果没有得到教育，那也就和禽兽差不多了。

【原文】 孟子曰：“仁言不如仁声[①]之入人[②]深也，善政不如善教之得民也。善政，民畏之；善教，民爱之。善政得民财，善教得民心。”(《孟子·尽心上》)

【注释】 ①仁声：指表现仁的音乐，即孟子自己说的“禹之声”和“文王之声”等等仁人的音乐。②入人：感化人。

【大意】 孟子说：“仁德的言语赶不上仁德的音乐感化人心，良好的政治赶不上良好的教育获得人心。良好的政治，使百姓害怕；良好的教育，使百姓爱戴。良好的政治可以得到百姓的财富，良好的教育可以得到百姓的爱心。”

【原文】　礼者，人道之极也。然而不法[1]礼，不足礼[2]，谓之无方[3]之民；法礼，足礼，谓之有方之士。礼之中焉[4]能思索，谓之能虑；礼之中焉能勿易[5]，谓之能固。能虑，能固，加好之者焉，斯圣人矣。故天者，高之极也；地者，下之极也；无穷者，广之极也；圣人者，道之极也。故学者，固学为圣人也，非特学为无方之民也。（《荀子·礼论》）

【注释】　①法：效法。②足礼：重视礼。③方：道。④焉：乃。⑤勿易：不变。

【大意】　礼是人伦之道的最高准则。如果不效法礼，不重视礼，这样的人就叫做无道的人；只有效法礼，重视礼，这样的人才叫做有道的人。能按照礼去思考问题，就叫做能谋划；能坚守礼不动摇，就叫做能坚定意志。既能谋划，又能坚定意志，而且还对礼心悦诚服的人，就是圣人了。所以天是高的极限；地是低的极限；无穷无尽是宽广的极限；圣人则是人伦之道的最高准则。因此，学习的人，原本要学作圣人，而不是要学作无道的人。

【原文】　不富无以养民情，不教无以理[1]民性。故家五亩宅百亩田，务[2]其业而勿夺其时[3]，所以富之也。立大学，设庠序[4]，修六礼[5]，明十教[6]，所以道[7]之也。（《荀子·大略》）

【注释】　①理：治理。②务：致力。③时：农时。④庠序：殷代称地方学校为庠，周代称地方学校为序。庠序，泛指学校。⑤六礼：古代冠、婚、丧、祭、乡饮酒、相见称为六礼。⑥十教：即十义，指父慈、子孝、兄良、弟悌、夫义、妇听、长惠、幼顺、君仁、臣忠。⑦道：同“导”，教导。

【大意】　不使人民富裕，就不能调养他们的感情，不教化人民，就不能治理他们恶的本性。因此，每家有五亩宅院、百亩田地，致力于农活而不违农时，就是为了使人民富裕。建立高等学府，设立地方学校，使人民修养冠、婚、丧、祭、乡饮酒、相见这六个方面的礼节，明晓父慈、子孝、兄良、弟悌、夫义、妇听、长惠、幼顺、君仁、臣忠十种教化，就是为了把人民引上正道。

【原文】　玉不琢，不成器；人不学，不知道。是故古之王者建国君民[1]，教学为先。《兑命》[2]曰“念终始典[3]于学”，其此之谓乎？（《礼记·学记》）

【注释】 ①君民：统治人民。②《兑命》：即《说命》，《尚书》篇名，今佚，现存《伪古文尚书》中有《说命》三篇。据清朝学者考证，认为古代的“六经”中，《兑命》是最早使用“学”字的。③典：常。

【大意】 璞玉不经过琢磨，就不能成为贵重的玉器；人不通过学习，就不会懂得政治伦常的大道理。因此古代的圣贤帝王建立国家、统治人民，首先都是从教化入手。《尚书》中的《兑命》篇所说的“要始终重视学习”，讲的大概就是这个意思吧。

【原文】 教者，政之本也。道者，教之本也。有道，然后教也。有教，然后政治[①]也。（贾谊：《新书·大政下》）

【注释】 ①治：治理，与“乱”相对。

【大意】 教化，是为政的根本，伦常大道，是教化的根本。有了伦常大道，就可以进行教化。进行了教化，国家政事就可以得到治理。

【原文】 人之性，善可变为恶，恶可变为善，犹此类也。蓬[①]生麻间，不扶自直；白纱人缁[②]，不练[③]自黑。彼蓬之性不直，纱之质不黑，麻扶缁染，使之直黑。夫人之性犹蓬纱也，在所渐、染而善、恶变矣。（王充：《论衡·率性》）

【注释】 ①蓬：一种容易倒伏的草本植物。②缁（zī 资）：黑色。③练：染。

【大意】 人的本性，善可以变为恶，恶可以变为善，就类似这样的情形。蓬草生长在麻当中，不用扶自己就会挺直；白纱放入黑色中，不用染自己就会变黑。那蓬草的习性原本不是直的，白纱的质地原本不是黑的，因为有麻的扶持和黑色的浸染，才使蓬草挺直，白纱变黑。人的本性就像蓬草和白纱一样，由于外物的习染而变善变恶。

第二节　修身为本

本节案语

修身为本的思想，在中国古代道德教育与道德修养的整个理论体系中，也占据着十分重要的位置。修身的目标，是要实现齐家、治国、平天下，修身是达到这一目标的一个根本基础；而修身的直接作用，则是把社会道德规范，转化为上至天子，下至老百姓的善良道德品质。这便是所谓“身修而后家齐，家齐而后国治，国治而后天下平。自天子以至于庶人，壹是皆以修身为本”。儒家是最看重道德修养的，修身为本的思想也主要是由儒家倡导并体系化的。儒家推崇修身为本思想的动机，与推崇德教为先思想的动机相一致，即都是认为治理社会的根本手段是道德，而人的道德是可以由后天获取的，获取的途径，一个是靠社会外在的教化（德教），另一个就是靠个人的养成（修养）。除了儒家之外，中国古代的其他一些思想流派，也对修身问题提出了自己的看法，其态度总体上是重视的、积极的，但与儒家的角度并不完全一致。

【原文】　子曰：“德之不修①，学之不讲，闻义不能徙②，不善不能改，是吾忧也。”（《论语·述而》）

【注释】　①修：修养。②徙：迁移。

【大意】　孔子说：“道德不修养，学问不讲习，听到义在那里不去追求，有缺点又不加以改正，这些都是我所忧虑的事情。”

【原文】　子路①问君子。子曰：“修己以敬。”曰：“如斯而已乎？”曰：“修己以安人。”曰：“如斯而已乎？”曰：“修己以安百姓。修己以安百姓，尧舜其犹病诸②？”（《论语·宪问》）

【注释】　①子路：孔子的弟子，姓仲，名由，字子路。②病：指没有完全做到。诸：相当于“之乎”的意思。

【大意】　子路问怎样才算一个君子。孔子答复说：“修养自己来严肃认真地对待工作。”子路又问：“这样就够了吗？”孔子又答复说：“修养自己来使他人安乐。”子路还问：“这样就够了吗？”孔子最后答复说：“修养自己来使百姓安乐。而修养自己来使百姓安乐，尧和舜大概都没能完全做到吧？”

【原文】　是故先王之治天下也，必察迩①来远。君子察迩而迩修者也；见不修行，见毁，而反之身者也，此以怨省而行修矣。谮慝②之言，无入之耳；批扞③之声，无出之口；杀伤人之孩，无存之心；虽有抵讦④之民，无所依矣。（《墨子·修身》）

【注释】　①迩：近。②谮（zèn）慝（tè 特）：谗言恶语。谮，说坏话诬陷别人；慝，邪恶。③扞（gān 干）：通“干”，冒犯，冲犯。④讦（jié 洁）：攻击或揭发别人的短处。

【大意】 因此古代的圣王治理天下，必定明察身边的人，招徕远方的人。君子能明察身边的人，他们就会修养自己的品行；君子知道，自己不修养品行而受到毁谤，就应当反躬自省，由此人们的怨言就会减少了，自己的品行也得到了修养。谗言恶语不去听；攻击别人的话不要说；杀伤别人孩子的念头不存于心。这样，虽然有专好诋毁他人、揭发他人短处的人，也就找不到诋毁的根据了。

【原文】 本不固者未必幾[①]，雄[②]而不修者，其后必惰。（同上）

【注释】 ①幾（jī 机）：危。②雄：勇。

【大意】 根基不牢固的东西，枝节必定危险，勇猛而不修身的人，到后来必定怠惰。

【原文】 孟子曰："有天爵[①]者，有人爵[②]者。仁义忠信，乐善不倦，此天爵也。公卿大夫，此人爵也。古之人修其天爵，而人爵从之。今之人修其天爵，以要人爵；既得人爵，而弃其天爵，则惑之甚者也，终亦必亡而已矣。"（《孟子·告子上》）

【注释】 ①天爵：指由于道德高尚而受到人们的尊重。②人爵：指统治者制定的官位。

【大意】 孟子说："有道德爵位，有政治爵位。仁义忠信，喜好善行而不疲倦，这是道德爵位。公卿大夫，这是政治爵位。古时候的人修养自己的道德爵位，政治爵位也随着而来了；现今的人修养自己的道德爵位，是为了追求政治爵位；而一旦获得了政治爵位，就会抛弃他的道德爵位，这就糊涂透顶了，最终必然连政治爵位也会丧失。"

【原文】 君子之守[①]，修其身而天下平。（《孟子·尽心下》）

【注释】 ①守：操守。

【大意】 孟子说："君子的操守，从修养自己开始，从而使天下太平。"

【原文】 请问为国[①]。曰：闻修身，未尝闻为国也。君者仪[②]也，民者景[③]也，仪正而景正；君者槃[④]也，民者水也，槃圆而水圆。君射[⑤]则臣决[⑥]。楚庄王[⑦]好[⑧]细腰，故朝有饿人。故曰：闻修身，未尝闻为国也。（《荀子·君道》）

【注释】 ①为国：治理国家。②仪：古代测日影以确定时间或季节的仪器。③景：影。④槃：盘。⑤射：用弓发箭。⑥决：古代射箭时套在右拇指上的骨制套子。⑦楚庄王（？—前591）：春秋时楚国的国君，为“春秋五霸”之一。⑧好：喜欢。

【大意】 请问如何治理国家。回答说：只听说过如何修养自己的品德，没有听说过如何治理国家。君王是测定日影的仪器，百姓就是这仪器反映出来的影子，仪器端正，影子就端正；君王是一只盘子，百姓就是这只盘子中的水，盘子是圆的，水也就呈现圆的形状。君王爱好射箭，臣子就会把射箭用的骨套套在拇指上。楚庄王喜欢细腰的女子，因此宫中常有忍饥挨饿以求得细腰的人。所以说：只听说过如何修养自己的品德，没有听说过如何治理国家。

【原文】 大学之道，在明明德[①]，在亲民，在止于至善。知止而后有定[②]，定而后能静，静而后能安，安而后能虑，虑而后能得。物有本末，事有终始，知所先后，则近道矣。古之欲明明德于天下者，先治其国。欲治其国者，先齐其家。欲齐其家者，先修其身。欲修其身者，先正其心。欲正其心者，先诚其意[③]。欲诚其意者，先致其知[④]。致知在格物[⑤]，物格而后知至，知至而后意诚，意诚而后心正，心正而后身修，身修而后家齐，家齐而后国治，国治而后天下平。自天子以至于庶人，壹是[⑥]皆以修身为本。（《礼记·大学》）

【注释】 ①明明德：第一个“明”字为动词，意为发扬光大。明德：指光明的道德、德性。②知止而后有定：知止，知道当止之地，这里指至善。这句话的大意是：知道当达于至善之地，而后心志才有定向而不乱。③诚其意：使其心意诚实而无欺妄。④致其知：指求得知识。⑤格物：格，至；格物，指穷究事物的道理。⑥壹是：皆是。

【大意】 大学的根本，在于发扬光明的德性，在于亲近人民，在于达到善的最高境界。知道了善的最高境界才能有确定的志向，志向确定才能心意宁静，心意宁静才能性情安和，性情安和才能思虑精详，思虑精详，才能行有所得。万物都有本有末，万事都有始有终，懂得了它们的先后次序，那就接近于道了。古代要把光明的德性发扬于天下的人，首先要治理国家。要治理国家，首先要使自己的家庭和睦。要使家庭和睦，首先要修养自己的品德。要修养品德，首先要端正自己的心。心要端正，首先要使自己的意念诚实。意念要诚实，首先要获得知识。获得知识的办法在于穷究事物的道理。事物的道理穷究了，知识才能获得，得到知识意念才能诚实，意念诚实内心才会端正，内心端正品德才得以修养，品德得到修养家庭才会和睦，家庭和睦国家才会得到治理，国家得到治理天下才会太平。所以，从天子一直到普通百姓，都要把修养自己的品德当作根本。

【原文】 修身以为弓，矫思以为矢①，立义以为的②，奠③而后发，发必中矣。（扬雄：《法言·修身》）

【注释】 ①矢：箭。②的（dì 帝）：靶心，引申为目标。③奠：定。

【大意】 把修养自己的品德当作弓，把矫正自己的思想当作箭，把树立正义当作目标，站立稳定以后再射击，就一定能射中目标。

【原文】 自古重贤豪，《诗》《书》教儿曹①，人生皆有事，修己为最高。（谢泰阶：《小学诗·立敬》）

【注释】 ①曹：辈。

【大意】 自古以来就看重贤人豪杰，要用《诗经》、《尚书》这些经书来教化儿孙，使他们懂得在人的一生中，修养自己的品德是最重要的事情。

第三节　志　学

本节案语

要真正学到一点知识，特别是要真正提高自己的道德觉悟，是一件非下苦功而不可得的事情。中国古代的思想家十分了解学习的艰辛，为此，他们认为，要想在学习上获得一点成就，首先必须解决志向问题，要立志于学习，要下决心去学习，这也就是要明确学习目的，懂得为什么而学。孔子提出学习要“笃志”，就是强调一定要坚定、坚固学习的志向。志向问题除了要立志坚定，还同时要立志远大，如张载所提出的学者不可“志小”，志小就容易满足，不求上进。所以，在志学问题上，笃志和弘志是统一的。需要特别指出的是，中国古代思想家，特别是儒家，往往更多地是把学习看成是学习道德知识、磨炼道德品质，因而他们也往往更多地把志学理解为立志于学习道德知识和磨炼道德品质，这也是中国古代道德教育思想的一个特色。志学的思想，也非常典型地体现了儒家的“德教为先”的思想。

【原文】　子曰："吾十有[①]五而志于学。"（《论语·为政》）

【注释】　①有：同"又"。

【大意】　孔子说："我十五岁时就立志于做学问。"

【原文】　子夏[①]曰："博学而笃[②]志，切问[③]而近思[④]，仁在其中矣。"（《论语·子张》）

【注释】　①子夏：孔子的弟子，姓卜，名商，字子夏。②笃：坚定。③切问：学习时求问与自己密切相关的事情。④近思：学习时思考与当前密切相关的事情。

【大意】　子夏说："广泛地学习，坚定自己的志向，求问与自己所学问题密切相关的事情，思考与当前密切相关的事情，仁也就在其中了。"

【原文】　孟子曰："羿[①]之教人射，必志[②]于彀[③]，学者[④]亦必志于彀。大匠[⑤]诲人，必以规矩[⑥]，学者亦必以规矩。"（《孟子·告子上》）

【注释】　①羿：古代传说中的善于射箭的人。②志：志向。③彀（gòu 构）：拉满弓。弓拉满后射出的箭才有力，所以这是射箭的基本方法。④学者：跟他学习的人。⑤大匠：这里指技艺高超的木工师。⑥规矩：规，圆规；矩，古代划方的工具。

【大意】　孟子说："羿教人射箭，一定要志于拉满弓；学习的人也一定要志于拉满弓。技艺高超的木工师教人，一定要依靠圆规和矩尺；学习的人也一定要依靠圆规和矩尺。"

【原文】　学者，所以求为君子也。（扬雄：《法言·学行》）

【大意】　学习的人，是为了学成为有道德的人。

【原文】　夫君子之行，静以修身，俭以养德，非澹泊[①]无以明志，非宁静无以致远。夫学须静也，才须学也，非学无以广才，非志无以成学。淫慢[②]则不能励精[③]，险躁[④]则不能治性。年与时驰，意与日去[⑤]，遂成枯落[⑥]，多不接世[⑦]，悲守穷庐，将复何及！（《诸葛亮集》卷一《诫子书》）

【注释】　①澹泊：同"淡泊"，意指恬静寡欲，生活简朴。②淫慢：过分惰慢。③励精：振奋精神。④险躁：怪异急躁。⑤年与时驰，意与日去：年龄、意志都随着时光的流逝而消减。⑥枯落：此处指衰老。⑦不接世：与世间事务不相接融，引申指无所作为。

【大意】 品德高尚的人的行为，是靠潜心专注来修养自己的品德，是用节俭朴素来培养自己的德行。不能恬淡寡欲，就不能明确自己的志向，不能潜心专注，就无法实现远大的理想。学习必须潜心专注，才干必须经过学习。不学就无法增长自己的才干，没有志向就不可能学有所成。过分懒惰就不能振奋精神，怪异急躁就不能陶冶性情。年龄会与时间一起逝去，意志也会与岁月一同消失，到老年精力衰竭，一事无成，悲哀地困守在破败的居室之中，后悔也来不及了。

【原文】 人若志趣不远，心不在焉，虽学无成。（《张载集·经学理窟·义理》）

【大意】 一个人如果志向和兴趣不远大，不把心思放在学习上，他虽然学习也不会有什么成就。

【原文】 学者大不宜志小气轻。志小则易足，易足则无由进；气轻则虚而为盈，约而为泰[①]，亡而为有，以未知为已知，未学为已学。（《张载集·经学理窟·学大原下》）

【注释】 ①约而为泰：把穷困当作宽裕。

【大意】 学习的人最不该志向低下，胸襟狭窄。志向低下就容易满足，容易满足就无法进步；胸襟狭窄就会把空虚当成充实，把穷困当成宽裕，把丧失当成获得，把未知当成已知，把未学当成已学。

【原文】 有志于学者，都更不论气之美恶，只看志如何。"匹夫不可夺志也"[①]，惟患学者不能坚勇。（《张载集·张子语录中》）

【注释】 ①这句话出自《论语·子罕》。

【大意】 立志于学习的人，他的本性是美是恶都无关紧要，只需看他的志向怎样。"一个人的志向不可被强行剥夺"，所以怕就怕学习的人不坚持、无勇气。

【原文】 问："人之学，有觉其难而有退志，则如之何？"曰："有两般：有思虑苦而志气倦怠者，有惮其难而止者。向[①]尝为之说：今人之学，如登山麓，方其易处，莫不阔步，及到难处便止. 人情是如此。山高难登，是有定形，实难登也；圣人之道，不可形象，非实难然也，人弗为耳。颜子言'仰之弥高，钻之弥坚'，此非是言圣人高远实不可及，坚固实不可入也，此只是譬喻，却无事，大意却是在‘瞻之在前，忽焉在后’[2]上。”又问：“人少有得而遂[3]安者，如何？”曰：“此实无所得也，譬如以管窥天，乍见星斗灿烂，便谓有所见，喜不自胜，此终无所得。若有大志者，不以管见[4]为得也。”（《二程集·河南程氏遗书》卷十八）

【注释】　①向：过去。②孔子弟子颜渊说孔子的学说：“仰之弥高，钻之弥坚。瞻之在前，忽焉在后”（《论语·子罕》）。意为：孔子的学说虽然深奥，但努力学习体验，仍然可以掌握。颜子，即颜回，字子渊，孔子的弟子。③遂：于是，就。④管见：比喻见解狭陋。

【大意】　问：“人们进行学习，有的觉得太难而产生了退却的意思，这怎么办呢？”答复说：“这有两种人：有思索考虑得太苦而导致气倦神惫的人，有害怕学习太难而止步不前的人。过去我曾讲过这方面的话：如今的人进行学习，好比登山坡，在容易爬的地方，总是甩开大步，但到了难爬的地方就停步不前了，这是人的情性所决定的。山高了就难爬，这是由实际情况决定的，确实是难爬；而成为圣人的途径，却不可拿具体的形象作比喻，圣人之道实际上并不难，只是人们不去做而已。颜回对孔子的思想和学说曾说过，越抬头观看越觉得高远，越用力钻研越觉得深奥，但这并不是说圣人之道高远得实际不可达到，坚固得实际不可深入，而只是一种比喻，不用害怕，颜回的主要意思是想说明孔子的思想和学说‘看看似乎在前面，忽然又到后面去了’这一层上。”又问：“有些人刚学到一点就满足了，这怎么办呢？”答复说：“这些人实际上并没有学到东西。好比通过竹管看天，一看见星斗灿烂，就说看到了许多东西，喜欢得不得了，其实并无所得。如果一个人真是有远大志向，他就不会以狭陋的见解为满足。”

【原文】　问：“为学工夫，以何为先？”曰：“亦不过如前所说，专在人自立志。既知这道理，办得坚固心，一味向前，何患不进！只患立志不坚，只恁[1]听人言语，看人文字，终是无得于己。”（朱熹：《朱子语类》卷一一六）

【注释】　①恁（rèn 任）：如此，这样。

【大意】　问：“做学问的工夫，以什么为先呢？”答复说：“也不过就是像前面所说的，集中在人自己立下志向。既然懂得了这个道理，又树立了坚定的信念，一直向前，还怕不会取得进步！只怕立下的志向不坚定，光听别人怎样说的，看别人怎样写的，到头来自己还是什么都没有学到。”

【原文】 诚以学不立志，如植木无根，生意[①]将无从发端点。自古及今，有志而无成者则有之，未有无志而能有成者也。（王守仁：《王阳明全集》卷二十七《寄张世文》）

【注释】 ①生意：生机。

【大意】 做学问而不立下志向，就像种下没有根的树木一样，生机就不会有发端的地方。从古至今，确实有虽然立下志向而没有获得成功的人，却没有未立下志向而能获得成功的人。

【原文】 “夫子志学矣，何以谓之生知[①]？”曰：“夫子非言生知也。自志学以至不踰矩，有进步无回步，盖其志也，便是圣人生知之志。”（湛若水：《湛甘泉先生文集》卷二十三《天关语通录》）

【注释】 ①生知：《论语·季氏》有“孔子曰：‘生而知之者，上也’”。

【大意】 “孔夫子既立志学习，为什么又说生下来就知道的人，是上等才智的人呢？”答复说：“孔夫子不是执著于生而知之。他从十五岁立志于学习到七十岁从心所欲而不违反礼的规范，一直是进步而没有退步，圣人之所以被称为‘生而知之’，就是因为他有这种学习的志向。”

第四节 志 道

本节案语

志学与志道是紧紧相连的。志学强调的是立志学习的重要性；志道则进一步规定了志学的内容，这就是仁义之道。中国古代思想家特别是儒家认为，仁义之道是最高的人生价值目标，这种精神上的价值目标的地位，远远高于物质享受的价值目标，因而，为了追求仁义之道，坚守仁义之道，功名利禄，美衣美食就都是无所谓的，甚至可以拿自己的生命去殉道。孔子所说的“朝闻道，夕死可矣”这句话，生动地表现了中国古代哲人对道的崇高无比地位的仰慕精神。

【原文】 子曰：“苟[①]志于仁矣，无恶也。”（《论语·里仁》）

【注释】　①苟：假若，如果。

【大意】　孔子说：“如果立志成为一个有仁德的人，就不会做坏事了。”

【原文】　子曰：“朝闻道，夕死可矣。”（《论语·里仁》）

【大意】　孔子说：“早晨听到了真理，即使晚上就死去，那也是值得的。”

【原文】　子曰：“士志于道，而耻恶衣恶食[1]者，未足与议也。”（同上）

【注释】　①恶衣恶食：破旧的衣服和粗劣的食物。

【大意】　孔子说：“一个读书人如果立志于追求真理，却以穿破旧的衣服，吃粗劣的食物为耻辱，这种人就不值得与他谈论真理。”

【原文】　子曰：“志于道，据[1]于德，依[2]于仁，游[3]于艺[4]。”（《论语·述而》）

【注释】　①据：根据、持守。②依：依靠、依循。③游：游乐。④艺：指“六艺”，即礼、乐、射、御、书、数。

【大意】　孔子说：“立志于大道，据守于美德，依靠于仁爱，游乐于六艺。”

【原文】　王子垫[1]问曰：“士何事？”孟子曰：“尚志。”曰：“何谓尚志？”曰：“仁义而已矣。杀一无罪，非仁也；非其有而取之，非义也。居恶[2]在？仁是也。路恶在？义是也。居仁由义，大人之事备矣。”（《孟子·尽心上》）

【注释】　①王子垫：齐王的儿子，名垫。②恶（wū 乌）：哪里。

【大意】　王子垫问：“士应当做什么事？”孟子答复说：“士要使自己的志向高尚。”又问：“怎样才算志向高尚呢？”答道：“实行仁道和正义罢了。杀一个无罪的人，就是不仁；不该自己所有却拿了过来，就是不义。士所住的地方在哪里？就是仁。士所行的路在哪里？就是义。居住在仁，行事遵循义，大人的工作便齐全了。”

【原文】　古之人，目短于自见，故以镜观面；智短于自知，故以道正己。镜无见疵[1]之罪，道无明过之怨。目失镜则无以正须眉[2]；身

失道则无以知迷惑。(《韩非子·现行》)

【注释】 ①疵(cī):毛病,缺点。②须眉:胡须和眉毛。

【大意】 古时候的人,因眼睛不能看见自己的脸面,所以用镜子照脸;因智慧不足以认识自己,所以依靠道来端正自己的行为。镜子照出脸上的毛病是没有罪过的,道揭示人行为的过错也不应受到怨恨。眼睛失去镜子就无法整修脸面;人失去道就无法解除迷惑。

【原文】 有志者,事竟[①]成。(《后汉书》卷十九《耿弇传》)

【注释】 ①竟:终于。

【大意】 有志向的人,最终能够成就事业。

【原文】 志当存高远。(《诸葛亮集》卷一《诫外生书》)

【大意】 立志应当高尚远大。

【原文】 书不记,熟读可记。义不精,细思可精。唯有志不立,直是无著[①]力处。只如而今,贪利禄而不贪道义,要作贵人而不要作好人,皆是志不立之病。直须反复思量,究见[②]病痛起处,勇猛奋跃,不复作此等人。一跃跃出,见得圣贤所说千言万语,都无一事不是实语,方始立得此志。(朱熹:《朱子文集大全》卷七十四《沧州精舍又喻学者》)

【注释】 ①著(zhuó 浊):附着,加。②究见:查出。

【大意】 书记不住,读熟了就可以记住。意义不明白,仔细思考就可以明白。只有志向不立,才毫无下力的地方。就像今天这样,人只贪图利禄而不追求道义,只想做达官贵人而不想做品德高尚的好人,病根都在于志向不立。必须反复思考掂量,查出病痛的根源,勇奋振作,不再做这种志向不立的人。勇奋振作,懂得圣人贤人所说的千言万语,没有一件事情不是实话,这样才能开始立下志向。

【原文】 无志则不能学,不学则不知道[①]。故所以致道者在乎学,所以为学者在乎志。(《陆九渊集》卷二十一《论语说》)

【注释】 ①不知道:不认识道。

【大意】 没有志向就不能学习,不学习就不认识道。因此,认识道的途径在于学习,学习的途径在于立下志向。

【原文】　人之所喻[1]由其所习，所习由其所志。志乎义，则所习者必在于义，所习在义，斯喻于义矣。志乎利，则所习者必在于利，所习在利，斯喻于利矣。故学者之志不可不辨也。（《陆九渊集》卷二十三《白鹿洞书院论语讲义》）

【注释】　①喻：懂得，知道，了解，明白。

【大意】　人所懂得的来自于他所学习的，所学习的来自于所志向的。以义为志向，所学习的就必定是义；所学习的是义，那么就只懂得什么是义了。以利为志向，所学习的就必定是利；所学习的是利，那么就只懂得什么是利了。因此，学习的人，他的志向不可不辨别清楚。

【原文】　匹夫[1]之志，未必皆出于正，而犹不可夺；况君子之志于道，孰得而夺之哉！（《薛瑄全集·读书录》卷一）

【注释】　①匹夫：个人；这里引申为普通人，与下面的“君子”相对。

【大意】　普通人的志向，不一定都是出于正当的，还不可剥夺；何况有德行的人以道为志向，谁又能加以剥夺哩！

【原文】　诸生为学必先立志，如作室者，先曰其基址乃可。志者，志于道也，立之是敬。匹夫不可夺志，若其可夺，岂谓之志？自始至终皆是此一字。（湛若水：《湛甘泉先生文集》卷六《大科训规·大科书堂训》）

【大意】　各位学生为学必须先立志，这就像建房子的人，要先讲明房子的地址基础才行。立志，就是立志于道，而且要敬。一个人是不可被剥夺志向的，如果可以被剥夺，怎么能叫做志向？自始至终最重要的都是这一个“志”字。

【原文】　有志于道者，必透得富贵、功名两关，然后可得而入。不然，则身在此，道在彼，重藩[1]密障以间乎其中，其相去日益远矣。（罗钦顺：《困知记》卷上）

【注释】　①藩（fān 翻）：篱笆，屏障。

【大意】　有志于道的人，必须过得了富贵和功名这两个关口，然后才可能得道而入。否则，就会身在这里，道却在那里，中间隔着重重密密的障碍，身和道相离日益遥远。

【原文】 向[①]未尝学道，今日始学道，则今日便是圣贤路上人。（《陈确集·别集》卷二《近言集》）

【注释】 ①向：过去。

【大意】 过去从没有学习过道的人，今天开始学习道了，那么今天就是圣人贤人这条路上的人了。

【原文】 读书人正好学道，不读书人益不可不学道，不然，则鲜[①]有能保其身者。贫士正好学道，富人益不可不学道，不然，则鲜有能保其富者。（同上）

【注释】 ①鲜（xiǎn 显）：少。

【大意】 读书人正应该学习道。不读书的人更不可不学习道，不然的话，就很少有人能保持自己的品德。穷人正应该学习道，富人更不可不学习道，不然的话，就很少有人能保持自己的财富。

第五节 好 学

本节案语

好学，就是喜好学习，对学习感到精神上的快乐。因此，在中国古代思想家看来：好学，就要勤奋学习，做到夜以继日、废寝忘食，最高的境界，就是活到老学到老，终身不停止学习，这就是古人所说的，“少而好学，如日出之阳；壮而好学，如日中之光；老而好学，如炳烛之明”；好学，就要虚心学习，求知似渴，虚心求教，决不可不懂装懂或浅尝即止，同时应该向不如自己的人求教，向自己的晚辈、学生或下级请教，像孔子说的那样“不耻下问”，这样才能真正学到知识，特别是才能真正提高自己的道德觉悟；好学，就要扎实学习，在温故中知新，即不断复习已学过的东西，并在已有知识的基础上不断获取新知识，从而使自己的知识水平和道德觉悟水平扎扎实实地得到巩固和提高。

【原文】 子曰：“学而时习[①]之，不亦说[②]乎？”（《论语·学而》）

【注释】 ①习：复习，练习。②说（yuè 阅）：通“悦”，高兴，愉快。

【大意】 孔子说：“学了知识，按时去复习，不也高兴吗？”

【原文】 子曰："君子食无求饱，居无求安，敏于事[①]而慎于言，就有道[②]而正焉，可谓好学也已。"（同上）

【注释】 ①敏于事：做事敏捷。②有道：这里指有道德的人。

【大意】 孔子说："君子吃不要求饱足，住不要求舒适，做事敏捷，说话谨慎，向有道德的人学习以匡正自己，这样就可以说是好学了。"

【原文】 子曰："三人行[①]，必有我师焉：择其善者而从之，其不善者而改之。"（《论语·述而》）

【注释】 ①行：行走，走路。

【大意】 孔子说："几个人一起走路，其中肯定有可以成为我的老师的：我选择他们的优点而加以遵从，根据他们的缺点来改正自己的缺点。"

【原文】 子曰："默而识[①]之，学而不厌，诲[②]人不倦，何有于我哉[③]？"（《论语·述而》）

【注释】 ①识（zhì 至）：记住。②诲：教诲，教导。③何有于我哉：这些事我做到了哪些呢？

【大意】 孔子说："把所见到所听到的知识默默地记在心里，学习不厌烦，教人不疲倦，这些事我做到了哪些呢？"

【原文】 子曰："笃信[①]好学，守死善道。危邦不入，乱邦不居。天下有道则见[②]，无道则隐。"（《论语·泰伯》）

【注释】 ①笃信：指对道的坚定信仰。②见：同"现"。

【大意】 孔子说："坚定地信仰道，喜好学习它，誓死保全它。危险的国家不进入，混乱的国家不居住。天下政治清明就出来工作，天下政治黑暗就隐居起来。"

【原文】 子曰："吾尝[①]终日不食，终夜不寝，以思，无益，不如学也。"（《论语·卫灵公》）

【注释】 ①尝：曾经。

【大意】 孔子说："我曾经整天不吃，整夜不睡，去想，没有益处，不如去学习。"

【原文】 子曰："由[①]也！女[②]闻六言六蔽[③]矣乎？"对曰："未也。""居[④]！吾语女。好仁不好学，其蔽也愚[⑤]；好知不好学，其蔽也荡[⑥]；

好信不好学，其蔽也贼[7]；好直不好学，其蔽也绞[8]；好勇不好学，其蔽也乱；好刚不好学，其蔽也狂。”（《论语·阳货》）

【注释】 ①由：即孔子的弟子仲由，字子路。②女：即“汝”，你。③六言六蔽：六种品德和六种弊病。蔽：弊病。④居：坐下。⑤愚：指容易受到欺骗。⑥荡：指散乱无根。⑦贼：指危害社会。⑧绞：指出言偏激、尖刻。

【大意】 孔子说：“仲由！你听说过有六种品德和六种弊病吗？”子路答道：“没有听说过。”孔子说：“坐下来！我告诉你。爱仁德却不爱学习，这种弊病就是容易受到愚弄；爱智慧却不爱学习，这种弊病就是肤浅而无根基；爱诚实却不爱学习，这种弊病就是危害社会；爱直率却不爱学习，这种弊病就是出言偏激；爱勇敢却不爱学习，这种弊病就是捣乱闯祸；爱刚强却不爱学习，这种弊病就是胆大妄为。”

【原文】 君子曰：“学不可以已[1]。青[2]，取之于蓝[3]而青于蓝；冰，水为之而寒于水。木直中[4]绳，輮[5]以为轮，其曲中规，虽有槁暴[6]，不复挺者，輮使之然也。”（《荀子·劝学》）

【注释】 ①已：停止，完毕。②青：靛青。③蓝：蓝草，叶子可以提炼蓝色染料。④中（zhòng 众）：符合。⑤輮：通“揉”，使物弯曲。⑥暴：同“曝”，晒。

【大意】 君子说：“学习不能够停止。靛青是从蓝草中提炼出来的，却比蓝草的颜色还要青；冰是由水凝成的，却比水还要寒冷。木材挺直，合于木工的墨线，使木材弯曲成为车轮，它的曲度与圆规画的曲线相合，即使暴晒干枯了，也不会再恢复到它原来挺直的样子，这是由于已经过加工使它弯曲的缘故。”

【原文】 博学之，审[1]问之，慎思之，明辨之，笃行之。有弗[2]学，学之，弗能弗措[3]也；有弗问，问之，弗知弗措也；有弗思，思之，弗得弗措也；有弗辨，辨之，弗明弗措也；有弗行，行之，弗笃弗措也。人一能之，己百之，人十能之，己千之。果能此道矣，虽愚必明，虽柔必强。（《礼记·中庸》）

【注释】 ①审：详细，周密，慎重。②弗：不。③措：舍弃。

【大意】 广博地学习知识，详细地探究知识，谨慎地思考知识，明晰地辨别知识，切实地践行知识。有没有学过的知识，就要学习它，不掌握就不放弃；有没有求问过的知识，就要求问它，不知道就不放弃；有没有思考过的知识，就要思考它，不得到就不放弃；有没有辨析过的知识，就要辨析它，不明白就不放弃；有没有践行过的知识，就要践行它，不切实就不放弃。别人用一分努力能做到的事，自己要用一百分的努力去做；别人用十分努力能做到的事，自己要用一千分的努力去做。如果能照这样的道理去做，即便是愚笨的人也必定会变得聪明，是柔弱的人也必定会变得刚强。

【原文】　学以治之，思以精之，朋友以磨[①]之，名誉以崇[②]之，不倦以终之，可谓好学也已矣。（扬雄：《法言·学行》）

【注释】　①磨：切磋琢磨。②崇：这里指鼓励，表彰。

【大意】　学习是为了修身，思索是为了求精，交友是为了琢磨，重名是为了激励，孜孜不倦是为了坚持始终，这就可以说是好学了。

【原文】　少而好学，如日出之阳[①]；壮而好学，如日中之光；老而好学，如炳烛[②]之明。（刘向：《说苑·建本》）

【注释】　①阳：鲜亮。②炳烛之明：燃烛照明。比喻老而好学，不会被人欺骗。

【大意】　少年时好学，就像初升的太阳那样鲜亮；壮年时好学，就像中午的太阳那样光明；老年时好学，就像点燃的蜡烛的光亮（也比没有光亮要强得多）。

【原文】　孔子病，商瞿[①]卜期日中[②]。孔子曰："取书来，比至日中[③]何事乎？"圣人之好学也，且死不休，念[④]在经书，不以临死之故，弃忘道艺，其为百世之圣，师法祖修[⑤]，盖不虚矣！（王充：《论衡·别通》）

【注释】　①商瞿：孔子弟子，姓商，名瞿，字子木。②卜期日中：占卜后得到的结果是中午孔子死。③比至日中：到中午前那段时间。比至，乃至、到。④念：惦念。⑤师法祖修：师法，效法；祖修，学习。

【大意】　孔子病重，他的弟子商瞿占卜后得到的结果是孔子的死期在中午。孔子说："拿书给我读，不然到中午这段时间又有什么事好做呢？"圣人如此好学，到死都不停止，始终惦念着经书，不因为快死的缘故，抛弃大道，遗忘经典。孔子能够成为后世百代景仰的圣人，被人们效法和学习，确实不是平白无故的。

【原文】　幼而学者，如日出之光；老而学者，如秉[①]烛夜行，犹

贤乎瞑[2]目而无见者也。(颜之推:《颜氏家训·勉学》)

【注释】 ①秉(bǐng 丙):手拿着。②瞑(míng 明):闭上眼睛。

【大意】 幼年时就学习的人,就像初升的太阳那样鲜亮;老年时才学习的人,就像手拿蜡烛走夜路,(虽看不很清)但比闭着眼睛两眼一抹黑的人要强得多。

第六节 博 学

本节案语

博学,就是广泛地学习各种知识,从天地万物的自然知识,到修己治世的道德学问,统统在学习之列。在中国古代哲人看来,博学可以开阔人们的视野,从而免于孤陋寡闻之患;博学可以使人们的思考趋于深刻而细密,从而可以从纷纭复杂的现象中总结出规律性的结论。这样,博学既是广泛地学习,又不是杂乱无章地学习,而是在广博中分轻分重、有先有后,最后用规律性的结论来进行统括。这就是孟子所说的"博学而详说之,将以反说约也"。

【原文】 子曰:"君子博学于文,约之以礼,亦可以弗畔[1]矣!"(《论语·雍也》)

【注释】 ①弗畔:不违背道。畔,通"叛"。

【大意】 孔子说:"君子广泛地学习文献,并用礼节来约束自己,也就可以不离经叛道了!"

【原文】 夫子[1]循循然善诱人,博我以文,约我以礼,欲罢不能。(《论语·子罕》)

【注释】 ①夫子:这里指孔子,是对孔子的尊称。

【大意】 孔子的弟子颜渊说:老师善于有步骤地诱导我学习,用各种文献来丰富我的知识,又用一定的礼节来约束我的行为,使我想停止学习都不可能。

【原文】 孟子曰:"博学而详说之,将以反说约也[1]。"(《孟子·离娄下》)

【注释】 ①反说约:反过来说出要领。约,要,要领。

【大意】　孟子说："广泛地学习，详细地解说，以便能返回到述说要领的地步去。"

【原文】　君子博学而日参省乎己①，则知②明而行无过矣。（《荀子·劝学》）

【注释】　①日参省乎己：每日用所学来检验反省自己。参：检验；省：反省。②知：同"智"。

【大意】　君子广博地学习，每日用所学检验反省自己，就能智慧明达而且行为没有过错。

【原文】　多闻则守之以约，多见则守之以卓①。寡闻则无约也，寡见则无卓也。（扬雄：《法言·吾子》）

【注释】　①卓：高超。

【大意】　听闻多就要守住精要的，见识多就要守住高远的。听闻少就谈不上精要，见识少就谈不上高远。

【原文】　夫德不优者，不能怀远①；才不大者，不能博见。故多闻博识，无顽鄙之訾②；深知道术，无浅暗之毁③也。（王充：《论衡·别通》）

【注释】　①怀远：安抚远方的人，使他们自愿服从自己的统治。②訾（zǐ 紫）：指责。③毁：诽谤，这里指批评。

【大意】　道德不高尚，就不能使远方的人自愿归服；才学不广大，就不能有广博的见闻。因此，见多识广，就不会被指责为愚蠢无知；深刻理解道术，就不会被批评为浅薄糊涂。

【原文】　博学：谓天地万物之理，修己治人①之方，皆所当学。然亦各有次序，当以其大而急者为先，不可杂而无统②也。（朱熹：《朱子语类》卷八）

【注释】　①治人：统治人、治理人民。②统：纲领，要领。

【大意】　博学：就是指对天地万事万物的道理、修养自己的品德和管理老百姓的方法，都应当学习。但这也有先后次序，重要的、急迫的要先学，不能杂乱无章不得要领。

【原文】　博学，是于古今、常变①、因革②、治乱、幽③明、上下之道无不究极④也，非不论其是非邪正，兼收而博取之。故古人之学谓

之该[5]博，后人之学不过博杂而已。（《王廷相集·雅述》上篇）

【注释】 ①常变：常，永久；变，变化。②因革：因，因循；革，革新。③幽：暗。④究极：究，探索、查究；极，根底。⑤该：同“赅”，完备、包括。

【大意】 所谓博学，就是对古代与现代、永恒与变化、因循与革新、治理与混乱、黑暗与光明、大道理与小道理都要尽量去探求它的根底，而不是不管对与错、邪与正，统统都收罗过来。所以，古人的学问是完备广泛的，后人的学问只不过是广泛而杂乱的罢了。

【原文】 岂可全不读书！但古人是读之以为学，如读《琴谱》为学琴，读《礼经》以学礼。博学之，是学六府[1]、六德、六行、六艺[2]之事也。只以多读书为博学，是第一义已误，又何暇计问、思、辨、行也？[3]（《颜元集·存学编》卷一）

【注释】 ①六府：指水、火、金、木、土、谷，古人认为此六者是货财所聚，故称之为“六府”。此处泛指经济事务。②六德、六行、六艺：六德，指知、仁、圣、义、忠、和。六行，指孝、友、睦、姻、任、恤。六艺，指礼、乐、射、御、书、数。据《周礼·大司徒》记载，这三者都是古代大司徒教万民的内容，此处泛指各种道德、行为和杂艺，与“六府”均含有实践的意义。③《中庸》说：“博学之，审问之，慎思之，明辨之，笃行之。”颜元在这里是就此段发挥自己注重实践的见解。

【大意】 怎么可以完全不读书呢！但古人读书是为了学习，例如，读《琴谱》是为了学习操琴，读《礼经》是为了学习礼节。所谓广泛地学习，是学习水、火、金、木、土、谷“六府”，知、仁、圣、义、忠、和“六德”，孝、友、睦、姻、任、恤“六行”，以及礼、乐、射、御、书、数“六艺”等事情。只把多读书当作广泛地学习，是从一开始就错了，这又如何有能力去考虑《中庸》中所说的“审问之、慎思之、明辨之、笃行之”呢？

第七节 为 己

本节案语

学习的目的是为了提高自己的品德、知识和才能（“为己”），而不是为了在他人面前炫耀自己以求取个人名利（“为人”），这是中国古代儒家的德教思想的一个重要组成部分。其他流派尽管没有使用儒家的“为己”“为人”的术语，但也有类似的思想。关键在于“提高自己”上面。因此我们要特别注意，决不能用今天的用法去误解古人使用“为己”与“为人”两词的意义。孔子最早提出了这一思想，在《论语》中，“为己”的意思就是为了在道德上提高自己，“为人”的意思是说将知识炫耀于人，而不注重自己人格的培养。后代学者根据这个含义加以发挥，如孟子讲“自得”，荀子讲“美其身”，颜之推讲“修身”等，都是发挥《论语》中的“为己”思想。

【原文】　子曰：“古之学者为己①，今之学者为人②。”（《论语·宪问》）

【注释】　①为己：为了提高自己。②为人：为了夸耀于人。

【大意】　孔子说：“古代的人学习是为了提高自己，现在的人学习是为了向别人夸耀自己。”

【原文】　孟子曰：“君子深造之以道，欲其自得之也。自得之则居之安①，居之安则资之深②，资之深则取之左右逢其原③，故君子欲其自得之也。”（《孟子·离娄下》）

【注释】　①居之安：坚守得很牢固。居：坚持。②资之深：积蓄得深。资，积蓄。③左右逢其原：周围都遇到泉源，比喻取之不尽，用之不竭。原，同“源”。

【大意】　孟子说：“君子依据正确的方法来求得高深的学问，就是要使自己确有所得，自己确有所得，就能牢固地掌握它而不动摇；牢固地掌握它而不动摇，就能积蓄得很深；积蓄得很深，就能左右逢源取之不尽。所以君子要使自己确有所得。”

【原文】　君子之学也，入乎耳，箸①乎心，布乎四体，形乎动静；端②而言，蠕而动③，一④可以为法则。小人之学也，入乎耳，出乎口。口、耳之间则⑤四寸耳，曷⑥足以美七尺之躯哉？古之学者为己，今之学者为人。君子之学也，以美其身；小人之学也，以为禽犊⑦。（《荀子·劝学》）

【注释】　①箸：同“著”，明显，显著。②端：通“喘”，轻声说话。③蠕（rú 如）：微动。④一：都。⑤则：才。⑥曷（hé 河）：岂，难道。⑦禽犊：古时用作馈赠的礼物，多为家禽、小牛。此处比喻用学问取悦于人。

【大意】 君子的学问，听讲耳里，记在心中，流露在仪态上，表现在行为间；轻声说话，谨慎行动，一言一行都可以供别人效法。小人的学问，从耳朵进去，从嘴巴出来。嘴巴和耳朵相距不过四寸，怎么能使七尺之躯得到修养而完美呢？古时候学习的人是为了提高自己，现今学习的人是为了夸耀自己。君子的学问，是用来完善自身的；小人的学问，是用来当作馈赠之物以取悦于人的。

【原文】 古之学者为己，以补不足也；今之学者为人，但能说之也。古之学者为人，行道以利世也；今之学者为己，修身以求进也。夫学者犹种树也，春玩[①]其华，秋登[②]其实；讲论文章，春华也；修身利行，秋实也。（颜之推：《颜氏家训·勉学》）

【注释】 ①玩：欣赏，引申为研究、探索。②登：进献，引申为收获。

【大意】 古时候为提高自己而学习的人，是为了弥补自己的不足；现今为炫耀自己而学习的人，只能空说而已。古时候为他人而学习，是为了实行道义而有利于世事；现今人为自己而学习，是为了修养自身的品德而求得进步。学习就像种植树木，春天欣赏花朵，秋天收取果实；讲述评论文章，就像春天的花朵，修养自身的品德以利于自己的行为，就像秋天的果实。

【原文】 古人学问只是为己而已。圣贤教人，具有伦理。学问是人合理会底事[①]。学者须是切己，方有所得。今人知为学者，听人说一席好话，亦解开悟；到切己工夫，却全不曾做，所以悠悠岁月，无可理会[②]。若使切己下工，圣贤言语虽散在诸书，自有个通贯道理。（朱熹：《朱子语类》卷一一六）

【注释】 ①人合理会底事：每个人都应当领会的事。合，应当、应该；理会，想到；底，的。②无可理会：什么也没有理解。

【大意】 古时候的人求学问只是为了提高自己罢了。圣人贤人教导人，是要让人懂得伦常事理。求学向是每个人都应当领会的事。为学的人必须联系自己的实际，才会学有所得。今天人们都知道，为学的人，听到别人说了一通好话，也会受到启发；但对如何联系自己的实际的事，却一点没有做过，所以尽管经过了漫长的岁月，还是什么都没有理解。如果在联系自己的实际方面下功夫，圣人贤人的言论虽然会散在许多书里，求学的人自然就会融会贯通真正理解。

【原文】 学校之设，其重在于得人；学之道，其要在于为己；古之名世[①]者，舍是无以成德。(《陈献章集》卷一《新迁电白县儒学记》)

【注释】 ①名世：出名于世。

【大意】 设立学校，最重要的事情是得人才；学习的根本目的，最关键的是为了提高自己；古时候有名于世的人，舍弃这一条就无法成就自己的德性。

【原文】 人须有为己之心，方能克己；能克己，方能成己。(王守仁：《王阳明全集》卷一《传习录上》)

【大意】 人必须有提高自己的决心，才能够克制自己；能够克制自己，才能够成就自己。

第八节　节　欲

本节案语

节欲是中国古代思想家们提出的一个重要的道德修养理论和修养方法，儒、法、道、墨各家都站在自己学说的基础上，对节欲问题提出过精当的见解。例如，老子提出的“少私寡欲”，孔子提出的“君子有三戒”(戒色、戒斗、戒得)，墨子提出的“节用”、“非乐”，孟子提出的“养心莫善于寡欲”，韩非提出的“邪心诱于可欲”等等，都各有其深刻的道理。到了宋明理学时期，更是由二程、朱熹等人提出了存天理、灭人欲的系统理论，把中国古代的节欲学说推向了一个极端，以致把节欲说演变为一种禁欲主义理论，受到后人的严厉批判。但实际上，中国古代的节欲学说，总起来看，精华多于糟粕，许多观点可以为我们今天所接受。如认为过分的物欲能够干扰人的良心的活动，是产生不道德行为的根源；过分的物欲会阻碍人的认知活动，导致思想的混乱；认为必须用德、礼来克制人的物欲，等等。这些思想均值得我们今天借鉴吸收。当然，对于那些绝对排斥人的欲望，把人的正当要求也当做“人欲”统统消灭掉的禁欲主义思想，我们今天也应加以批判。

【原文】 君子以惩[①]忿[②]窒[③]欲。(《周易·损》象辞)

【注释】 ①惩:抑止。②忿:愤怒。③窒:堵塞。

【大意】 君子因此抑止愤怒、堵塞欲望。

【原文】 见[①]素抱[②]朴,少私寡欲。(《老子》第十九章)

【注释】 ①见:现,显现。②抱:怀抱,怀有。

【大意】 外表要显现单纯,内心要怀抱质朴,减少私心,消除贪欲。

【原文】 圣人去甚[①],去奢[②],去泰[③]。(《老子》第二十九章)

【注释】 ①甚:意指贪恋声色。②奢:意指服饰饮食奢侈。③泰:意指宫室台榭豪华。

【大意】 圣人不贪恋声色,不享受奢侈的服饰饮食,不追求豪华的居室住宅。

【原文】 罪莫大于可欲[①],祸莫大于不知足,咎[②]莫大于欲得。故知足之足[③],常足。(《老子》第四十六章)

【注释】 ①可欲:多欲。②咎:灾祸,罪过。③知足之足:知道满足的满足。

【大意】 罪过没有比多欲更大的,灾祸没有比不知满足更大的,过失没有比贪得无厌更大的。因此,知道满足的满足,就永远是满足的。

【原文】 季康子[①]患盗,问于孔子。孔子对曰:"苟[②]子之不欲,虽赏之不窃。"(《论语·颜渊》)

【注释】 ①季康子:鲁国大夫,姓季孙,名肥,康是他的谥号。②苟:如果,假设。

【大意】 鲁国大夫季康子苦于盗贼太多,就向孔子请教除盗的办法。孔子答复说:"假如您不过分贪财,就是奖赏盗贼,他们也不会偷盗的。"

【原文】 孔子曰:"君子有三戒:少之时,血气未定,戒之在色;及其壮也,血气方刚,戒之在斗;及其老也,血气既衰,戒之在得[①]。"(《论语·季氏》)

【注释】　①得：贪得，包括名誉、地位、财货等。

【大意】　孔子说："君子要警惕三件事情：年轻时血气还没有稳定，要警惕不可迷恋女色；到了壮年以后血气正盛，要警惕不可逞强好胜；进入老年血气已经衰弱，要警惕不可贪得无厌。"

【原文】　孟子曰："养心莫善于寡欲。其为人也寡欲，虽有不存[①]焉者，寡矣；其为人也多欲，虽有存[②]焉者，寡矣。"（《孟子·尽心下》）

【注释】　①②不存，存：这里的"不存"和"存"，指的是没有善心或有善心。

【大意】　孟子说："修养心性的方法没有比减少欲望更好的了。一个人为人，欲望不多，善心即使有所减少，也少不了太多；他的为人欲望太多，善心即使有所增加，也多不了那去。"

【原文】　性者天之就也，情者性之质[①]也，欲者情之应[②]也。以所欲为可得而求之，情之所必不免也。以为可而道[③]之，知[④]所必出也。故虽为守门[⑤]，欲不可去，性之具也。虽为天子，欲不可尽[⑥]。欲虽不可尽，可以近尽[⑦]也；欲虽不可去，求[⑧]可节也。所欲虽不可尽，求者犹近尽；欲虽不可去，所求不得，虑者[⑨]欲节求也。道者[⑩]，进则近尽，退则节求，天下莫之若[⑪]也。（《荀子·正名》）

【注释】　①质：本质。②应：感应。③道：引导。④知：智慧。⑤守门：看门人，古时认为是低贱的人。⑥尽：完全满足。⑦近尽：接近于完全满足。⑧求：所求，欲望的追求。⑨虑者：有思想的人。⑩道者：有道的人。⑪莫之若：没有能与之相比的。

【大意】　人的本性是天生的，人的情感是人的本性的实际内容，人的欲望是人的情感的反应。认为所欲望的可以得到就去追求，这是由人的情感决定而必不可免的。认为欲望可以满足就加以引导，智慧就必然由此产生。因此，即使是低贱的看门人，欲望也不可能去掉，这是人性所本来具有的；即使是尊贵的天子，欲望也不可能得到完全满足。欲望即使不可能完全满足，但可以接近于完全满足；欲望即使不可能去掉，欲望的追求则是可以节制的。欲望虽然不可能完全满足，但追求欲望的人还是可以接近于满足欲望；欲望虽然不可能去掉，但如果追求不到，有见识的人就会节制自己的追求。有道行的人，能够求得欲望，就使欲望接近于满足；不能求得欲望，就节制自己的追求，这样的人，天下没有能比得上他的。

【原文】 人有欲，则计会乱；计会乱，而有欲甚；有欲甚，则邪心胜；邪心胜，则事经绝；事经绝，则祸难生。由是观之，祸难出于邪心，邪心诱于可欲。可欲之类，进则教良民为奸，退则令善人有祸。（《韩非子·解老》）

【大意】 人有贪欲，算计就会混乱；算计混乱，贪欲就会更严重；贪欲更严重，邪恶之心就会占上风；邪恶之心占上风，做事的规则就会被破坏；做事的规则被破坏，祸害灾难就会产生。从这一点来看，祸害灾难产生于邪恶之心，邪恶之心又由所贪欲的事物所诱发。所贪欲的那些东西，进就会把善良的百姓教成奸诈的人，退就会让善良的人遭受祸害。

【原文】 夫欲至无极[①]，以寻难穷之物，虽有圣贤之姿[②]，鲜不衰败。故修身、治国之要，莫大于节欲。《传》曰“欲不可纵。”[③]历观有家有国，其得之也，莫不阶于俭约[④]；其失之也，莫不由于奢侈。俭者节欲，奢者放情。放情者危，节欲者安。（桓范：《政要论·节欲》，载《群书治要》卷四十七）

【注释】 ①夫欲至无极：那欲望最无止境。至，最。②姿：素质。③这句话出自《礼记·曲礼上》。汉代《礼记》尚未被尊为“经”，所以桓范把《礼记》称为注解性的“传”。④阶以俭约：以俭约为得到家庭和国家的阶梯。

【大意】 欲望最无止境，它要追寻难以穷尽的东西，所以即使有圣人贤人的素质也很少有不衰落失败的。因此，修身、治国的根本，没有比节欲更重要的了。《礼记》上说：“欲望不可放纵。”看看历史上的家庭、国家，都是以俭约为阶梯而得到的；也都是由于奢侈而丧失的。俭约的人就会节制欲望，奢侈的人就会放纵情欲。放纵情纵的人就危险，节制欲望的人就安全。

【原文】 修身以寡欲为要，行己以恭敬为先。（《胡宏集·知言·修身》）

【大意】 修养品德要把寡欲当作根本的方法，自己践行要把恭敬当作先做的事情。

【原文】 以道制欲，则乐而不厌；以欲忘道，则惑而不乐。（《陆

九渊集》卷二十二《杂说》)

【大意】 用道克制欲望，就会快乐而不感到厌倦；因欲望忘记道，就会迷惑而不快乐。

【原文】 贪欲者，众恶之本；寡欲者，众善之基。(《王廷相集·慎言·见闻》)

【大意】 贪求欲望，是一切恶的本源；减少欲望，是一切善的根基。

【原文】 人欲不必过为遏①绝，人欲正当处，即天理也。如富贵福泽，人之所欲也；忠孝节义，独非人之所欲乎？虽富贵福泽之欲，庸人②欲之，圣人独不欲之乎？学者只时从人欲中体认天理，则人欲即天理矣，不必将天理人欲判然分作两件也。(《陈确集·别集》卷二《近言集》)

【注释】 ①遏（è 额）：阻止，阻拦。②庸人：平庸的人，普通人。

【大意】 人的欲望没有必要过分阻拦灭绝，人的正当欲望，就是天理。像富贵福泽是人所欲望的；独独就是忠孝节义不是人所欲望的吗？虽然富贵福泽的欲望是普通人所欲求的，但唯独圣人不欲求富贵福泽吗？学习的人只要时常从人欲中去体察认识天理，那么人欲就是天理，没有必要把天理和人欲明显地分作两件事。

【原文】 人之心胸，多欲则窄，寡欲则宽。人之心境，多欲则忙，寡欲则闲。人之心术，多欲则险，寡欲则平。人之心事，多欲则忧，寡欲则乐。人之心气，多欲则馁①，寡欲则刚。(金缨：《格言联璧·存养》)

【注释】 ①馁（něi）：丧失勇气，害怕。

【大意】 人的心胸，欲望多就狭隘，欲望少就宽广。人的心境，欲望多就忙乱，欲望少就闲适。人的心术，欲望多就险恶，欲望少就平实。人的心事，欲望多就忧愁，欲望少就快乐。人的心气，欲望多就怯懦，欲望少就刚强。

第九节　慎　独

本节案语

慎独理论是中国古代道德修养论中的一个重要组成部分，也是最主要的道德修养的方法和君子圣贤所要达到的一种很高的道德境界。慎独的主要含义是指人所不知而已所独知之处，要能谨慎自处。在中国古代，慎独指两种情况，一是指在无人监督的情况下，也照样保持善良的道德品质，不起一点坏念头，不做一点坏事情；二是指即使在和众人相处之时，在自己内心之中，也要能光明磊落。慎独思想是中国古代道德思想中最具有价值的思想之一，也是最具有中国特色的道德思想之一，其在中国古代历史上发挥过极其重要的“劝善”作用。慎独思想在今天仍然有极强的现实意义。

【原文】 相①在尔②室，尚③不愧于屋漏④。(《诗经·大雅·抑》)

【注释】 ①相：看，视。②尔：你。③尚：当。④不愧于屋漏：指人在独处时也不起坏念头，没有对不起上天监察的言行。屋漏，指室内西北角北墙上的小窗，古人认为神（上天）可以通过这个小窗看见人的行为。

【大意】 瞧你一人在室内，面对上天不惭愧。

【原文】 天命之谓性，率性①之谓道，修道之谓教。道也者，不可须臾②离也，可离非道也。是故君子戒慎乎其所不睹，恐惧乎其所不闻。莫见乎隐③，莫显乎微④，故君子慎其独也。(《礼记·中庸》)

【注释】 ①率性：依自己本性而行。②须臾（yú 俞）：片刻，一会儿。③莫见乎隐：没有比隐暗处的事更容易表现的了。见，现。④莫显乎微：没有比微小的事更容易显露的了。

【大意】 上天所赋予人的叫做性，依自己本性而行的叫做道，修养道叫做教。道是一刻也不能离开的，如果可以离开的话，那就不是道了。因此，君子对别人看不见的事情越要谨慎小心，对别人听不见的事情越觉得恐惧害怕。没有比隐暗处的事情更容易表现的了，没有比微小的事情更容易显露的了，所以君子在独处无人监督时要谨慎小心。

【原文】 所谓诚其意者，毋①自欺也。如恶恶臭②，如好好色③，此之谓自谦④。故君子必慎其独也。小人闲居⑤为不善，无所不至，见君子而后厌然⑥，揜⑦其不善而著其善。人之视己，如见其肺肝然，则何益矣？此谓诚于中，形于外。故君子必慎其独也。(《礼记·大学》)

【注释】 ①毋（wú 无）：别，不要。②恶恶臭：前一“恶”读作wù，厌恶；后一“恶”读作è，“恶臭”即臭气。③好好色：前一“好”

读作 hào，喜欢；后一“好”读作 hǎo，“好色”即美色。④谦：同“慊”，满足，满意。⑤闲居：指独自呆着。⑥厌然：掩藏的样子。⑦揜（yǎn 演）：掩盖。

【大意】 所谓使自己意念诚实，就是不要自己欺骗自己。就像厌恶臭气、喜欢美色一样，这就是说要自己满意。因此君子在独处时一定要谨慎小心。小人独自呆着干坏事时，没有什么做不出来的；看见了君子，才会显示躲躲藏藏的样子，把不好的行为掩盖起来，把好的行为显示出来。其实别人看我们自己，如同看透肺和肝一样，躲藏掩盖又有什么好处呢？这就是说，内心有什么实在的东西，外表就会表现出相应的样子。所以君子在独处无人监督时一定要谨慎小心。

【原文】 兰生幽①谷，不为莫服②而不芳；舟在江海，不为莫乘而不浮；君子行义，不为莫知而止休。（《淮南子·说山训》）

【注释】 ①幽：暗。②服：佩带。

【大意】 兰花生长在深暗的山谷，不因无人佩带而不吐露芳香；舟船航行于大江大海，不因无人乘坐而不漂浮；君子做符合道德规范的事，不因无人知道而停止罢休。

【原文】 君子慎其独，非特显明之处是如此，虽至微①至隐②，人所不知之地，亦常慎之。小处如此，大处亦如此，显明处如此，隐微处亦如此。表里内外，粗精隐显，无不慎之，方谓之“诚其意”。（朱熹：《朱子语类》卷十六）

【注释】 ①微：细微，微小。②隐：隐蔽，隐暗。

【大意】 君子在独处时要谨慎小心，不只是指对待显露和明白的事情是这样，就是对最细微最隐蔽不为人知的事情，也要时时谨慎小心。小事是这样，大事也是这样，显露和明白的事情是这样，隐蔽和微小的事情也是这样。外表和内心，内部和外部，粗糙和精致，隐蔽和显露，没有不谨慎小心的，这才可以说是“意念诚实”。

【原文】 慎独即不自欺。（《陆九渊集》卷三十四《语录上》）

【大意】 所谓慎独，就是自己不欺骗自己。

【原文】 慎独为人德之方。（叶适：《习学记言序目》卷八）

【大意】 在独处无人监督时谨慎小心，是修养德性的方法。

【原文】 人间私语，天闻若雷。暗室亏心，神目如电。一毫[①]之恶，劝人莫作。一毫之善，与人方便。(《增广贤文》)

【注释】 ①毫：古时的计量单位，十丝为一毫，十毫为一厘。比喻极微小。

【大意】 人间的悄悄话，上天听起来就像是雷鸣。在黑暗的屋子里做了亏心事，天神的眼睛就像闪电一样也照得见。一丁点儿的恶事，奉劝人不要去做。一丁点儿的善行，也是在帮助他人。

第十节 自 省

本节案语

自省是中国古代道德修养的一个十分重要的方法，其基本含义就是在个人遇到道德矛盾或自己出现道德过错时，首先从自己的主观动机上寻找根源，并责求自己承担道德责任，自觉自愿地修正自己的错误。《论语》中记载的曾子说的“吾日三省吾身”，表明的是一种随时反省自身言行的诚恳态度；孔子说的“见贤思齐”、“见不贤而内自省”，表明的是一种从善如流、避恶如仇的自觉立场；孟子说的“反求诸己”、“反其仁”，表明的是一种宽以待人、严于律己、凡事先从自己身上找原因的求善精神。这些思想言论，是中国古代自省方法的最有代表性的言论，曾产生过极为广泛的积极影响，而且在今天仍然具有十分重要的作用。

【原文】 与人[①]不求备[②]，检[③]身若不及[④]。(《尚书·伊训》)

【注释】 ①与人：与人结交。②求备：求全责备。③检：约束。④不及：来不及。

【大意】 与人结交不求全责备，约束自己好像来不及一样。

【原文】 曾子[①]曰：“吾日三省[②]吾身：为人谋而不忠[③]乎？与朋友交而不信乎？传[④]不习乎？”(《论语·学而》)

【注释】 ①曾子：孔子的学生，姓曾，名参(shēn森)，字子舆。②三省(xiǎn醒)：多次反省。③忠：尽心竭力。④传：传授。这里指老师所传授的东西。

【大意】 曾子说：“我每天多次反省自己：为别人做事是不是尽心竭力？与朋友交往是不是坚守信誉？老师所传授的学业是不是不断

复习?”

【原文】　子曰：“见贤思齐[①]焉，见不贤而内自省也。”（《论语·里仁》）

【注释】　①齐：看齐。

【大意】　孔子说：“看见贤人，就应该想如何向他看齐学习，见到不贤的人，就应该在内心里反省警戒自己。”

【原文】　司马牛[①]问君子。子曰：“君子不忧不惧。”曰：“不忧不惧，斯谓之君子已乎?”子曰：“内省不疚[②]，夫何忧何惧。”（《论语·颜渊》）

【注释】　①司马牛：孔子的弟子，姓司马，名耕，字子牛。②疚：病。这里指内心惭愧。

【大意】　司马牛问什么叫君子。孔子答复说：“君子不忧愁、不恐惧。”司马牛又问：“不忧愁、不恐惧，这样就可以称为君子了吗?”孔子又答复说：“自己反省而内心无愧，还会有什么忧愁和恐惧的呢?”

【原文】　仁者如射[①]：射者正己而后发；发而不中，不怨胜己者，反求诸[②]己而已矣。（《孟子·公孙丑上》）

【注释】　①射：射箭。这里指射箭比赛。②诸：之于的合音。

【大意】　行仁德的人就像比赛射箭的人：射箭的人先端正自己的姿势然后才放箭；箭没有射中，射箭的人不应该埋怨胜过自己的人，而应该反过来检查自己。

【原文】　孟子曰：“爱人不亲，反其仁；治人不治，反其智；礼人[①]不答，反其敬。行有不得者皆反求诸己，其身正而天下归之。”（《孟子·离娄上》）

【注释】　①礼人：以礼貌待人。

【大意】　孟子说：“我爱别人，别人却不亲近我，那就要反省自己是不是有足够的仁德；我管理别人，别人却不服我管，那就要反省自己是不是有足够的智慧；我以礼貌对待别人，别人却不答理我，那就要反省自己是不是有足够的恭敬。任何行为如果没有收到相应的效果，都要反省自己，端正了自身，天下的人就会归向他了。”

【原文】　见善，修然[①]必以自存[②]也；见不善，愀然[③]必以自省也；

善在身，介然[④]必以自好也；不善在身，菑然[⑤]必以自恶也。（《荀子·修身》）

【注释】 ①修然：形容整饬的样子。②存：省察。③愀然：忧惧的样子。④介然：坚定的样子。⑤菑（zāi 灾）然：灾害在身的样子。

【大意】 看到善的品行，一定要严肃地省察自己有没有同样的品行；看见不善的品行，一定要担忧地省察自己有没有同样的品行；自己有了善的品行，一定要坚守珍重它；自己有了不善的品行，一定要像灾害在身那样厌恶它。

【原文】 古之君子，其责己也重以周[①]，其待人也轻以约[②]。重以周，故不怠；轻以约，故人乐为善。（韩愈：《韩昌黎集》卷十一《原毁》）

【注释】 ①重：严厉。周：全面。②轻：轻微，引申为宽容。约：简约。

【大意】 古时候的君子，要求自己严厉而全面，对待别人宽容而简约。因为严厉而全面，所以自己不会懈怠，因为宽容而简约，所以别人高兴行善事。

【原文】 责得人深者必自恕，责得己深者必薄责于人，盖亦不暇责人也。自责以至于圣贤地面[①]，何暇有工夫责人。见人有片善，早去仿学他，盖不见其人之可责，惟责己也。（许衡：《许文正公遗书》卷一《语录上》）

【注释】 ①圣贤地面：指达到圣贤的境界。

【大意】 要求别人苛刻，要求自己就一定会宽容，要求自己苛刻，要求别人就一定会宽容，因为没有工夫去要求别人了。自己要求达到圣贤的境界，哪里会有时间有工夫去要求别人呢。看见别人有一点善的品行，就尽早去模仿他学习他，这样也就看不见别人有什么可以责备的，只有自己要管好自己。

【原文】 省察之功，不可一时而或息。《诗》[①]曰："夙夜匪懈"[②]，其斯之谓欤！（《薛瑄全集·读书录·省察》）

【注释】 ①《诗》：指《诗经》。②夙夜匪懈：从早到晚都不懈怠。夙（sù 宿）：早晨。匪（fěi 诽）：非，不。这句话出自《诗经·大雅·蒸民》。

【大意】　自省审察的工作，不能有一时的松懈懒惰。《诗经》上说："从早到晚都不懈怠"，所说的就是这个意思呀！

【原文】　省察是有事时存养[①]，存养是无事时省察。（王守仁：《王阳明全集》卷一《传习录上》）

【注释】　①存养：存心养气。

【大意】　自省审察是遇到事情时存心养气，存心养气是未遇到事情时自省审察。

第十一节　改　过

本节案语

"人非圣贤，孰能无过?"这是中国古代思想家对人自身的局限性的一种客观认识。鉴于这种认识，中国古代思想家在讨论人的过错问题时，着重点就不是去追求金要足赤、人要完人，而是怎样避免不犯或少犯错误。那么，怎样才能有效地不犯或少犯错误呢？中国古代思想家们认为，正确地对待自己的过错，从错误中总结经验教训，改正已犯的错误，力求不再"贰过"即不再犯同样的错误，这是人不犯或少犯错误的一个重要方法。许多重要的思想家都把改过视为一个主要的道德修养方法以及人的主要的道德品质。错而不改，是错上加错；错而能改，就如《左传》中所说的"善莫大焉"。中国古代思想家对待过错的这种态度，是非常积极的，值得我们今天认真加以总结和借鉴。

【原文】　改过不吝[①]。（《尚书·仲虺之诰》）

【注释】　①吝：吝惜，舍不得。

【大意】　改正过错毫不吝惜。

【原文】　君子以见善则迁[①]，有过则改。（《周易·益》象辞）

【注释】　①迁：从下到上。这里指从不善迁到善。

【大意】　所以君子看见善的品行就跟从效法，有了过错就加以改正。

【原文】　人谁无过？过而能改，善莫大焉。（《左传·宣公二年》）

【大意】 人谁没有过错？有了过错而能加以改正，就没有比这更好的事情了。

【原文】 过而不悛[①]，亡之本也。（《左传·襄公七年》）

【注释】 ①悛：悔改。

【大意】 有了过错而不悔改，这是灭亡的根本原因。

【原文】 子曰："过而不改，是谓过也。"（《论语·卫灵公》）

【大意】 孔子说："有过错而不加以改正，这就叫真正的错误了。"

【原文】 君子之过也，如日月之食[①]焉：过也，人皆见之；更[②]也，人皆仰之。（《论语·子张》）

【注释】 ①日月之食：指日蚀和月蚀。②更：更改。

【大意】 君子的过失，好比日蚀月蚀：有过错时，人人都能看见；改正过错时，人人都仰望着。

【原文】 子曰："丘[①]也幸，苟有过，人必知之。"（《论语·述而》）

【注释】 ①丘：孔子自指。孔子名丘。

【大意】 孔子听到人家批评自己后说："我孔丘真幸运，有了过错，人家就给指了出来。"

【原文】 过则勿惮[①]改。（《论语·学而》）

【注释】 ①惮（dàn 旦）：害怕、畏惧。

【大意】 有了过错就不要害怕改正

【原文】 孟子曰："今有人日攘[①]其邻之鸡者，或告之[②]曰：'是非君子之道。'曰：'请损[③]之，月攘一鸡，以待来年，然后已。'——如知其非义，斯速已矣，何待来年？"（《孟子·滕文公下》）

【注释】 ①攘（rǎng 壤）：偷窃。②或告之：有人劝告他。③损：减少。

【大意】 孟子说："现在有一个人每天偷邻居家的一只鸡，有人劝告他说：'这不是君子的行为。'偷鸡人便说：'我准备减少一些，先每个月偷一只，等到明年，就不再偷了。'——如果知道这种行为是不合道义的，就要赶快停下来，为什么要等到明年呢?”

【原文】 人恒过，然后能改。(《孟子·告子下》)

【大意】 人常常发生过错，然后才能改正过错。

【原文】 仲由[①]喜闻过，令名[②]无穷焉。今人有过，不喜人规[③]，如护疾而忌医，宁灭其身而无悟也。(《周敦颐集·通书·过》)

【注释】 ①仲由：孔子的弟子，姓仲，名由，字子路。《论语》上记载子路“闻过则喜”。②令名：美名。③规：劝，谏。

【大意】 子路喜欢别人指正他的过错，所以他的美名万世流传。现今的人有了过错，却不喜欢别人规劝，就如同掩盖自己的疾病而忌讳医治，宁肯身死而不觉悟。

【原文】 古之学者，本非为人，迁善改过，莫不由己。善在所当迁，吾自迁之，非为人而迁也。过在所当改，吾自改之，非为人而改也。故其闻过则喜，知过不讳，改过不惮[①]。(《陆九渊集》卷六《与傅全美二》)

【注释】 ①惮(dàn 旦)：害怕。

【大意】 古时候学习的人，原本不是为了别人，因此遵从善行和改正过错，没有不是由自己来进行的。有善行应当遵从，我自己就去遵从它，而不是为别人去遵从。有过错应当改正，我自己就去改正它，而不是为别人而改正。因此，古时候学习的人，听到别人指出自己的过错就很高兴，知道自己的过错就不会隐讳，改正自己的过错就不会害怕。

【原文】 真知非则无不能去，真知过则无不能改。人之患，在不知其非不知其过而已。所贵乎学者，在致其知，改其过。(《陆九渊集》卷十四《与罗章夫》)

【大意】 真正知道了自己的不对之处，就没有什么不能去掉的，真正知道了自己的过错之处，就没有什么不能改正的。人最可担忧的，在于不知道自己的不对之处和过错之处罢了。学习的人最可宝贵的，就在于增加自己的知识，改正自己的过错。

【原文】 秦恶闻过而亡，汉好谋能听而兴，岂非千古之永鉴[①]。(《薛瑄全集·读书录·史评》)

【注释】 ①鉴：镜子。

【大意】 秦朝厌恶听别人指正自己的过错而灭亡，汉朝喜好谋划又能听取别人的意见而兴起，这难道不是千万代永远的镜子吗。

【原文】 古之圣贤时时自见己过而改之，是以能无过，非其心果[1]与人异也。（王守仁：《王阳明全集》卷四《寄诸弟》）

【注释】 ①果：果真。

【大意】 古时候的圣人贤人每时每刻都能看见自己的过错并加以改正，所以能做到没有过错，而不是他们的心果真与别人有什么差异。

【原文】 夫过者，自大贤所不免，然不害其卒[1]为大贤者，为其能改也。故不贵于无过，而贵于能改过。（王守仁：《王阳明全集》卷二十六《改过》）

【注释】 ①卒：最终，终于。

【大意】 过错，就是伟大的贤人也不可避免，但是不影响他们最终成为伟大的贤人的原因，就是他们能够改正自己的过错。所以可贵的不在于没有过错，而在于能改正过错。

【原文】 学问之道无他，惟时时知过改过。无不知，无不改，以几于无可改，非圣而何！上之，若颜子[1]之不远复，有不善未尝不知，知之未尝复行，几于圣矣。次之，亦若子路[2]告之以过则喜，犹为贤者之事。下之，则如世俗之恶闻己过，终至于过恶日积，人莫敢言，真下愚不移矣。（《陈确集·别集》卷二《近言集》）

【注释】 ①颜子：指孔子的学生颜回。孔子称赞颜回“不贰过”，即不第二次犯同样的错误。②子路：孔子的学生。《论语》记载他“闻过则喜”。

【大意】 做学问的道路没有别的，只有时刻知晓自己的过错并改正自己的过错。没有不知道的过错，没有不改正的过错，差不多没有什么可以改正的了，这样的人不是圣人又是什么！等而上之的，就像颜回那样不会犯第二次错误，有不善的行为没有不知道的，知道了就不会再这样做，他差不多就是圣人了。次一等的，就如子路那样，别人指出他的过错他就很高兴，这也像是贤人的行为了。等而下之的，就如世上庸俗之人，厌恶别人指出自己的过错，最终导致过错和罪恶日积月累，别人都不敢给他指出来，真正成为等而下之的愚蠢之人而不可改变了。

【原文】 恶人之心无过，常人之心知过，贤人之心改过，圣人之心寡过；寡过故无过，改过故不贰过，仅知过故终有其过，常无过故怙终[①]而不改其过。（《颜元集·颜习斋先生言行录》卷上）

【注释】 ①怙（hù 护）终：这里指仗恃奸邪而终不悔改。

【大意】 邪恶人的心不认为自己有过错，普通人的心能知道自己有过错，贤人的心是力求改正过错，圣人的心是要很少有过错；要很少有过错所以能没有过错，力求改正过错所以不会有第二次过错，仅仅知道过错所以最终还是有过错，总是认为自己没有过错所以仗恃奸邪而终不悔改过错。

【原文】 忠言逆耳利于行，良药苦口利于病。（《增广贤文》）

【大意】 忠诚的言论虽不中听却有益于行动，优良的药物虽不好吃却有益于治病。

第十二节　以公克私

本节案语

在中国古代思想史上，曾广泛地争辩过公与私的关系问题，这就是著名的“公私之辨”。“公”一般指“公义”、“公利”，“私”一般指“私利”、“私欲”。中国古代公私之辨要解决的核心问题，就是强调公义、公利高于、重于私利、私欲，并进而强调公而忘私、大公无私、先公后私。而要达到这一目的的一个方法，就是要求社会成员自觉地以公克私，把公义、公利置于私利、利欲的优先地位。以公克私因此而成为中国古代道德修养的一个重要方法，它的目的就是要使社会成员通过以公克私的自觉修养，逐渐树立起维护公义、公利的道德观念。中国古代的公私之辨也表现为“义利之辨”和“理欲之辨”（天理和人欲之辨），争辩的主题，都是公与私的关系问题。这也说明，公与私的问题，是中国古代伦理道德的核心问题。中国古代主要的思想流派，特别是儒家、法家、墨家，十分强调公义、公利对私利、私欲的优先性，因而都普遍要求人们遵循并实践以公克私、公而忘私、大公无私、先公后私的道德准则。公与私的关系问题在当代中国社会仍然是伦理道德的核心问题。虽然我们今天所遵循的处理公与私关系的原则与中国古代有了极大的差异，但我们还是可以从中国古代以公克私的思想中吸取许多养分，以充实我们今天的伦理道德理论，使人们对如何正确处理公与私的关系有更全面、更深刻的认识。当然也需要指出，对于中国古代那种绝对排斥个人利益和个人欲望的封建专制主义和禁欲主义思想，我们今天也必须予以辨明并加以抵制和批判。

【原文】 以公灭私，民其允怀[①]。（《尚书·周官》）

【注释】 ①允怀：真心地归向。允，诚实、真实；怀，归向、归服。

【大意】 用公心消除私欲，人民就会真心地归服。

【原文】 颜渊[①]问仁。子曰："克己复礼为仁。一日克己复礼，天下归仁焉。为仁由己，而由人乎哉？"（《论语·颜渊》）

【注释】 ①颜渊：孔子的弟子，姓颜，名回，字子渊。

【大意】 颜渊问什么是仁。孔子答复说："克除自己的私心杂念，使言行符合礼，这就是仁。一旦这样做了，天下的人就会称道你是仁人了。实践仁德完全靠自己，还能靠别人吗？"

【原文】 饼[①]己之私欲，必以道[②]夫公道通义之可以相兼容者，是胜人之道。（《荀子·强国》）

【注释】 ①饼（bǐng丙）：抛弃。②道：这里是"遵循"的意思。

【大意】 抛弃自己的私欲，必须遵循同公道和公义能够相互融和的方法，这是使人归服的原则。

【原文】 明主之道，必明于公私之分，明法制，去私恩。夫令必行，禁必止，人主之公义也。必[①]行其私，信于朋友，不可为赏劝[②]，不可为罚沮[③]，人臣之私义也。私义行则乱，公义行则治，故公私有分。人臣有私心，有公义；修身洁白，而行公行正，居官无私，人臣之公义也；污行纵欲，安身利家，人臣之私心也。明主在上，则人臣去私心，行公义；乱主在上，则人臣去公义，行私心。（《韩非子，饰邪》）

【注释】 ①必：坚持，坚决。②劝：努力。③沮（jǔ举）：阻止。

【大意】 英明君主的原则，必须明辨公与私的区分，申明法律制度，抛弃个人恩惠。有令必须执行，有禁必须停止，这是君主的公义。坚持谋求个人私利，只讲求对朋友的信誉，不为奖赏努力，不被惩罚阻止，这是臣子的私义。私义流行，国家就会混乱，公义蔚然成风，国家就得到治理，因此公与私是有区分的。臣子有私心，也有公义；修身清廉，只做符合公义和正道的事情，做官而没有私心，这是臣子的公义；行为卑鄙，放纵欲望，追求自身的享乐和家庭的私利，这是臣子的私心。英明君主当政，臣子就会抛弃私心，践行公义；昏乱君主当政，臣子就会抛弃公义，满足私心。

【原文】　中牟①无令，晋平公②问赵武③曰："中牟，三④国之股肱，邯郸之肩髀，寡人欲得其良令也，谁使而可？"武曰："邢伯子可。"公曰："非子之雠⑤也。"曰："私雠不入公门。"（《韩非子·外储说左下》）

【注释】　①中牟：古邑名，在今河南省鹤壁市西。②晋平公：春秋时晋国国君。③赵武：即赵文子，也称赵孟。春秋时晋国大夫。④三：据《太平御览》，"三"应为"吾"，我。⑤雠：仇，仇人。

【大意】　中牟没有县令，晋平公问赵文子说："中牟这个地方，就像我国的大腿和胳膊，也像邯郸的肩膀和股骨，我想找一个称职的县令，你看让谁去好呢？"赵文子答复说："邢伯子可以。"晋平公说："他不是你的仇人吗？"赵文子回答说："个人的仇怨不能带进公家的大门。"

【原文】　夫私视使目盲，私听使耳聋，私虑使心狂。三者皆私设，精①则智无由公。（《吕氏春秋·序意》）

【注释】　①精：指精细、精详。这里意指私视、私听、私虑的精细。

【大意】　用私心去看就会使眼睛什么也看不见，用私心去听就会使耳朵什么也听不见，用私心去考虑问题就会使心智狂乱。看东西、听东西、想问题，都是出于私心，过分了就会导致思想不公正。

【原文】　智而用私，不若愚而用公。（《吕氏春秋·贵公》）

【大意】　聪明而图谋私利，不如愚笨而坚持公道。

【原文】　公正无私，一言而万民齐。（《淮南子·修务训》）

【大意】　公正无私，一句话就能统一万民。

【原文】　晋文公①问于咎犯②曰："谁可使为西河③守者？"咎犯对曰："虞子羔可也。"公曰："子羔非汝之雠也？"对曰："君问可为守者，非问臣之雠也。”子羔见咎犯而谢之，曰：“幸赦臣之过，荐之于君，得为西河守。”咎犯曰：“荐子者，公也；怨子者，私也。吾不以私事害公义，子其去矣，顾吾射[4]子也。”（刘向：《说苑·至公》）

【注释】 ①晋文公：春秋时晋国君。②咎犯：即狐偃，晋文公之舅，曾经跟随文公流亡十九年。③西河：此当指春秋时卫国所属之地，在今河南省浚县、渭县一带。④射：射箭。

【大意】 晋文公问咎犯说：“可以派谁去负责守卫西河这个地方？”咎犯回答说：“可以派虞子羔去。”晋平公说：“虞子羔不是你的仇人吗？”咎犯回答说：“您问的是可以负责守卫西河的人是谁，而不是问我的仇人是谁。”虞子羔来见咎犯并向咎犯致谢，说：“十分感激您赦免我的过错，将我推荐给国君，使我能够得到西河守的职位。”咎犯说：“推荐你，是公义；怨恨你，是私事。我不拿私事来损害公义。你赶快走开吧，别让我拿箭来射你。”

【原文】 省察克治之功，则无时而可间，如去盗贼，须有个扫除廓清之意。无事时将好色好货好名等私逐一追究，搜寻出来，定要拔去病根，永不复起，方始为快。常如猫之捕鼠，一眼看着，一耳听着，才有一念萌动，即与克去，斩钉截铁，不可姑容与他方便，不可窝藏，不可放他出路，方是真实用功，方能扫除廓清。到得无私可克，自有端拱[1]时在。（王守仁：《王阳明全集》卷一《传习录上》）

【注释】 ①端拱：端身拱手。比喻安详闲适。

【大意】 省察克治的工作，任何时候都不能间断，好比清除盗贼，必须有扫除干净的决心。平时就要把好色、贪财、追名等私欲一个一个追究搜寻出来，一定要拔去病根，永不再犯，这样才会感到快乐。经常要像猫抓老鼠那样，眼睛看着，耳朵听着，丁点私欲刚一闪现，就立即将它克制下去，斩钉截铁，决不姑息纵容使它舒服自在，更不可将它窝藏起来，给它出路。只有这样才是真正下功夫，才能将私欲扫除干净。到了没有私欲可以克制时，自然就会感到安详闲适了。

【原文】 克己须要扫除廓[1]清，一毫不存方是。有一毫在，则众恶相引[2]而来。（王守仁：《王阳明全集》卷二《传习录下》）

【注释】 ①廓（kuò 阔）：清除。②引：牵引。

【大意】 克制自己的私欲必须除尽肃清，丝毫不存才行。留存一点，就会把许许多多的恶招引而来。

【原文】 私欲净尽，天理流行，则公矣。（王夫之：《思问录·内篇》）

【大意】 个人的欲望扫除干净，天理得以普遍流行，就是公。

【原文】 “公”“私”两字，是宇宙的人鬼关。若自朝堂以到闾里，只把持得“公”字定，便自天清地宁，政清讼息；只一个“私”字，扰攘得不成世界。（吕坤：《呻吟语·治道》）

【大意】 “公”与“私”这两个字，是宇宙中人界和鬼界的两道关口。从朝廷到民间，如果都只坚定一个“公”字，那么，天就是清明的，地就是宁静的，政治就是清廉的，诉讼就是平息的；如果都只认定一个“私”字，那么，世界就会扰乱争吵不休，不成样子。

第十三节　躬行笃行

本节案语

躬行与笃行意思相近，躬行是亲身实践之意，笃行是一心一意实行之意。这是儒家所谓“五事”之一。儒家基本典籍《礼记·中庸》中说：“博学之，审问之，慎思之，明辨之，笃行之。”意思是说君子应广博地学习，审慎地问辨、思考，最后是坚定地践行。“学问思辨行”与《礼记·大学》的“三纲领八条目”同为士君子修身的重要项目。历代思想家对此都有论述。但知与行作为哲学与道德范畴，在宋明理学中讨论得最为广泛。宋明理学思想家们，把知与行统一起来，特别是把道德的知与行统一起来，认为要真正懂得道德知识，就应该见诸道德实践，知“孝”就应该行“孝”等等，这些观点包含着很多合理成分。特别是就道德方面而言，人的道德品质和道德境界的高低，主要是看他的具体的道德行动。从这个意义上说，躬行与笃行就是最重要的道德修养的方法。

【原文】 子贡①问君子。子曰：“先行其言，而后从之。”（《论语·为政》）

【注释】 ①子贡：孔子的弟子，姓端木，名赐，字子贡。

【大意】 子贡问什么叫君子。孔子答复说：“对你要说的话，先践行了，再说出来。”

【原文】 君子欲讷[①]于言而敏于行。(《论语·里仁》)

【注释】 ①讷(nè):说话迟钝。这里用作褒义词,有谨慎的意思。

【大意】 君子说话要谨慎,行动要敏捷。

【原文】 强恕[①]而行,求仁莫近焉。(《孟子·尽心上》)

【注释】 ①恕:指孔子倡导的忠恕之道,即推己及人。

【大意】 努力按照推己及人的恕道去行事,追求仁的途径没有比这更近的了。

【原文】 道虽迩[①],不行不至;事虽小,不为不成。(《荀子·修身》)

【注释】 ①迩(ěr 尔):近。

【大意】 道路虽然很近,不走就达不到目的;事情虽然很小,不做就不会成功。

【原文】 不闻不若闻之,闻之不若见之,见之不若知之,知之不若行之。学至于行之而止矣。(《荀子·儒效》)

【大意】 没有听到不如听到,听到不如看到,看到不如懂得,懂得不如实行。学习到了实行的阶段才达到了目的。

【原文】 是以君子彊[①]学而力行。(扬雄:《法言·修身》)

【注释】 ①彊:同“强”,指顽强。

【大意】 所以君子要顽强地学习并努力地实行。

【原文】 言而不行,自欺孰[①]甚焉?(《二程集·河南程氏粹言》卷一)

【注释】 ①孰:何。

【大意】 说到做不到,还有什么比这更严重的自我欺骗呢?

【原文】 知、行常相须[①],如目无足不行,足无目不见。论先后,知为先;论轻重,行为重。(朱熹:《朱子语类》卷九)

【注释】 ①相须:互相配合,互相依赖。

【大意】 认知和践行是互相配合的,就好像眼睛没有脚就不能行走，脚没有眼睛就看不见。论谁先谁后，认知为先；论谁轻谁重，践行为重。

【原文】 学之之博，未若知之之要；知之之要，未若行之之实。（朱熹：《朱子语类》卷十三）

【大意】 在学习的内容上求广博，不如懂得这些内容的要领；懂得这些要领，不如扎扎实实地践行它。

【原文】 善在那里，自家却去行也。行之久，则与自家为一；为一，则得之在我。未能行，善自善，我自我。（朱熹：《朱子语类》卷十三）

【大意】 善就在那里，自己去实行就是了。实行得久了，善就会与自己合而为一；合而为一，我自己就会有所得。不去实行，善还是善，我还是我。

【原文】 看得为学无别法，只是知一字，行一字，知一句，行一句，便有益。（《薛瑄全集·读书录》卷四）

【大意】 看来为学之道没有别的方法，只有懂得一个字，就实行一个字，懂得一句话，就实行一句话，这样就会有收益。

【原文】 古人所以既说一个知又说一个行者，只为世间有一种人，懵懵懂懂[①]的任意去做，全不解思惟省察，也只是个冥行[②]妄作，所以必说个知，方才行得是；又有一种人，茫茫荡荡悬空去思索，全不肯着实躬行，也只是个揣摸影响[③]，所以必说一个行，方才知得真。此是古人不得已补偏就弊的说话，若见得这个意时，即一言而足。今人却就将知行分作两件去做，以为必先知了然后能行，我如今且去讲习讨论做知的工夫，待知得真了方去做行的工夫，故遂终身不行，亦遂终身不知。此不是小病痛，其来已非一日矣。某今说个知行合一，正是对病的药。（王守仁：《王阳明全集》卷一《传习录上》）

【注释】 ①懵（měng 猛）懵懂懂：不明白、糊涂的样子。②冥行：暗中摸索行走。这里比喻因没有认知作指导而盲目去做事。③影响：比喻不实，无根据。

【大意】 古时候的人之所以既说一个知字又说一个行字，只是因为世上有一种人，糊里糊涂随意去做事，完全不理解慎思自省，也只是一个盲目妄作的人，所以必须说一个知字，这样才会行事得当；另外有一种人，没有根据地去凭空思索，完全不肯扎实地亲身践行，也只是一个盲目不实的人，所以必须说一个行字，这样才会认知得真实。这是古时候的人不得已补偏救弊的说法，如果明白这个意思，只要说一句话就足够了。现今的人却将认知和践行分作两件事去做，认为必须先认知了才能践行，于是我今天就去讲习讨论做认知的工夫，等到获得了真知再去做实行的工夫，因此一辈子不践行，也就一辈子没有获得真知。这可不是小病小痛，其由来已不是一朝一夕。我今天就说一个知与行合二为一，正是针对这种病痛的药。

【原文】 凡知者或未能行，而行者则无不知。且知行二义，有时相为对待，有时不相为对待。如“明明德”① 者，行之极也，而其功以格物致知为先焉。是故知有不统② 行，而行必统知也。（王夫之：《读四书大全说》卷五）

【注释】 ①明明德：语出《礼记·大学》。②统：统括，包括。

【大意】 凡是认知了的却不一定能践行，但能践行的就没有不认知的。而且，认知和践行这二者，有时是同等对待的，有时又不是同等对待的。例如，“阐明光明的德性”，是践行的顶峰，但它的工夫，以探究事物的道理，获得一定的知识作为前提。所以认知可能不包括践行，而践行必须统括认知。

【原文】 读书无他道，只须在“行”字著力。如读“学而时习”①，便要勉力时习，读“其为人孝弟”②，便要勉力孝弟，如此而已。（《颜元集·颜习斋先生言行录》卷上）

【注释】 ①学而时习：这句话出自《论语·学而》，原文为：“学而时习之，不亦说乎？”②其为人孝弟：这句话出自《论语·学而》，原文为：“其为人也孝弟，而好犯上者，鲜矣。”弟（ti 替），同“悌”，指弟弟对待兄长的正确态度。

【大意】 读书没有别的途径，只需在“行”这个字上下气力。比如，读“学而时习”，就要努力按时去实习，读“其为人孝弟”，就要努力行孝行弟，就是这样而已。

【原文】 人之为学，心中思想，口内谈论，尽有百千义理，不如身上行一理之为实也。（《颜元集·颜习斋先生言行录》卷上）

【大意】　人进行学习，心中的思想，口中的言谈，尽管会有各种各样的意义道理，但都不如自己亲身践行一个道理最实在。

第十四节　事上磨炼

本节案语

事上磨炼，是指人需要在具体事情特别是逆境中锻炼、修养道德品质。人的道德素养、道德品质，往往体现出一种精神境界，这种精神境界在条件优越、处境顺畅的时候，常常分辨不出高低优劣，只有在遇到具体事情尤其是碰到困难和身处逆境时，才能显出一个人实际具有什么样的道德素养和品质。只要能在困难和逆境中经受住锻炼，就无论在何时何地何种境遇下，都能持之以恒，坚守善行。追求道德的人，不仅不能躲避事上磨炼，而且还必须主动寻求事上磨炼，把艰难困苦当作锻炼自己的意志品质的最好时机，只有经过这种锻炼，才能达到孟子所说的“动心忍性，曾益其所不能”的境界。

【原文】　泽无水，困。君子以致命①遂志②。（《周易·困》象辞）

【注释】　①致命：舍命。②遂志：成就志向。

【大意】　大泽之中无水，象征困境。君子在处于困境的时候，宁可舍弃生命也要实现自己的志向。

【原文】　富贵不能淫，贫贱不能移，威武不能屈，此之谓大丈夫。（《孟子·滕文公下》）

【大意】　富贵不能使自己改变信念，贫贱不能使自己改变志向，威武不能迫使自己屈服，这才叫做大丈夫。

【原文】　故天将降大任于是人也，必先苦其心志，劳其筋骨，饿其体肤，空乏其身，行拂①乱其所为，所以动心忍性②，曾益③其所不能。（《孟子·告子下》）

【注释】　①拂：违背。②动心忍性：触动其心性，坚忍其性情。③曾（zēng增）益：增加。曾，同“增”。

【大意】　所以天将要把重大任务落到一个人的身上，就一定会先苦恼他的心意，劳动他的筋骨，饥饿他的肠胃，穷困他的身体，让他的行为总是不能如意，这样，就可以触动他的心意，坚韧他的性情，增加他的能力。

【原文】 富贵福泽，将厚吾之生也；贫贱忧戚，庸[1]玉女[2]于成也。（《张载集·正蒙·乾称》）

【注释】 ①庸：通“用”。②女：通“汝”，你。

【大意】 发财、做官、享福、得到恩惠，将使我的生活丰厚幸运；贫穷、卑贱、忧愁、悲戚，会把你琢磨成美玉。

【原文】 君子遇穷困，则德益进，道益通。（《陆九渊集》卷三十四《语录上》）

【大意】 君子遭遇穷困，就会使德性更加进步，道行更加通畅。

【原文】 问：“静时亦觉意思好，才遇事便不同，如何？”先生[1]曰：“是徒知静养而不用克己工夫也。如此临事[2]，便要倾倒。人须在事上磨，方立得住；方能静亦定，动亦定。”（王守仁：《王阳明全集》卷一《传习录上》）

【注释】 ①先生：这里指王守仁。王守仁（1472—1528），名守仁，字伯安，曾在自己的故乡阳明洞筑室，故人称阳明先生。为明朝著名思想家，其心性学说与宋朝陆九渊的学说被人合称为陆王心学。②临事：指应接事物。

【大意】 学生问：“静养时能够做到心境平定，一遇到事情心境就不同了，这是怎么回事？”先生答复说：“这是因为光懂得静养而不用克制自己的工夫。像这样去应接事物，就是支持不住的。人必须在有事时进行磨炼，这样才立得住；才能在静养时心境平定，应接事物时心境也是平定的。”

【原文】 人须在事上磨炼做功夫，乃有益。若只好静，遇事便乱，终无长进，那静时功夫，亦差似[1]收敛，而实放溺也。（王守仁：《王阳明全集》卷三《传习录下》）

【注释】 ①差似：好像。

【大意】 人必须在应接事物上磨炼做功夫，才会有好处。如果只喜欢静养，遇到事情时就乱作一团，终究不会有进步，那种静养时花费的功夫，好像是有所收敛，而实际上却是放纵耽溺的。

【原文】　人于贫穷患难之日，当忍苦支撑，不可因而失足。此际站立得住，便有来复[①]之机。（李惺：《药言》）

【注释】　①来复：往还，去而复来。语出《易经·复卦》。

【大意】　人在贫穷遇到困难的时候，应当忍受痛苦支撑下去，不能因此而步入歧途。在此时此刻坚持下去，就会有复苏振兴的机会。

【原文】　盘根错节[①]，可以验我之才。波流风靡[②]，可以验我之操[③]。艰难险阻，可以验我之思。震撼折冲[④]，可以验我之力。含垢忍辱，可以验我之量。（姚舜牧：《药言》）

【注释】　①盘根错节：树木的根干枝节盘屈交错，不易砍伐。比喻事情复杂繁难，不易处理。②波流风靡：此处指不良的潮流风气。波流，潮流。风靡，风行。③操：节操。④震撼折冲：意即激烈的斗争。震撼，强烈震动。折冲，折还敌方的战车，抵御敌人的进攻。

【大意】　事情复杂繁难，可以检验我的才干。风尚流行，可以检验我的节操。艰难险阻，可以检验我的思想。打击斗争，可以检验我的力量。忍辱负重，可以检验我的气量。

第十五节　君子圣贤

本节案语

中国历史上关于君子和圣贤的论述很多。古代中国是一个崇拜圣贤的国家，特别是儒家学说从广义上可以说是成圣成贤的一套理论，孔子在《论语》中讲述君子的地方比比皆是，宋明时期的许多理学家甚至将自己讲求的学说称为“圣学”。法家、道家和墨家也从不同角度谈论了君子、圣贤问题。从总的方面看，中国古代典籍对君子和圣贤的形象所作的描述是：君子重在个人品德，圣贤则道德功业并重。

从道德境界的层次上看，君子、圣贤代表了不同的道德理想人格的阶梯。圣人的层次是最高的，古代思想家在圣人身上附着的神秘色彩也最多；贤人离现实生活中的人的距离相对要近一些，但也被穿上了神秘的外装；只有君子才有比较大众化的色彩，其道德品质中含有更多的现实可行的道德因素。从总体上看，我们今天批判继承中国古代的君子与圣贤的理想人格思想，最主要的是要继承其追求道德至善远大目标的执著精神；同时，也要剔除被历史上的思想家附着在君子与圣贤身上的神秘色彩，把远大的道德理想与个人切身的道德处境紧密结合起来，脚踏实地地在道德境界的阶梯上不断攀登。

【原文】 天行健，君子以自强不息。（《周易·乾》象辞）

【大意】 天道的运行刚劲强健，君子应该效法天道自我奋发永不停息。

【原文】 地势坤[①]，君子以厚德载物。（《周易·坤》象辞）

【注释】 ①坤：顺。

【大意】 大地的气势宽厚和顺，君子应该效法大地用宽厚的德性来容载万物。

【原文】 圣人无常心，以百姓心为心。善者吾善之，不善者吾亦善之，德[①]善。信者吾信之，不信者吾亦信之，德信。圣人在天下，歙歙[②]焉，为天下浑其心。百姓皆注其耳目[③]，圣人皆孩[④]之。（《老子》第四十九章）

【注释】 ①德：同“得”。②歙歙（xī 希）：心无偏执的状态。③注其耳目：指用耳朵眼睛专注地去听去看。④孩：婴儿。

【大意】 圣人没有固定不变的心，而是把百姓的心当成自己的心。善良的，我就认为它善良，不善良的，我也认为它善良，这样就获得了善良。诚信的，我就认为它诚信，不诚信的，我也认为它诚信，这样就获得了诚信。圣人处在天下，心无偏执，治理天下浑朴淳真。百姓都把耳朵和眼睛专注于圣人，圣人都把他们当作无欲无私的婴儿。

【原文】 子曰：“君子道者三，我无能焉：仁者不忧，知[①]者不惑，勇者不惧。”（《论语·宪问》）

【注释】 ①知：即“智”。

【大意】 孔子说：“君子所行的三件事，我都没能做到：仁德的人不忧虑，智慧的人不迷惑，勇敢的人不害怕。”

【原文】 子曰：“君子成人之美，不成人之恶。小人反是。”（《论语·颜渊》）

【大意】 孔子说：“君子成全别人的好事，不促成别人的坏事。小人正好和这相反。”

【原文】 子曰：“君子泰而不骄，小人骄而不泰。”（《论语·子路》）

【大意】 孔子说：“君子安详舒坦而不骄傲，小人骄傲却不安详舒坦。”

【原文】 子曰：“君子和而不同，小人同而不和。”（同上）

【大意】 孔子说：“君子强调和谐，但不无原则地盲从；小人盲从，而做不到和谐。”

【原文】 子曰：“君子不以言举人，不以人废言。”（《论语·卫灵公》）

【大意】 孔子说：“君子不因为一个人的话说得好听就提拔他，也不因为这个人不好而废弃他说的正确的话。”

【原文】 是故君子有终身之忧，无一朝之患[①]也。乃若所忧则有之：舜[②]，人也，我，亦人也；舜为法于天下，可传于后世，我由[③]未免为乡人[④]也，是则可忧也。忧之如何？如舜而已矣。若夫君子所患则亡[⑤]矣。非仁无为也，非礼无行也。如有一朝之患，则君子不患矣。（《孟子·离娄下》）

【注释】 ①患：灾祸，痛苦。②舜：中国古代传说中父系氏族社会后期部落联盟领袖。姚姓，有虞氏，名重华，史称虞舜。③由：同“犹”。④乡人：普通人。⑤亡：通“无”。

【大意】 所以君子有长远的忧虑，就不会有突然的灾祸。这样的忧虑是有的：舜是人，我也是人，舜成为天下人的榜样，声名流传到后代，我呢，仍然还是一个普通人，这才是值得忧虑的事。忧虑了又怎么办呢？那就努力向舜学习吧。对于君子来说，别的灾祸就没有了。不是仁德的事不做，不合礼节的事不做。即使一旦有突然来临的灾祸，君子也不认为是灾祸了。

【原文】 不离于宗，谓之天人；不离于精，谓之神人；不离于真，谓之至人；以天为宗，以德为本，以道为门，兆[①]于变化，谓之圣人。以仁为恩，以义为理，以礼为行，以乐为和，薰然[②]慈仁，谓之君子。

(《庄子·天下》)

【注释】 ①兆：征兆，这里指预知。②薰然：温和的样子。

【大意】 不离开根本的，叫做天人；不离开精淳的，叫做神人；不离开真性的，叫做至人；把天作为主宰，把德作为根本，把道作为门户，预知各种变化的，叫做圣人。用仁爱来表示恩惠，用正义来治理事务，用礼仪来调整行为，用音乐来陶冶性情，温和仁慈的，叫做君子。

【原文】 君子知夫不全不粹不足以为美也，故诵数[①]以贯之，思索以通之，为其人[②]以处之[③]，除其害者以持养[④]之，使目非是无欲见也，使耳非是无欲闻也，使口非是无欲言也，使心非是无欲虑也。及至其致[⑤]好之也，目好之五色，耳好之五声，口好之五味，心利之有天下。是故权利不能倾[⑥]也，群众不能移也，天下不能荡[⑦]也。生乎由是[⑧]，死乎由是，夫是之谓德操。[⑨]德操然后能定[⑩]，能定然后能应[⑪]。能定能应，夫是之谓成人。天见[⑫]其明，地见其光[⑬]，君子贵其全也。(《荀子·劝学》)

【注释】 ①诵数：诵说。②为其人：选择良师益友。③处：相处。④持养：保持养护。⑤致：极，极点。⑥倾：倾倒。⑦荡：动摇。⑧由是：指顺着这条道路。⑨德操：有德并能操持。⑩能定：心志能坚定。⑪能应：能正确应对人和事。⑫见：同“现”。⑬光：通“广”。

【大意】 君子懂得不全面、不纯正的知识是不能算作完美的，所以，诵读经书礼书，去融会贯通，用心进行思考理解，选择良师益友来相处，除去有害的事物，保持养护有益的知识，使眼睛不去看无用的知识，耳朵不去听无用的知识，嘴巴不去说无用的知识，内心不去考虑无用的知识。到了爱好学习真知的时候，就像眼睛喜欢看五色，耳朵喜欢听五声，口里喜欢吃五味，内心追求占有整个天下那样。到了这时，权力不能倾倒他，人多势众不能改变他，天下任何事物也不能动摇他。活着也走这条路，就是死也要走这条路，这就叫有德并能操持。有德并能操持，就能坚定不移；坚定不移，就能应付一切变化。坚定不移，应付自如，这样才是一个真正完美成熟的人。天空呈现出光明，大地显露出广阔，君子则看重自身的完美。

【原文】 故君子尊德性而道问学[①]，致广大而尽精微，极高明而道中庸。温故而知新，敦厚以崇礼。是故居上不骄，为下不倍[②]，国有道其言足以兴，国无道其默足以容[③]。(《礼记·中庸》)

【注释】　①道问学：道，从事；问学，学问。②倍：通“背”，违背。③容：容身，指保全自己。

【大意】　因此君子既尊崇德性，又研究学问，使德性和学问无限广大，极精当极微妙，达到最高明的境界，遵循的则是适中的道路。温习旧的知识从而懂得新的知识，敦实厚道才能崇尚礼仪。所以，身居高位而不骄傲，身处低位而不犯上；国家政治清明，他的言论足以振兴国家，国家政治黑暗，他沉默不语足以保全自己。

【原文】　何以谓之君子？何以谓之小人？君子则所见者大，小人则所见者小且近。君子之志所虑者，岂止其一身？直虑及天下千万世。小人之虑，一朝之忿，曾[①]不遑[②]恤[③]其身。（《二程集·河南程氏遗书》卷十）

【注释】　①曾（zēng 增）：竟。②不遑（huáng 皇）：没有空闲。③恤：忧虑。

【大意】　怎样才能叫做君子？怎样才能叫做小人？君子就是目光远大，小人就是目光短浅。君子所倾心考虑的，岂止是自己一身？直要考虑到天下长远的大事。小人所考虑的，不过是一时的冲动得失，几乎不能顾及自己的身体。

第十六节　孔颜乐处

本节案语

所谓孔颜乐处，来源于孔子称赞他的弟子颜回的一段话，说颜回饮食居处条件极差，但却毫无怨言，依然守道乐观。以后，儒家思想家就把孔颜乐处当作善处贫与富，富则以义取之，贫则安贫乐道的代名词。因此，从根本上说，儒家所说的孔颜乐处，就是指的“富贵不能淫，贫贱不能移，威武不能屈”的精神境界。儒家并不反对富贵，也不是一味赞赏贫穷，但儒家特别看重富与道义、穷与道义之间的关系，这就是孔子所说的“富，不以其道得之，不处也，穷，不以其道去之，不去也”的意思。后来的思想家对孔子的思想作了更进一步的发挥，深刻地指出，孔颜乐处，不是指高兴受穷，而是指即便穷困不堪，也要坚守善道，坚持正义，不改初衷，把精神上的富有即守道持义看得高于一切，直至“杀身成仁”、“舍生取义”。我们今天对古代这种重视精神富有而安贫乐道的思想，不能轻易否定，而是要认真吸取其中的精华，以激励人们的崇高志向。

【原文】 子曰：“富与贵，是人之所欲也，不以其道得之，不处也。贫与贱，是人之所恶也，不以其道得①之，不去也。君子去仁，恶乎②成名？君子无终食③之间违④仁，造次⑤必于⑥是⑦，颠沛⑧必于是。”（《论语·里仁》）

【注释】 ①得：当为“去”字之误。②恶（wū乌）乎：怎样，于何处。③终食：吃完一顿饭。④违：离开。⑤造次：匆忙，仓促。⑥于：在。⑦是：此，指“仁”。⑧颠沛：潦倒窘迫。

【大意】 孔子说：“发财与做官，是人人都所希望的；不用正当的手段去得到它们，君子是不会接受的。贫穷与下贱，是人人都厌恶的；不用正当的办法抛弃它们，君子是不会抛弃的。君子抛弃了仁德，怎么能成就自己的声名呢？君子不会有吃完一顿饭的时间离开仁德，在匆忙仓促之中也必定和仁德在一起，在潦倒窘迫之中也必定和仁德在一起。”

【原文】 子曰：“贤哉，回①也！一箪②食，一瓢饮，在陋巷，人不堪其忧，回也不改其乐。贤哉·回也！”（《论语·雍也》）

【注释】 ①回：孔子的弟子，姓颜，名回，字子渊，又称颜渊。②箪（dān丹）：盛饭的圆形竹器。

【大意】 孔子说：“多么有贤德呀，颜回！吃的是一竹筐饭，喝的是一瓜瓢水，住在简陋的巷子里，别人都忍受不了这般穷苦的忧愁，颜回却不改变自己的快乐。多么有贤德呀，颜回！”

【原文】 子曰：“饭疏食①，饮水②，曲肱③而枕④之，乐亦在其中矣。不义而富且贵，于我如浮云。”（《论语·述而》）

【注释】 ①饭疏食：饭，吃；疏食，粗食。②水：这里指冷水。③肱（gōng公）：胳膊。④枕（zhèn振）：用作动词，指以头枕物。

【大意】 孔子说：“吃粗粮，喝冷水，睡觉时弯着胳膊当枕头，快乐也就在这里面了。用不正当的手段得来的富贵，对我来说就像天上的浮云一样。”

【原文】 君子固①穷，小人穷斯②滥③矣。（《论语·卫灵公》）

【注释】 ①固：固守。②斯：就。③滥：越轨胡为。

【大意】 君子贫穷时也固守自己的节操，小人贫穷时就越轨胡为了。

【原文】 孟子曰："鱼我所欲也，熊掌亦我所欲也；二者不可得兼，舍鱼而取熊掌也。生亦我所欲也，义亦我所欲也；二者不可得兼，舍生而取义者也。生亦我所欲，所欲有甚于生者，故不为苟得也；死亦我所恶，所恶有甚于死者，故患有所不辟[①]也。如使人之所欲莫甚于生，则凡可以得生者，何不用也？使人之所恶莫甚于死者，则凡可以辟患者，何不为也？由是则生而有不用也，由是则可以辟患而有不为也，是故所欲有甚于生者，所恶有甚于死者。非独贤者有是心也，人皆有之，贤者能勿丧耳。一箪食，一豆[②]羹，得之则生，弗得则死，嘑[③]尔而与之，行道之人弗受；蹴[④]尔而与之，乞人不屑也。万钟[⑤]则不辨礼义而受之。万钟于我何加焉？为宫室之美、妻妾之奉、所识穷乏者得[⑥]我与？乡[⑦]为身死而不受，今为宫室之美为之；乡为身死而不受，今为妻妾之奉为之；乡为身死而不受，今为所识穷乏者得我而为之，是亦不可以已乎？此之谓失其本心。"（《孟子·告子上》）

【注释】 ①辟：同"避"。②豆：古代盛羹汤的器具。③嘑尔："嘑"同"呼"。呼尔，指轻蔑地呼喝。④蹴（cù促）：践踏。⑤钟：古代的量器，六担四斗为一钟。⑥得：同"德"，感激。⑦乡：同"向"，向来，过去。

【大意】 孟子说："鱼是我所喜欢的，熊掌也是我所喜欢的；如果二者不可能同时得到，那就舍弃鱼而要熊掌。生命是我所喜欢的，义也是我所喜欢的；如果二者不可能同时得到，那就舍弃生命而要义。生命是我所喜欢的，但还有比生命更使我喜欢的，所以我不干苟且偷生的事；死亡是我所厌恶的，但还有比死亡更使我厌恶的，所以有的祸害我不躲避。如果人们所喜欢的没有超过生命的，那么凡是可以求得生存的办法，哪会不使用呢？如果人们所厌恶的没有超过死亡的，那么凡是可以避免祸害的事情，哪会不干呢？由此而行，可以得到生存却不去做；由此而行，可以避免祸害而不去干，是因为有比生命更值得喜欢的东西，有比死亡更令人厌恶的东西。并不是只有贤人才有这样的心，这样的心人人都有，只不过贤人能保持它而已。一筐饭，一碗汤，得到就能活下去，得不到就会死亡，如果轻蔑地呼喝着给他，就是过路的饿人也不会接受；如果用脚践踏过再给他，就是乞丐也不屑于要。（有的人）

对万钟的俸禄不辨别是否合乎礼义就加以接受了。万钟的俸禄对我有什么好处呢？为了得到宫室的华美、妻妾的侍奉和我所认识的穷苦人对我的感激吗？过去宁肯身死也不接受的，今天却为宫室的华美而接受了；过去宁肯身死也不接受的，今天却为了得到妻妾的侍奉而接受了；过去宁肯身死也不接受的，今天为了得到我所认识的穷苦人的感激而接受了，这些难道不是可以罢手的吗？这就叫做丧失了他的本心。”

【原文】 或曰：“使我纡朱[①]怀金[②]，其乐不可量已。”曰：“纡朱怀金者之乐，不如颜氏子[③]之乐。颜氏子之乐也，内；纡朱怀金者之乐也，外。”（扬雄：《法言·学行》）

【注释】 ①纡（yū迂）朱：纡，系、垂；朱，指高官所穿的红色礼服。②金：这里指高官佩戴的金印。③颜氏子：指颜回。

【大意】 有人说：“让我穿朱衣、佩金印，这种快乐真是不可限量呀。”扬子说：“穿朱衣、佩金印的快乐，比不上颜回的快乐。颜回的快乐，是发自内心的快乐；穿朱衣、佩金印的快乐，只是形于外表的快乐。”

【原文】 孔门之学，只在求仁，求此而已。仁存则性尽，性尽则自乐，非乐他物，非乐箪瓢陋巷，非在他求，自乐其乐也。此个乐，南面[①]王之乐不足以过之。（湛若水：《湛甘泉先生文集》卷二十《独冈书院讲章》）

【注释】 ①南面：古代以坐北朝南为尊位，故天子诸侯见群臣，或卿大夫见僚属，都面朝南面而坐。

【大意】 孔子一派的学问，就只在于追求仁德，一直追求到仁德才算达到目的。仁德存留下来，天性就得到满足，天性得到满足，自己就得到快乐。这种快乐不是对其他事物的快乐，不是对吃一竹筐饭、喝一瓜瓢水和居住在简陋的巷子里的快乐，不在其他追求，而是自得其乐。这样的快乐，就是南面而座的君王的快乐都超不过的。

【原文】 君子以道为乐，则但见欲之苦焉；小人以欲为乐，则但见道之苦焉。欲求孔[①]、颜[②]之所乐，先求孔、颜之所苦。（《魏源集·默觚上·学篇十》）

【注释】 ①孔：指孔子。②颜：指颜回。

【大意】 君子把遵循道当作快乐，就只能看见追逐私欲的痛苦；小人把追逐私欲当作快乐，就只能看见遵循道的痛苦。要求得孔子、颜回所认为的快乐是什么，先要求得孔子、颜回所认为的痛苦是什么。

第十七节 浩然之气

本节案语

中国古代由孟子最先提出了“浩然之气”的概念。孟子认为，很难讲清楚什么是浩然之气，孟子只是说它是一种“气”，通过“义”和“道”加以养育而成之后，就会“至大至刚”，并“充塞于天地之间”，鼓舞着人们为遵循道义而勇往直前。其实浩然之气并不像孟子说的那么神秘，它首先就是一种正义之气，一种大义凛然、义无反顾的道德勇气。这种道德勇气千百年来激励着中国古代的许多志士仁人“杀身成仁”、“舍生取义”。浩然之气的思想在宋明理学时期得到了充分的发挥，并被尊崇为一种重要的道德修养的方法。宋明理学家还特别提出，只有出以公心，才能养成浩然之气；个人一旦被私心私欲所蒙蔽，浩然之气也就空乏无力了。我们今天更加需要从社会、国家和人民的利益出发来养育浩然之气，这样我们才能为正义的事业杀身成仁、舍生取义。

【原文】 曰：“我知言，我善养吾浩然[①]之气。”“敢问何谓浩然之气?”曰：“难言也。其为气也，至大至刚，以直养而无害，则塞于天地之间。其为气也，配义与道；无是，馁[②]也。是集义所生者，非义袭而取之也。行有不慊[③]于心，则馁矣。”（《孟子·公孙丑上》）

【注释】 ①浩然：指盛大流行的样子。②馁：原指饥饿，这里指气馁，即空之无力。③慊（qiè妾）：满足，满意。

【大意】 孟子说：“我善于分析别人的言论，也善于培养我的浩然之气。”“请问什么叫浩然之气呢?”孟子说：“这就难说了。那样一种气，最伟大，最刚强，如果用正直来养护它，一点不伤害它，它就会充满于天和地之间，无所不在。那样一种气，必须用义和道来配合；不这样，它就会空乏无力。那样一种气，是由义积累而产生的，不是由一时的义行而取得的。那样一种气，只要做了一件有愧于心的事，就空乏无力了。”

【原文】 浩然之气，天地之正气，大则无所不在，刚则无所屈，以直道顺理而养，则充塞于天地之间。“配义与道”[①]，气皆主于义而无

不在道，一置私意则馁矣。“是集义所生”，事事有理而在义也，非自外袭而取之也[②]。（《二程集·河南程氏遗书》卷一）

【注释】 ①配义与道：这句话与下面的“是集义所生”均出自《孟子·公孙丑上》。②非自外袭而取之也：这句话是对《孟子·公孙丑上》中的“非义袭而取之也”的解释。

【大意】 浩然之气，是天地的正义之气，它因广大而无所不在，它因刚强而不可屈服，按照正直之道、顺从天理来加以养护，它就会充满天地之间。孟子所讲的“配义与道”，是说气的根本在于义，而且与道同在，一旦加入一点私心，它就会空乏无力。孟子所讲的“是集义所生”，是讲一切言行都顺从天理，而且与义同在，不是从外部一时的义行而取得的。

【原文】 浩然之气，乃吾气也，养而不害，则塞乎天地；一为私心所蔽，则欿然[①]而馁，却甚小也。（《二程集·河南程氏遗书》卷二上）

【注释】 ①欿（kǎn 坎）然：空虚的样子。欿，通“坎”。

【大意】 浩然之气，就是我自己内心的气，养护它，一点不伤害它，它就会充满于天地之间；一旦被私心所掩盖，它就会空虚乏力，非常渺小。

【原文】 充养刚大，配乎道义，是曰浩气。（程端蒙：《性理字训·情性》）

【大意】 充满于天地之间，用正直去养护，最刚强，最伟大，用道和义加以配合，这样的气就叫做浩气。

【原文】 浩然之气，非说修养气，本说不动心。无疑惧，自不动心。孟子浩然之气，乃是集义所生。心无愧怍，内省不疚，自无疑惧，不是强排遣。（许衡：《许文正公遗书》卷一《语录上》）

【大意】 浩然之气，不是说去修养气，原本是说不动心。没有疑虑没有恐惧，自然就不会动心。孟子所讲的浩然之气，就是积累正义而产生的。内心不感到惭愧，自我反省不感到内疚，自然就不会有疑虑和恐惧，用不着再强行去排除自己内心的疑虑和恐惧。

【原文】 孟子不论心之动与不动，只是集义，所行无不是义，此心自然无可动处。若告子[1]只要此心不动，便是把捉此心，将他生生不息之根反阻挠了。此非徒无益，而又害之。孟子集义功夫，自是养得充满，并无馁歉；自是纵横自在，活泼泼地：此便是浩然之气。（王守仁：《王阳明全集》卷三《传习录下》）

【注释】　①告子：战国时人。在《孟子》一书中多次提到告子的思想。

【大意】　孟子不管心是动还是不动，都只是注重积累正义，所作所为没有不是出于正义的，这样的心自然就没有动的地方。而告子却是要让心不动，也就是把这样的心死死抓住，这样反而阻碍了心生生不息的生长之根。这样做不仅没有益处，而且还加害了心。孟子积累正义的功夫，当然会养得充满，不会空乏无力和有愧于心；当然会纵横自在，生动活泼：这就是浩然之气。

第三篇

德　　行

导言

中国古代的道德传统，除了有丰富的道德理论、思想和完备的道德规范体系、道德教育体系之外，一个重要的方面是古人在日常生活中对这些道德思想、道德规范的身体力行。本篇所选，就是这方面的一些材料。

道德作为一种社会现象，只有在人们的实际生活中得到体现，才能成为现实的东西，发挥其作用。在几千年的历史发展过程中，我们民族文化传统中积累起来的道德思想、道德规范，已经渗入广大人民的灵魂，在人们的生活实践中表现为优良的道德品质和道德行为。尤其是先进人物力行践履高尚道德要求的行为，有血有肉，生动具体，成为人们学习人生的楷模，为世人代代相传，构成了民族道德传统的重要部分。只有通过古人的德行材料，才能具体、实际地理解古代道德思想、规范的内容；否则，对古代道德思想、规范的理解就会成为抽象的，空洞的。反过来说，古人的德行，是以古代道德思想、规范为其思想基础的，是依据于这些思想、规范而进行的；也只有联系古代的道德思想、规范来看，才能深入理解这些德行的思想内涵和意义。所以，我们在阅读此书，使用此书时，要把本篇与本书其他各篇联系起来读，相互参照，以求相得益彰的效果。

古代传统道德有其两重性，它既包含有许多具有普遍恒常意义的优秀精神，同时也不可避免有许多为封建等级制度服务的糟粕。按照本书的编辑宗旨，我们在选编时尽量选用那些反映优秀传统道德精神，至今仍有积极意义的材料，而摒弃那些糟粕。但是，对于德行篇来说，由于材料记述的都是当时人们的实际行为，古人的优秀道德精神，是通过当时当地具体条件下的具体行为而体现出来的，所以同时也就表现出其阶级和时代的局限性。精华和糟粕结合在一起，难以截然分开。在阅读和使用这些材料的时候，特别要注意分析其中的这种两重性。

德行篇的材料的另一个特点是其综合性。因为材料都是记载人们活生生的实践行为，而人们的实践特别是重大的实践活动，总是反映了其整体的道德面貌，而不只是反映其某一方面的道德品质。所以一条材料往往有多方面的意义，可以从不同角度去理解。我们在编书的时候，为了阅读、使用的方便，把材料分节编排，并为每条材料加上标题，点出其主题；而且每条材料都只在一处出现。这样做，是编书的需要，但也难免会影响读者对材料内涵的深入全面的理解，这一点也请读者注意。

本书的德行篇是在《中国传统道德（简编本）》德行篇的基础上精选、改编而成的。其中部分材料做了些删节；另补充新材料三条；全部材料分为19节。由于篇幅的限制，本书德行篇容纳的材料，只有《简编本》德行篇的1/3，多卷本《德行卷》的1/10。如此少量的材料，比之我们民族优秀道德传统的丰富内容来说，只是沧海之一粟，难以全面反映出优秀道德传统的全貌。有兴趣、有阅读理解能力的同学和读者在阅读此书的基础上，还可进一步阅读《简编本》德行篇和多卷本《德行卷》的有关部分。当然从另一角度说，窥一斑可见全豹，只要认真去领会，从有限的材料中也还可以见到优秀道德传统的基本精神。希望这部分材料能在这方面对读者有所帮助。

第一节　忧国忧民

本节案语

忧国忧民是爱国主义的重要表现。这一节所选的几条材料，如卜式急国家之急，慷慨解囊；陆游盼统一临终抱恨遗言，都表现出一个共同的精神，即把个人生命与国家、民族的前途命运紧紧连在一起，对国家前途、民族命运无比关心。他们忧国忧民的襟怀至今仍激励着亿万人民为国家振兴、民族腾飞而努力奋斗，积极奉献。

一、卜式忧国解囊

【原文】　卜式①，河南人也。

时汉方事匈奴②，式上书，愿输家财半助边③。上④使使问式：“欲为官乎?”式曰:“自［小］牧羊,不习仕宦,不愿也。”使者曰:“家岂有冤,欲言事乎?”式日:“臣生与人亡所争,邑人贫者贷之,不善者教之,所居,人皆从式,式何故见冤!”使者曰:“苟,子何欲[⑤]?”式曰:“天子诛匈奴,愚以为贤者宜死节,有财者宜输之,如此而匈奴可灭也。”使者以闻。上以语丞相弘[⑥]。弘曰:“此非人情。不轨之臣不可以为化而乱法,愿陛下勿许。”上不报,数岁乃罢式。式归,复田牧。

岁余,会浑邪[⑦]等降,县官费众[⑧],仓府空,贫民大徙,皆卬给[⑨]县官,无以尽赡[⑩]。式复持钱二十万与河南太守以给徙民。河南上富人助贫民者,上识式姓名,曰:“是固前欲输其家半财助边。”乃赐式外繇[⑪]四百人,式又尽复与官。是时,富豪皆争匿财,唯式尤欲助费。上于是以式终长者,乃召拜式为中郎……尊显以风百姓。(《汉书》卷五十八《卜式传》)

【注释】　①卜式:西汉名吏,常用家财捐助政府,武帝任为中郎,后封关内侯,官至御史大夫。②方事匈奴:正有事于匈奴,指对匈奴用兵。③助边:支援边疆。④上:指汉武帝。⑤苟,子何欲:如果这样的话,那你有什么愿望?⑥弘:公孙弘,汉武帝时任丞相。⑦浑邪:匈奴单于之名。⑧县官费众:意思是说公家财费开支太大。县官,这里指朝廷。⑨卬(yǎng养)给(jǐ己):即仰给,仰望他人供给。⑩无以尽赡:不能都给以救济或供给。⑪外繇(yáo摇):驻守边地的士兵。

【大意】　汉武帝时代对匈奴用兵,河南人卜式上书汉武帝,表示愿拿出一半家财资助边防。武帝派使者问他是不是想做官?卜式回答说,我自幼放羊,不懂得做官的事,不是想做官。使者又问,那么是不是有什么冤仇要告状?卜式说,我与乡里相处很好没有争执,乡里人如贫穷我就资助他,有不行善事的我就教育他,邻居都信从我,我哪来的冤仇。使者说,那么你捐出家财是为了什么?卜式说,现在正在讨伐匈奴,我以为贤者应该去打仗为国捐躯;有钱的应该捐助国家,这样就可战胜匈奴。使者把他的话报告了武帝,武帝又给丞相公孙弘说了。公孙弘说,这不符合人之常情。图谋不轨的臣民的做法不能成为一种风气而扰乱法律,希望陛下不要接受他的捐助。武帝就没有答复卜式,几年后又罢了卜式的官,卜式返回家里重又种田牧羊去了。卜式返乡一年多之后,又遇到匈奴来降,朝廷花费很大,府库空虚,贫民流离迁徙,都要靠官府救济,官府无力满足其需要。卜式又拿出钱20万来交给河南太守救济贫民。河南把捐助救济贫民的富人的名单报送朝廷,武帝看到有卜式的名字,说这就是上次要捐一半家财资助边防的人呀。于是赐给卜式400兵士为家奴，卜式都退还给官府。当时，一般富豪都争相隐匿财产，只有卜式热心资助国家。武帝终于知道卜式是有道德的长者，于是召卜式来封他为中郎，给他尊贵显赫的地位以向百姓表彰他的精神。

二、陆游临终盼统一

【原文】 （陆游）十二月二十九日逝世①。临终，赋《示儿》："死去原知万事空，但悲不见九州②同。王师③北定中原日，家祭无忘告乃翁④！"此诗乃一生政治抱负、爱国思想之结晶。数百年来，为广大读者所传诵。（于北山：《陆游年谱》）

【注释】 ①十二月二十九日：指公元1210年1月26日。这一天，陆游逝世。陆游（1125—1210），南宋诗人。②九州：《尚书·禹贡》以"冀、兖、青、徐、扬、荆、豫、梁、雍"为九州。后多用泛指全国。③王师：指宋朝的官军。④乃翁：你的父亲。

【大意】 陆游是一个爱国诗人，活到八十五岁，临终前，赋诗《示儿》："原也知道人死万事皆空，只是不见祖国统一内怀悲痛；等到朝廷的军队北定中原国家统一之日，莫忘把喜讯告慰于你父亲灵前。"这首诗是陆游一生政治抱负、爱国思想的结晶。数百年来，为广大读者所传诵。

第二节　抗暴御侮

本节案语

近代以来，中国屡遭列强侵略、掠夺和压迫，中国人民前仆后继，抗暴御侮，构成中华民族爱国主义传统的重要内容。这一节的几条材料，表现了中华民族不畏强暴，不甘受侮，在反抗外来侵略、压迫时同仇敌忾、万众一心的精神，值得我们继承和发扬。

一、林则徐虎门烧鸦片

【原文】 十八年①。鸿胪寺卿黄爵滋②请禁鸦片烟，下中外大臣议。则徐③请用重典，言："此祸不除，十年之后，不惟无可筹之饷，且无可用之兵"。宣宗④深韪⑤之，命人觐，召对十九次。授钦差大臣，赴广东查办，十九年春，至。总督邓廷桢⑥已严申禁令，捕拿烟犯，洋商查顿[7]先避回国。则徐知水师提督关天培[8]忠勇可用，令整兵严备。檄谕英国领事义律[9]查缴烟土，驱逐趸船[10]，呈出烟土二万余箱，亲莅虎门验收，焚于海滨，四十余日始尽。请定洋商夹带鸦片罪名，依化外有犯之例，人即正法，货物人官，责具甘结[11]。他国皆听命，独义律枝梧未从。于是阅视沿海炮台，以虎门为第一门户，横档山、武山为第二门户，大小虎山为第三门户……（朱轼：《历史名臣传·林则徐》）

【注释】　①十八年：道光十八年（1838）。②黄爵滋（1793—1833）：字德成，号树斋。清江西宜黄人。道光进士。道光六年（1826）升为御史给事由，由于敢于当面提出坦率谏议而在当时有很高的名望。曾提出"重治吸食"的禁烟主张。后升任大理寺少卿，调任刑部右侍郎。著有《黄少司寇奏疏》、《仙屏书屋诗录》、《仙屏书屋文录》。③则徐：林则徐（1780—1850），字元抚，一字少穆，晚号俟村老人。清福建侯官（今福州）人。嘉庆进士。历任浙江杭嘉湖道、江苏按察使、东河河道总督。在江苏巡抚任上，整顿吏治，平反冤狱，兴修水利，救灾办赈，均著成效。力主禁烟。道光十八年（1838）受命钦差大臣，赴广东查禁鸦片。次年四月下旬起在虎门当众销毁鸦片，并招募水勇，组织团练，多次挫败英军武装挑衅。又组织人员翻译西方书报，主编《四国志》，主张仿造西洋船炮，师敌之长技以制敌。鸦片战争爆发后，令广东军民严阵以待，使英军在粤无法得逞。不久受诬被革职，并被遣送伊犁戍边。二十五年（1845）夏起，历任陕西巡抚、云贵总督。死后谥文忠。著有《云左山房文钞》、《云左山房诗钞》、《林文忠公政书》、《林则徐集》等。④宣宗：清道光帝爱新觉罗·旻宁（1782—1850）的庙号。⑤韪（wěi 伟）：是，对。表示肯定之辞。⑥邓廷桢（1775—1846）：字维周，号嶰筠。清江苏江宁（今南京）人。嘉庆进士。道光十五年（1835）擢两广总督。十九年与林则徐查禁鸦片，收缴烟土，整兵严守，颇著成效。鸦片战争失败后，与林则徐同被革职，戍伊犁。二十三年释还，后任甘肃布政使、陕西巡抚、陕西总督。著有《双砚斋诗钞》。⑦查顿（1784—1843）：一译渣甸，英苏格兰人。1802 赴印度经商致富。两年后到广州，走私鸦片。林则徐查禁鸦片，遂于道光十八年（1838）逃回英国，鼓动侵华战争。⑧关天培（1781—1841）：字仲因，号滋圃。清江苏山阳（今淮安）人。由行伍升任广东水师提督，协助林则徐查缴鸦片，积极备战。道光二十年（1840）坚守虎门炮台，与英军昼夜奋战，终因孤立无援，与四百名将士壮烈战死。著有《筹海初集》。⑨义律（1801—1875）：英国人。道光十六年（1836）充任驻华商务监督。后因对抗禁烟运动未逞，怂恿外交大臣巴麦尊对中国发动侵略战争，并提供作战方案。次年被任命为副全权代表。鸦片战争爆发后，率英舰队北犯。鸦片战争后，被英国政府调往北美洲。⑩趸（dǔn 吨）船：平底箱形的非自航船，最常见的是停靠在岸边供船停靠的浮码头。⑪甘结：自愿作出的书面保证。

【大意】 道光十八年（1838）鸿胪寺卿黄爵滋上书要求禁鸦片烟，道光帝把黄的奏折发给大臣们讨论。林则徐建议采取严厉措施。说："这个祸害不除去，十年之后，不只将没有可筹之饷，而且也将没有可用之兵。"道光帝很赞成他的意见，召见了他十九次，要他陈述其意见，然后命他为钦差大臣，去广东查办。道光十九年（1839）春到达广州，当时总督邓廷桢已经严申禁令，捉拿烟犯，英国商人查顿逃回了英国。林则徐知水师提督关天培忠诚勇敢，可以信用，就让他整顿军事，严密准备。发檄文通告英国领事义律，查缴烟土，驱逐贩运鸦片的趸船，英商共交出烟土二万余箱。林则徐亲临虎门验收，在海滨将烟土焚毁。烧了四十多天才烧完。又呈请朝廷，定洋商夹带鸦片的罪名，依照先例，如有夹带，即判死刑，货物没收。要求洋商自愿作出书面保证。除英国外各国商人都照办了，只有义律拖延不办。于是林则徐巡视沿海炮台，以虎门为第一道门户，横档山、武山为第二道，大小虎山为第三道……

二、三元里人民抗英

【原文】 初十日辰刻①，逆夷由三元里过牛栏冈抢劫，予②闻锣声不绝，即带水勇应之，而八十余乡亦执旗继至。不转眼间来会者众数万，刀斧犁锄，在手即成军器，儿童妇女，喊声亦助兵威。斯时也，重重叠叠，遍野漫山，已将夷兵困在垓心矣。……时天色晴明，忽而阴云四起，午刻③迅雷烈风，大雨如注，日夜不息。未刻后，逆夷之鸟枪、火炮，俱被雨水湿透，施放不响，且夷兵俱穿皮靴，三元里四面皆田，雨后泥泞土滑，夷兵寸步难行，水勇及乡民遂分头截杀，予水勇砍得逆夷兵头首级一颗，杀毙夷兵十二名，乡民杀得夷兵二百余名，而水勇乡民战死者共二十名。盖是日夷兵之在四方台④下者，无一脱生去。时逆兵头义律、马礼逊⑤，尚带夷兵二十余名在台上，水勇等争欲上台擒杀。唯已三更，予恐黑夜上台，其枪炮由上击下，必致民勇交伤，且恐黑夜易至逃脱，爰命水勇乡民屯在台下，终夜严守，将待天明而后捉生。不意十一朝⑥，有当事开城弹压者，且斥予等多事也⑦，而人心解体矣，散矣，义律、马礼逊生矣，和矣。……一日纵敌，数世之患，天乎！人乎！（林福祥：《平海心筹·三元里打仗日记》，见《三元里人民抗英斗争史料》）

【注释】 ①初十日“辰刻”：初十日，即道光二十一年四月初十（1841年5月30日）。“辰刻”为旧时记时的十二时辰之一，大致相当于七至九时。②予：即本文作者林福祥。予，我。③午刻：旧时记时的十二时辰之一，大致相当于十一时至十三时。下文“未刻”相当于十三时至十五时。④四方台：当时英军盘踞的炮台。⑤马礼逊（1782—1834）：英国诺森伯兰人。清嘉庆十二年（1807）到达广州，后移居澳门，从事基督教《圣经》中译工作，是《圣经》最早中译本译者，也是在中国的伦敦教会创始人。该人在鸦片战争前六年病死广州。此处疑是英军司令卧乌古之误。⑥十一朝：即道光二十一年四月十一日早晨。⑦有当事开城弹压者，且斥予等多事也：指义律向广东官府告急，奕山急令广州知府余保纯等出城“解劝”，将村民驱散，英军得以解围。

【大意】 这段材料选自三元里抗英斗争参加者林福祥的“三元里打仗日记”，记载了他所亲历的这次斗争的实况。三元里抗英斗争是鸦片战争中广州人民反抗英国侵略军的一次伟大斗争。1841年5月下旬，英军大举进攻广州，占领广州外围炮台，轰击广州城内，清政府官员投降，英军在广州附近奸淫劫掠，甚至挖坟盗墓，激起人民极大义愤。三元里一带民众集会相约，如有英军来犯，各乡联合抗敌。1841年5月30日，英军又来牛栏冈抢劫，联防锣声响起80余乡民众数万人迅速赶到，漫山遍野把英军团团围住。刀斧犁锄，都是兵器；儿童妇女也呐喊助威。此时天色晴朗，忽然阴云四起，至中午，天降雷雨大风，英军火药被浇湿，枪炮不能施放；且三元里周围都是稻田，雨后道路泥泞，英军寸步难行，乡民乘机截杀，杀伤英军200多名。中国兵民战死共20名。当天在四方炮台下的英兵，无一生还。英军头领义律带少数残兵退守四方炮台。时已天黑，乡民暂停进攻。想待天亮再活捉义律。不料英军派人混出重围向广州清官府求救，第二天清晨广州知府余保纯赶到三元里，斥责乡民“多事”，把乡民驱散，遂使义律得以逃脱。本文作者悲愤地说：官府的干预，使人心散了，英国侵略者生还了，一日放走敌人，留下几代的祸患！

三、邓世昌甲午殉难

【原文】 世昌[①]……尝曰：“人谁不死，但愿死得其所耳。”衽席波涛[②]，不避艰苦。……八月十八日辰刻，各兵舰起校升旗，列成人字形。镇远、定远两铁甲大舰为人字之首，靖远、来远、怀远、经远、致远、济远、超勇、扬威、广甲、广丙、及水雷舰六号张人字之两翼。……日舰不及我舰之巨，铁甲亦不及我之厚，而其行军速率，则远过我军。初作一字排，向我军猛扑，转瞬易为太极阵，裹人字阵于其中。鏖战既久，日舰攻入人字阵脚，致远、经远、济远三舰皆被隔于阵外。两军炮声不绝，海波为沸，烟焰障天，眯目几不相见。……世昌管驾致远一舰，御敌最力。两阵甫合，他船在后，世昌独向前猛驶，冲锋直进，开放船首船尾英厂十二吨之大炮，并施放机器格林炮，先后共百余出，击中日舰甚多。乃诸船或已为敌轰伤，或畏避自相撞沉，皆不能勇往协助。日舰以致远独进无复后继，遂以四舰环攻之。世昌勇气弥厉，不自挫馁。而舰身迭受炮伤，活炮台半已损坏，锅炉气筒亦均伤损，继又为日舰所撞，同入波心。世昌乃开足机器，向日舰飞驶而去，誓与俱亡。行将及矣，而舰舱入水已深，遂沉于海。自大副、二副及水手、炮手二百五十余人同殉焉。方世昌堕水，义仆刘相忠同堕，以浮水木梃让与世昌，拒弗纳。复经他舰救出，世昌谓："事已至此，义不独生。"奋身仍投海而殁，年四十！（汪兆镛：《碑传集三编·邓世昌传》）

【注释】 ①世昌：邓世昌（1855—1894），字正卿。清广东番禺人。福州船政学堂首届毕业生。光绪五年（1879）调北洋海军任职，十三年任中军中营副将兼致远舰管带。次年晋总兵。精于海战技术，严于平时训练。光绪二十年甲午海战中，率致远舰战士奋勇抗敌，壮烈牺牲。②衽席波涛：意思是常年在海上，以船为家。衽席，卧席。

【大意】 本段材料介绍甲午海战中邓世昌壮烈殉国的事迹。甲午海战中，邓世昌率领致远舰冲锋在前，用舰载大炮轰击日舰，击中甚多。但其他各舰却或被日舰击伤，或畏避退逃自相撞沉，邓世昌陷入孤军作战的境地。日军以四艘军舰围攻致远舰。邓世昌毫不气馁，勇气更盛。但舰身已受重伤，炮台、锅炉都已损坏，又被日舰所撞，舰舱进水。邓世昌于是命令开足马力，向日舰冲去，誓与日舰同归于尽。可惜在快要撞上日舰时，因舰舱进水已多，致远舰沉入海底，全舰官兵 250 余人全部殉难。邓世昌落水后，随从刘相忠曾把一木棍让给他，邓世昌拒绝了。后他被其他舰救起，邓世昌说，事已至此，我哪能一个人独自生还？奋身投海而死。邓世昌曾说："人谁不死，但愿死得其所耳。"邓世昌壮烈殉国的事迹，体现了他的爱国情操和高尚的人生观。

第三节 秉公去私

本节案语

自古以来，中国有为的政治家就提倡为官当政要立公去私，认为为公还是为私，这“公私之交”是“存亡之本”（商鞅语）。大公无私，成为一个优良传统。这一节的几条材料，石碏为国家利益大义灭亲；子文秉公执法，不私亲故，都表现了无私的精神。蔺相如不以私人意气与廉颇争高下，表现了以大局为重，不以私情害公利的高尚风格。在这些事迹中表现出的大公无私的精神，应该得到提倡和发扬。

一、石碏[①]“大义灭亲”

【原文】 四年[②]春，卫州吁弑[③]桓公而立……

州吁未能和其民，厚[④]问定君于石子[⑤]。石子曰：“王觐为可[⑥]。”曰：“何以得觐?”曰：“陈桓公方有宠于王，陈、卫方睦，若朝陈使请，必可得也。”厚从州吁如[⑦]陈。石碏使告[⑧]于陈曰：“卫国褊[⑨]小，老夫耄[⑩]矣，无能为也。此二人者，实弑寡君，敢即图之[⑪]。”陈人执之，而请莅于卫[⑫]。九月，卫人使右宰丑[⑬]莅杀州吁于濮[⑭]。石碏使其宰[⑮]獳羊肩莅杀石厚于陈。君子[⑯]曰：“石碏，纯臣[⑰]也。恶州吁而厚与[⑱]焉。‘大义灭亲’，其是之谓乎[⑲]!”（《左传·隐公四年》）

【注释】 ①石碏（què 鹊）：春秋时卫国的贤大夫，事庄公，约生活在公元前740年前后。②四年：指鲁隐公四年，公元前719年。③弑：古子杀父或臣杀君称弑。④厚：石碏之子石厚。⑤问定君于石子：向石碏征询稳定君位的办法。石子，即指石碏。子，古对男子之尊称。⑥王觐（jìn 近）为可：即“觐王为可”，只有去朝见周天子，才能取得合法地位，而受到人们的拥戴。觐，古朝见天子叫觐。王，即指周天子。为可，乃可，方可。⑦如：往。⑧使告：派人转告。⑨褊（biǎn 扁）：衣服狭窄口叫褊，此喻国土狭小。⑩耄（mào 冒）：年高八九十曰耄，泛言年迈。⑪敢即图之：冒昧地请求借此机会考虑把他处置了。敢，谦言冒请。⑫请莅（lì 立）于卫：指请卫国派人来陈国处置。莅，临，来到。⑬右宰丑：居右宰之官而名丑的人。⑭濮：春秋陈濮地，在今安徽亳州境。⑮宰：家臣，管家。⑯君子：《左传》常假“君子”之名而对所述人物进行评论。此“君子”实即左丘明自己。⑰纯臣：忠直纯正的臣子。⑱与：参与，连及。⑲大义灭亲，其是之谓乎：意为古语“大义灭亲”，说的就是这种情况吧！

【大意】 隐公四年，卫国的州吁杀了桓公自立为国君，但没有得到百姓的支持和拥护。石碏的儿子石厚支持州吁，去问石碏怎样才能使州吁君位安定。石碏说，只有去朝见周天子，取得合法地位才行。石厚问，怎样才能得以朝见周天子呢。石碏说，现在陈国国君受周天子宠信，卫国与陈国关系很好，如果去陈国求陈国国君帮忙，一定能成。石厚就与州吁一起去了陈国。石碏则派使者到陈国说，卫国很小，我也年迈，无能为力了。这两个人是杀了国君的叛逆，恳请你们帮忙除掉他们。陈国即把两人抓了起来，要卫国派人去处置。于是卫国派了右宰去杀了州吁，石碏派自己的家臣去杀了石厚。人们称赞石碏，说这是大义灭亲的义举。

二、子文执法不私亲

【原文】 楚令尹[①]子文[②]之族有干法[③]者，廷理[④]之，闻其令尹之族也，而释之。子文召廷理而责之曰：“凡立廷理者，将以司[⑤]犯王令，而察触国法也。夫直士[⑥]持法[⑦]，柔而不挠[⑧]，刚而不折。今弃法而背令，而释犯法者，是为理不端[⑨]，怀心不公也。岂吾营私之意也？何廷理之驳[⑩]于法也！吾在上位以率士民[⑪]，士民或怨，而吾不能免之于法。今吾族犯法甚明，而使廷理因缘吾心而释之，是吾不公之心明著于国也；执一国之柄[⑫]而以私闻[⑬]，与吾生不以义，不若吾死也[⑭]。”遂致[⑮]其族人于廷理，曰：“不是刑也[⑯]，吾将死[⑰]！”廷理惧，遂刑其族人。成王[⑱]闻之，不及履[⑲]而至于子文之室，曰：“寡人幼少，置理失其人，以违夫子[⑳]之意。”于是黜廷理而尊子文，使及内政。（刘向：《说苑·至公》）

【注释】 ①楚令尹：楚国的最高行政长官。②子文：春秋前期楚成王时代的著名令尹，也即斗谷於菟（wū tú 乌徒）。他曾因“毁家纾难”之义举而著称于史，同时也因执法无私而为后人所尊敬。③干法：触犯刑律，犯罪。干，犯。④廷理：春秋时楚掌刑律之官，与秦汉以后的廷尉和大理相当。⑤司：主，掌管。⑥直士：公正无私的人。⑦持法：即执法。⑧挠：屈。⑨为理不端：指身为廷理而不主持公道。端，正。⑩驳：乖违。⑪以率士民：率领广大百姓。⑫执一国之柄：掌握国家大权。柄，权柄。⑬以私闻：以有私心闻名于世。⑭与吾生不以义，不若吾死也：使我活着而不讲道义，那还不如死了。⑮致：送达，引致。⑯不是刑也：若不将他们按刑律处置。⑰吾将死：那我将自杀。⑱成王：楚著名君主之一，公元前671至前626年在位。曾与晋争霸而败于城濮，后为其子穆王逼而自杀。⑲不及履：没来得及穿鞋。⑳夫子：古对男性长者的尊称。

【大意】 楚国令尹（最高行政长官）子文的一个亲属犯了法，廷理（负责司法的官员）把他拘捕了，听说他是令尹的亲属，就释放了他。子文知道了，把廷理召来，责备他说："国家所以要设廷理这个官，是为了检察犯罪的人。正直的人执法，柔而不弯曲，刚而不折断。现在你把法令抛在一边，释放了罪犯，这是你做事不正，不是出自公心。这哪里是我要营私舞弊呢？你廷理怎么能这样违背法的要求呢？现在我居于上位，率领百姓，百姓即或有怨恨，我也不能不依法处理。现在我的亲属犯法的事实很清楚，假如廷理你考虑到我的关系，怕我不高兴而把他释放了，那就使全国都清楚看到我的私心了；我掌管一国的大政，却有一个徇私枉法的名声，我的生命违背了义，不如死去。"于是把他的亲属送到廷理那里，说："不给他判刑，我就去死！"廷理害怕了，就给他的亲属判了刑。成王听说了这件事，来不及穿鞋就急忙赶到子文住处，说："我年少，用人不当违背了您的意思。"于是撤了廷理的职，而提升了子文，让他参与内政。

三、相如高义将相和

【原文】 廉颇[①]者，赵[②]之良将也。赵惠文王[③]十六年，廉颇为赵将伐齐[④]，大破之，取阳晋[⑤]，拜为上卿[⑥]，以勇气闻于诸侯。蔺相如[⑦]者，赵人也，为赵宦者令[⑧]缪贤舍人[⑨]。

赵惠文王时，得楚和氏璧[⑩]。秦昭王[⑪]闻之，使人遗[⑫]赵王书，愿以十五城请易璧……遣相如奉璧西入秦。……相如度[⑬]秦王特以诈详[⑭]为予赵城，实不可得。……乃使其从者衣褐[⑮]，怀其璧，从径道亡[⑯]，归璧于赵。……

相如既归，赵王以为贤大夫使[⑰]不辱于诸侯，拜相如为上大夫[⑱]……拜为上卿，位在廉颇之右[⑲]。廉颇曰："我为赵将，有攻城野战之功，而蔺相如徒[⑳]以口舌为劳，而位居我上，且相如素贱人，吾羞，不忍[㉑]为之下。"宣言[㉒]曰："我见相如，必辱之。"相如闻，不肯与会。相如每朝时，常称病，不欲与廉颇争列[㉓]。已而[㉔]相如出，望见廉颇，相如引车避匿。于是舍人相与谏曰："臣所以去亲戚而事君者，徒慕君之高义[25]也。今君与廉颇同列，廉君宣恶言而君畏匿之，恐惧殊甚，且庸人[26]尚羞之，况于将相乎！臣等不肖[27]，请辞去。”蔺相如固止之，曰：“公之视廉将军孰与秦王[28]？”曰：“不若也。”相如曰：“夫以秦王之威，而相如廷叱之[29]，辱其群臣，相如虽驽[30]，独畏廉将军哉？顾吾念之[31]，强秦之所以不敢加兵于赵者，徒以吾两人在也。今两虎共斗，其势不俱生。吾所以为此者，以先国家之急而后私仇也。”廉颇闻之，肉袒负荆[32]，因宾客[33]至蔺相如门谢罪。曰：“鄙贱之人，不知将军宽之至此也！”卒相与欢[34]，为刎颈之交[35]。（《史记》卷八十一《廉颇蔺相如列传》）

【注释】 ①廉颇：战国赵将，因屡立战功，拜为上卿，封信平侯。②赵：在今河北邯郸一带。③赵惠文王：武灵王之子，公元前297至前264年在位。④齐：在今山东淄博市东部一带。⑤阳晋：在今山东郓城县西。⑥上卿：战国时诸侯国的最高官阶。⑦蔺相如：赵贤大夫，因完璧归赵与义让廉颇之事而著称于由，并为后人所传颂。⑧宦者令：掌管宫廷内侍的官名。⑨舍人：战国时，左右近侍皆可称舍人，犹今随从秘书之类。⑩和氏璧：相传为楚巧匠卞和所凿，故名。⑪秦昭王：即秦昭襄王，公元前306至前251年在位。秦当时已很强大，成为赵国西边的主要敌国。⑫遗（wèi卫）：送。⑬度（duó夺）：推测，估计。⑭详（yáng羊）：通“佯”，假装。⑮衣褐：穿着普通百姓那样的粗布短衣。⑯从径道亡：从偏僻小路逃走。⑰使：指奉命出使。⑱上大夫：大夫中的最高官阶。⑲右：古人尚右，以右为上。位在廉颇之右，即言位在廉颇之上。⑳徒：仅仅，只是。㉑不忍：不能忍耐，不甘心。㉒宣言：扬言。㉓列：位次。㉔已而：过了些时。㉕徒慕君之高义：只是由于仰幕您崇高的德操。㉖庸人：平常人，普通人。㉗不肖：谦言才德不逮，没本事，没能耐。㉘公之视廉将军孰与秦王：诸位看来，廉将军与秦王哪一个更厉害可怕？孰与，表示前后比较，哪个更甚。㉙廷叱之：在朝堂上大声喝叱他。此指渑池会上秦王仗势欺赵，相如据理力争事。㉚驽：原指劣马，此喻愚笨无能。㉛顾吾念之：只是我考虑到。顾，只是，不过。㉜肉袒负荆：肉袒，脱去上衣，露出膀臂；负荆，背着荆条，表示愿受责罚。㉝因宾客：通过相如的宾客舍人。㉞卒相与欢：两人终于和好。㉟刎颈之交：同生死共患难的朋友。刎颈，杀头。

【大意】 廉颇，是赵国的良将，因为战功而拜为上卿（当时各诸侯国地位最高的官职），以他的勇敢而闻名于诸侯。蔺相如也是赵国人，原来是宦者令（管理宫廷内侍的官）手下的一个小官。

赵惠文王时，得到了楚国出产的和氏璧。秦昭王听说了，派人送信来说，愿以秦的十五座城换赵国的和氏璧。赵国就派了蔺相如带着和氏璧去秦国。蔺相如料到秦王只是假意表示要给赵国十五城，于是让他的随从穿上粗布衣服，化装成平民，带着和氏璧从小路逃离秦国，把和氏璧完好地带回了赵国。

蔺相如回赵国之后，赵王因为他立了大功，拜他为上大夫，后又拜为上卿，地位在廉颇之上。廉颇说，我做赵国的将军，有攻城野战的大功，而蔺相如只是靠嘴皮子，地位却在我之上，而且蔺相如本来只是个贱人，让我居于他的下面，我感到羞耻，不能忍受。扬言说："我如见到蔺相如，一定要羞辱他。"相如听说了，就不肯与廉颇相会。上朝时，蔺相如常常称病不去，不想与廉颇在朝廷上争位置。后来有一次蔺相如出门，望见廉颇从对面过来，就绕道避开了。蔺相如的随从纷纷向蔺相如提意见，说："我们所以离开自己的亲戚而到您这里来，是仰慕你的高尚品德，现在你与廉颇地位相当，廉颇公开以恶语伤你，你却害怕得很，处处躲避。这样做，连普通人都觉得羞耻，何况你位居将相呢？我们不能理解，请允许我们离去吧。"蔺相如坚决挽留他们说："你看廉将军比秦王怎样？"侍从说："不如秦王。"蔺相如说："像秦王这样有威势，我蔺相如敢于当廷骂他，羞辱了他的群臣，我蔺相如虽然无能，哪里会惧怕廉将军呢？只是我想，秦国之所以不敢来侵犯赵国，只是因为有我与廉将军二人在；现在如果两虎相斗，势必有一个受到伤害。我这样做，是把国家的安危放在首位而把私仇放在第二位呀。"廉颇听到这些话，自己袒露肩背，背负荆条，通过蔺相如手下人的关系到蔺相如家登门请罪，说："我是个鄙陋低贱的人（廉颇表示谦敬的话），没有想到将军你是这样的宽宏大量。"两人终于和好，成了同生死共患难的朋友。

四、韩非子变法利民不避祸

【原文】　堂谿公①谓韩子②曰："臣闻服礼③辞让，全之术④也；修行⑤退智⑥，遂之道⑦也。今先生立法术，设度数，臣窃⑧以为危于身而殆于驱。何以效之？所闻先生术曰：'楚不用吴起⑨而削乱，秦行商君⑩而富强。二子⑪之言已当矣，然而吴起支解⑫而商君车裂⑬者，不逢世遇主⑭之患也。'逢遇不可⑮必也，患祸不可斥⑯也。夫舍⑰乎全遂之道而肆⑱乎危殆之行，窃为先生无取焉。"韩子曰："臣明先生之言矣。夫治天下之柄⑲，齐⑳民萌㉑之度，甚未易处也。然所以废先王之教，而行贱臣之所取者，窃以为立法术，设度数，所以利民萌，便众庶之道也。故不惮[22]乱主[23]暗上之患祸，而必思以齐民萌之资利者，仁智之行也。惮乱主暗上之患祸，而避乎死亡之害，知明夫身而不见民萌之资利者，贪鄙之为也。臣不忍向贪鄙之为，不敢伤仁智之行，先生有幸[24]臣之意，然有大伤臣之实。”（《韩非子·问田》）

【注释】 ①堂谿：地名，位于河南省西耳县西，春秋属楚国。堂谿公，指封于堂谿地区的官。②韩子：即韩非。③服礼：遵从礼教。④全之术：保全自己的方法。⑤行：品行。⑥退智：隐藏才智。⑦遂之道：达到顺遂如意的道路。⑧窃：私下。⑨吴起：早期法家代表人物之一，为楚悼王变法图强，悼王死后，被贵族杀害。⑩商君：商鞅，战国时卫国人，法家著名代表人物，秦孝公重用他变法而取得了重大成就。孝公死，被秦国贵族杀害，⑪二子：指吴起，商鞅。⑫支解：一种分解人的四肢的酷刑。⑬车裂：一种用马车分裂人的身体，又称五马分尸的酷刑。⑭逢世遇主：生逢有为的时代，遇到圣明的君主。⑮必：肯定。⑯斥：排斥。⑰舍：抛弃。⑱肆：肆意，尽力。⑲柄：权柄。⑳齐：整齐，使之齐。㉑民萌：即民氓，指老百姓、民众。㉒惮：畏惧。㉓乱主：昏乱的君主。㉔幸：爱护。

【大意】 堂谿公对韩非子说：“我听说遵从礼法、谦虚退让是保全自身的方法，修养品德和隐藏才智，是成就事业的途径。现在你立法术，设规章，提倡法治，我私下认为，这样将会危害你的自身，毁坏你的躯体。用什么来证明这一点呢？我曾听你讲过，‘楚国没有用吴起的主张，国力因而削弱，社会发生混乱；而秦国实行了商鞅的变法主张，使国家富强。吴起和商鞅二人的主张都是正确的，然而吴起遭受到分裂肢体的酷刑，商鞅也受到了五马分尸的酷刑。这都是因为他们没有碰上好世道和遇到好君主而产生的祸患。’一个人的遭遇是难以预料的，祸患也是难以排除的。可是你放弃保全自身和成就名声的道路不走，反而不顾一切地去干那冒险的事，我私下认为这是不可取的。”韩非说：“我明白你讲的话的意思了。治理天下的权柄，统一民众的方法，是很不容易施行的。然而我之所以要废除古代先王的遗教而实行我所采取的主张，是因为我认为倡导法治是对老百姓有利的。因此，不怕蒙受那遭遇昏乱君主的祸患，坚持考虑用法治给老百姓带来好处，这是仁慈而有智慧的行为。害怕遭受昏乱君主的祸患，逃避死亡的灾害，只知道明哲保身而看不见老百姓的利益，这是贪生怕死的卑鄙的行为。我不忍心选择贪生怕死的卑鄙的行为，不敢损伤仁爱明智的行为。先生你是出于爱护我的心意，实际上却是极大地损害了我。”

五、李离过杀请死

【原文】　李离[1]者，晋文公之理[2]也。过听[3]杀人，自拘当死。文公曰：“官有贵贱，罚有轻重。下吏有过，非子[4]之罪也。”李离曰：“臣居官为长，不与吏让位；受禄为多，不与下分利。今过听杀人，傅其罪下吏[5]，非所闻也。”辞不受令。文公曰：“子则自以为有罪，寡人亦有罪邪?”李离曰：“理有法，失刑[6]则刑，失死[7]则死。公以臣能听微决疑，故使为理。今过听杀人，罪当死。”遂不受令，伏剑而死。（《史记》卷一一九《循吏列传》）

【注释】　①李离：春秋时晋国的法官，因过听杀人刎剑自杀而死。②晋文公之理：晋文公的理官。晋文公，春秋时晋国的君主，“五霸”之一。理，指执掌刑狱的官员。③过听：误听不实之辞。④子：您。⑤傅其罪下吏：将罪过附加在下吏身上。傅，通“附”。⑥失刑：误判刑罪。⑦失死：误判致死。

【大意】　李离是晋文公时的法官，因为误听了不实之辞而杀错了人，自己认为应当判死罪。文公说：“官有贵有贱，罚有轻有重。这是下面的吏有错，不是你的罪。”李离说：“我官位高，不把地位让给下面小吏；我受俸禄高，不把利益分给下面小吏。现在我错听了不实之词杀了人，却把罪名加给下面小吏，没有这样的道理。”辞谢了文公的赦免，没有接受。文公说：“你自己认为有罪，那么我也有罪吗?”李离说：“办案有法，错判刑罚自己受刑，错杀了人自己应受死。你因为我能够细致考察决断疑案，才要我做法官，现在我因为误听而错杀了人，罪当处死。”于是没有按文公的意见做，自杀而死。

第四节　反贪倡廉

本节案语

反贪倡廉，是立公去私的一个重要方面。这一节材料所反映的古人言行，很值得今天借鉴。尤其其中子罕以廉为宝，梁寅以“清、慎、勤”为居官三字符，今天仍有现实意义。

一、子罕以廉为宝

【原文】 宋[①]人有得玉者，献诸[②]司城[③]子罕[④]，子罕不受。献玉者曰："以示玉人[⑤]，玉人以为宝，故敢献之。"子罕曰："我以不贪为宝，尔以玉为宝；若与[⑥]我者，皆丧宝也，不若人有其宝。"故宋国之长者[⑦]曰："子罕非无宝也，所宝者异也。"（刘向：《新序·节士》）

【注释】 ①宋：春秋时宋国，在今河南商丘一带。西周初，周公平武庚之乱后，封纣庶兄微子于此，以继殷祀。战国初，为齐所灭。②诸："之于"二字的合音。③司城：宋官名，即司空，主建筑及车服器械制造。④子罕：即春秋中期宋平公时的贤大夫乐喜。因其曾任司城之职，故也称司城予罕。他曾因出公粟赈饥，贷而不书，得到晋叔向的好评，说他"民之归也，施而不德"。这里所说辞玉的故事，则从另一个侧面反映了他清廉自持的高尚品质。⑤以示玉人：我曾将此玉拿出请玉雕师傅看过。⑥与：予，给。⑦长者：古称有德望的人为长者。

【大意】 宋国有一人得到一块玉，拿来献给司城子罕，子罕不接受。献玉的人说："我把这块玉给玉雕师傅看过，他认为这是一块宝玉，所以我把它拿来献给你。"子罕说："我以廉洁为宝，你以玉为宝；你把玉给了我，我们两人就都丢失了自己宝贵的东西，不如你留着玉，我们两人都能各有自己认为宝贵的东西。"所以宋国的有德之士说："子罕不是没有宝物，而是他所宝贵的东西不同而已。"

二、杨震清廉诫"四知"

【原文】 杨震[①]……迁[②]荆州刺史、东莱太守。当之[③]郡，道经昌邑[④]，故所举荆州茂才[⑤]王密为昌邑令，谒见，至夜怀金十斤以遗震[⑥]。震曰："故人[⑦]知君，君不知故人，何也?"密曰："暮夜无知者。"震曰："天知，神知，我知，子知[⑧]。何谓无知?"密愧而出。（《后汉书》卷五十四《杨震传》）

【注释】 ①杨震（? —124）：东汉弘农华阴（今属陕西）人。年少时好学，博览群经，当时称为"关西孔子"。为官清廉，勤政为民，是东汉有名的廉吏。官至荆州刺史、司徒、太尉等职。②迁：升任。③之：往。④昌邑：在今山东金乡县。⑤茂才：即秀才。东汉时为避光武帝刘秀名讳，改秀才为茂才。⑥怀金十斤以遗震：携带十斤铜币去送给杨震。金，在此指货币。⑦故人：古人对门生、故吏说话时的自称。

⑧子知：您知。子：古时对男子的尊称。

【大意】　杨震升任荆州刺史、东莱太守，上任时路过昌邑（今山东金乡县）。当时昌邑的县令是过去杨震主考时录取的秀才王密。晚上，王密来见杨震，带了许多钱币送给他。杨震说："我了解你，你怎么不了解我了？"（意思是说，你怎么也不了解我从来是反对行贿受贿的？）王密说："现在是深夜，没人知晓。"杨震说："天知，神知，你知，我知，怎么能说无人知晓呢？"王密只好羞愧地退出了。

三、顾协耿介尚志操

【原文】　协[①]少清介[②]，有志操，初为廷尉正[③]，冬服单薄，寺卿蔡法度欲解襦[④]与之，惮其清严，不敢发口，谓人曰："我愿解身上襦与顾郎，顾郎难衣食[⑤]者。"竟不敢以遗[⑥]之。及为舍人，同官者皆润屋[⑦]，协在省[⑧]十六载，器服饮食不改于常。有门生始来事协，知其廉洁，不敢厚饷，止送钱二千[⑨]。协发怒，杖二十。因此事者绝于馈遗。（《南史》卷六十二《顾协传》）

【注释】　①协：顾协，南朝宋人，晋司空顾和的后代，与沈约同时。②少清介：少年时期就清正耿介。③廷尉正：当时掌刑罚的一种官名。④襦：短袄。⑤难衣食：衣食供给有困难。⑥遗（wèi 魏）：赠送。⑦润屋：使屋室华美阔绰。⑧省：这里指中书省，魏晋南北朝时为掌管机要、发布政令的官署。⑨钱二千：即钱两贯，古千钱为贯。

【大意】　顾协从小就清正耿直，有道德操守，开始做廷尉正时，冬衣很单薄，寺卿（官名）蔡法度想把自己的短棉袄送他，却因知道他清正严格，不敢开口，只对旁人说："顾郎衣食都有困难，我愿意把我身上的短袄脱下送他"，竟终于没敢送给他。到后来顾协当了舍人，一起为官的人都纷纷修建华美的住房，而顾协在中书省十六年，所用器具衣物和饮食都与原来一样没有改变。有一门生到他这里来工作，知道他廉洁，不敢送厚礼，只送了二千文钱。顾协发怒，责罚了他二十大板，从此到顾协处工作的人再没有送礼的了。

四、裴侠清慎天下最

【原文】　裴侠[①]……除[②]河北郡守。侠躬履俭素，爱民如子，所食唯菽麦盐菜而已。吏民莫不怀之。此郡旧制，有渔猎夫三十人以供郡守。侠曰："以口腹役人，吾所不为也。"乃悉罢之。又有丁[③]三十人，供郡守役使。侠亦不以入私，并收庸直[④]，为官市马，岁月既积，马遂成群。去职之日，一无所取。……侠尝与诸牧守俱谒太祖[5]，太祖命侠别立，谓诸牧守曰："裴侠清慎奉公，为天下之最，今众中有如侠者，可与之俱立。"众皆默然，无敢应者。（《周书》卷三十五《裴侠传》）

【注释】 ①裴侠：北周名臣。字嵩和。河东解（今属山西）人。清慎奉公，独立不倚。官至河北郡守。②除：任命。③丁：成年男子。④庸直：佣工的劳酬。庸，通"佣"；直，价格。⑤太祖：北周开国皇帝宇文觉之父宇文泰。

【大意】 裴侠任河北郡守，自奉俭朴，平日所吃，只是豆、麦和咸菜。官吏和百姓无不称道他。这里原有制度，有渔夫猎人三十人专为郡守捕鱼打猎。裴侠说："为满足自己食欲而让别人为我服役，是我所不愿做的。"把这三十人全免去了。又规定有三十名壮年男子专供郡守役使。裴侠也不要他们为自己干活，而把他们劳动的报酬拿来为官府买马。时间久了，马也成群了。到裴侠离任的时候，他分文不取。裴侠曾与其他地方官一起见皇帝，皇帝叫裴侠单独站在一边，对其他地方官说："裴侠清廉谨慎，一心为公，天下第一，你们众人中有能像裴侠那样的，可以过去与他站在一起。"大家都默默站着，没有一个人敢站过去。

五、梁寅诫官三字符

【原文】 寅又称石门先生。邻邑子初人官，诣[1]寅请教。寅曰："清、慎、勤，居官三字符也。"其人问天德王道之要[2]，寅微笑曰："言忠信，行笃敬，天德也；不伤财，不害民，王道也。"其人退曰："梁子所言，平平耳。"后以不检败，语人曰："吾不敢再见石门先生。"（《明史》卷一七〇《梁寅传》）

【注释】 ①诣：前往，到达。②要：精要，精髓。

【大意】 梁寅又称石门先生。邻县有年轻人刚开始当官，到梁寅处请教。梁寅说："清（廉）、（谨）慎、勤（勉），这就是做官的三字符。"那人又问天德王道的精要是什么。梁寅微笑着说："言语要忠诚老实，行为要忠厚严肃，这就是天德；不毁伤财物，不残害百姓，这就是王道。"那人回去以后说："梁先生所说，只是些很平常的老生常谈而已。"后来此人行为不检点犯了错误罢了官，对别人说："我不敢再去见石门先生。"

第五节　持正不阿

本节案语

持正不阿表现了独立的人格精神。这一节的材料，有两种情况。一是守死善道，惟义是从。鉏麑为不陷于不忠不义而触槐而死，齐太史为坚持正义而冒死直书，表现出他们把道义看得高于一切，不拿道义做交易。二是不阿权贵。任延的事迹，表现了不苟且，不逢迎，不趋炎附势的独立风骨。

一、鉏麑持正违君命

【原文】　晋灵公①不君②……宣子③骤谏④，公患⑤之，使鉏麑⑥贼⑦之。晨往，寝门辟⑧矣，盛服将朝。尚早，坐而假寐⑨。麑退，叹而言曰："不忘恭敬，民之主也。贼民之主，不忠；弃君之命，不信；有一于此，不如死也。"触槐而死。（《左传·宣公二年》）

【注释】　①晋灵公：春秋时晋国的君主夷皋，晋襄公之子，公元前620至前607年在位。②不君：身居君位而不行君道，即指荒淫无道。③宣子：晋正卿赵盾的谥号，赵衰之子。赵衰死后，执掌国政，孔子称其为贤大夫。④骤谏：屡次规劝。有说"骤谏"为疾谏，切谏。⑤患：疾恶，厌烦。⑥鉏麑（chú ní 锄尼）：晋国的大力士。⑦贼：指贼杀，暗杀。⑧辟：打开。⑨假寐（mèi 妹）：不解衣冠而小睡。

【大意】　晋灵公违背为君之道，赵盾多次批评他，晋灵公很恼火，派鉏麑去杀他。清晨，鉏麑来到赵盾家，见到房门已经开了，赵盾穿得整整齐齐准备上朝。时间还早，就坐在那里闭目养神。鉏麑退了出来，叹口气说："他在家里等着上朝都这样恭恭敬敬，真是百姓的主人呀。我如杀了百姓的主人，这是不忠；可是如果我不执行国君的命令，这是不信；不忠不信，我只要有这二者中的一种，还不如死。"于是在门前的槐树上撞死了。

二、齐太史冒死直书

【原文】　齐崔杼弑其君光①……大史书曰："崔杼弑其君。"崔子杀之。其弟嗣②书，而死者二人③。其弟又书，乃舍④之。南史氏闻大史

尽死[5]，执简以往[6]。闻既书矣，乃还。（《左传·襄公二十五年》）

【注释】 ①齐崔抒弑其君光：齐庄公无道，与崔杼妻私通，崔杼杀之。光，庄公名。②嗣：继，接着。③二人：指太史之弟皆如此续书，因而死者又二人。④舍：释而不问，置之不理。⑤闻大史尽死：听说太史兄弟都被杀死了。⑥执简以往：谓其仍书“崔杼弑其君”于简，执之前往。简，用竹木制成的简册，用以书写。

【大意】 齐国的崔杼杀了他的国君齐庄公。史官记载说：“崔杼弑其君。”崔杼就把他杀了。史官的弟弟还是继续这样写，因此而被杀的又有二人。他们的弟弟又继续这样写，崔杼终于没有再过问。另一史官南史听说齐国的史官都被杀了，就书写了“崔杼弑其君”的竹简赶往齐国。途中听说已经这样写了，这才回去。

三、任延为官不阿上

【原文】 任延[1]……拜[2]武威[3]太守，帝[4]亲见，戒之曰：“善事上官，无失名誉。”延对曰：“臣闻‘忠臣不私，私臣不忠’。履正奉公，臣子之节。上下雷同[5]，非陛下之福。‘善事上官’，臣不敢奉诏。”帝叹息曰：“卿言是也！”（《后汉书》卷七十六《任延传》）

【注释】 ①任延：东汉初期名吏。字长孙，南阳宛（今河南南阳）人。曾任武威、颍川与河内太守。②拜：授官，封爵。③武威：郡名，当时治所在今甘肃武威市内。④帝：指东汉光武帝刘秀。⑤雷同：雷鸣天上，万物同应，引申为随声附和。指下级对上司一味奉承而造成的表面一致现象。

【大意】 任延被任命为武威太守，皇帝亲自召见他，告诫他说：“要好好地侍奉上级官员，不要丧失名誉。”任延回答说：“我听说忠臣不私，私臣不忠。正直奉公是臣子的节操。随声附和，一味奉承上级，对国家不利，不是陛下之福。陛下要我‘好好地侍奉上级’，我不敢接受这个诏令。”皇帝叹息说：“你说得对呀！”

第六节　坚守气节

本节案语

文天祥曾作《正气歌》，歌颂历史上先贤们坚守气节所表现的浩然正气。本节的材料，只是这方面内容的一小部分。但这些材料中所表现出来的，却是中华民族的民族魂。为维护人格尊严、民族尊严，贫贱不移，威武不屈，百折不挠，这是中华民族历经磨难而能屹立于世界民族之林的最重要的精神支柱。

一、宁饿死齐贫士不吃“嗟来食”

【原文】　齐大饥[①]，黔敖为食于路[②]，以待饿者而食之。有饿者蒙袂[③]接履[④]，贸贸然[⑤]来。黔敖左奉[⑥]食，右执饮曰：“嗟[⑦]！来食！”饿者扬其目而视之，曰：“予唯不食嗟来之食[⑧]，以至于此也。”从而谢[⑨]焉。终不食而死。（刘向：《新序·节士》）

【注释】　①齐大饥：齐国闹饥荒。齐，在今山东东部，建都营丘，后称临淄（今山东淄博东北）。②黔敖为食于路：黔敖在路上准备了食物。黔敖，人名，史书未详。③蒙袂（mèi 妹）：用衣袖掩面。袂，衣袖。④接履：拖拉着鞋。接，“辑”的借字。⑤贸贸然：谓因饥饿而目光暗淡的样子。⑥奉：通“捧”。⑦嗟：吆喝声，犹“喂”。⑧嗟来之食：指带有侮辱性的施舍。⑨谢：道歉，认错。

【大意】　齐国发生大灾荒，黔敖在路边准备了食物，准备给饥民吃。有一个饥民，用衣袖遮着脸，拖拉着鞋，目光暗淡，无力地走来。黔敖左手拿着饭，右手拿着汤，说：“喂，来吃吧！”那饥民抬起眼睛看着黔敖说：“我正因为不吃嗟来之食，才饿成这个样子。”黔敖于是向这个饥民认错。这位饥民终因没有吃而饿死了。

二、易甲誓不附逆

【原文】　楚太子建[①]有子曰胜，在外[②]。……胜怨楚逐其父，将弑惠王[③]及子西。欲得易甲[④]，陈士勒兵以示易甲曰：“与[⑤]我，无患不富贵；不吾与，则此是矣[⑥]！”易甲笑曰：“尝言吾义矣，吾子忘之乎？立得天下，不义，吾不取也；威吾以兵，不义，吾不从也。今子将弑子之君，而使我从子，非吾前义也。子虽告我以利，威我以兵，吾不忍为也。子行子之威，则吾亦得明吾义也。……”拱而待兵，颜色不变也。（据刘向：《新序·义勇》）

【注释】　①楚太子建：楚平王的太子名建。②在外：太子建奔郑，郑人杀之，子胜乃奔吴，为巢大夫。③子西：平王庶弟，时为令尹。④易甲：不见史传，从文中有“尝言吾义矣，吾子忘之乎”之言来看，当是楚大夫而兼白公的相傅。⑤与：亲附。⑥则此是矣：指将以兵击之。

【大意】 楚太子建有一子名胜，因其父被楚国放逐并被郑国所杀，胜于是来到吴国为巢大夫。胜怨恨楚国放逐他父亲，计划杀死楚惠王和惠王的叔父子西。想得到易甲帮助，就派了武装士兵列队易甲面前，对易甲说："你如跟我走，不愁没有富贵；如不跟我，那就看这个（指以武力对待）了！"易甲笑着说："我曾向你说过我的原则，你忘了吗？不费力气马上可以得到天下，如果不合于道义，我不要；用武力威胁我，如果不合于道义，我不会屈从。现在你要杀你的国君，要我跟你走，这不合我的原则。你虽然告诉我有利可图，又用武力威胁我，我还是不能照你的意思做。你可以逞你的威风，我也可以表明我的原则。"说罢，拱手站在那里等着他们动手，面不改色。

三、杖汉节苏武牧羊

【原文】 天汉①元年，且鞮侯单于②初立，恐汉袭之，尽归汉使路充国等。武帝遣武以中郎将③使持节④送匈奴留在汉者，因厚赂单于，答其善意。武与张胜及常惠等百余人俱。既至匈奴，置币遗⑤单于。单于益骄，非汉所望也。……单于使卫律⑥召武受辞，武谓惠等："屈节辱命，虽生，何面目以归汉！"引佩刀自刺。卫律惊，自抱持武，驰召医。凿地为坎，置煴火⑦，覆武其上，蹈其背以出血。武气绝，半日复息。惠等哭，舆归营⑧。单于壮其节，朝夕遣人候问武，而收系张胜。武益愈，单于使使晓武⑨。……律知武终不可胁，白单于。单于愈益欲降之，乃幽武置大窖中，绝不饮食⑩。天雨雪，武卧啮雪与旃毛⑪并咽之，数日不死，匈奴以为神。乃徙武北海⑫上无人处，使牧羝，羝乳乃得归⑬。别其官属常惠等，各置他所。武既至海上，廪食不至，掘野鼠去⑭草实而食之。杖汉节牧羊⑮，卧起操持，节旄尽落⑯。……武留匈奴凡十九岁，始以强壮出，及还，须发尽白。（据《汉书》卷五十四《苏武传》）

【注释】 ①天汉：汉武帝年号（前100—前97）。②且鞮（jū dī 居低）侯单于：匈奴首领，天汉元年即位。③中郎将：官名，西汉时统领皇帝侍卫的官员。后特设使匈奴中郎将。④节：符节，古时使臣执以示信之物。多为竹制，上饰牦牛尾饰物，称节旄（máo 毛）。⑤遗（wèi 卫）：赠予。⑥卫律：人名，出使匈奴，后降匈奴。⑦煴（yùn 晕）火：无焰的微火。⑧惠等哭，舆归营：常惠等哭着将其抬回营帐。⑨使使晓武：派使者劝苏武投降。晓：晓谕。⑩绝不饮食：断绝供应粮食。⑪啮（niè 聂）雪与旃毛：啮，咬。旃，毡。⑫北海：今贝加尔湖。⑬羝（dī

低）乳乃得归：羝，公羊。羝乳乃得归，意思是说需等到公羊生仔才放苏武归。⑭去（jǔ 矩）：藏。⑮杖汉节牧羊：拄着汉朝符节牧羊。⑯节旄尽落：节上的饰旄都脱落了。

【大意】 天汉元年，匈奴首领且鞮（jū dī 居低）侯单于即位，怕汉袭击他，归还了以前匈奴扣留的汉的使节路充国等人。武帝为回答他的善意，派苏武以中郎将的身份送留在汉的匈奴人回去，同时给单于送去厚礼。苏武与张胜、常惠等一共一百多人一同前往。到匈奴后，把钱币拿出来送给单于。单于更加骄横，完全不是汉所希望的那样。单于又派卫律来召苏武去听命。苏武对常惠等人说："如果丧失气节，不能完成使命，虽然可以活命，还有何面目回汉！"说着拔出佩刀自刺。卫律大惊，亲自抱着苏武跑去找医生，在地上挖一土坎，下面放置微火，让苏武伏在上面，踩他的背让他出血，苏武昏死，半天才苏醒。常惠等哭着把他抬回营帐。单于佩服苏武的气节，早晚都派人去问候苏武，而把张胜关了起来。苏武渐渐痊愈，单于派人来劝苏武投降。卫律知道苏武不会动摇，报告了单于。单于听后更想收降苏武，于是把他幽禁在一个大地窖中，不给他吃喝。正好天降雨雪，苏武就啃毡毛和着雪一起咽下去，几天竟没有死。匈奴以为很神奇。于是把苏武迁到北海（今贝加尔湖）没有人居住的地方，让他放牧公羊，说要等公羊生仔才能回来。苏武带去的属官常惠等都分别安置在不同的地方。苏武到了北海，没有人给他送食物，他就挖野鼠窝里藏的草籽充饥。每天拄着汉的节杖放牧，不论白天黑夜，睡觉还是起床，都不离手，节杖上的毛都脱落了。他留在匈奴一共十九年，去时还是壮年，回汉时，已经须发皆白了。

四、文天祥慷慨就义

【原文】 元张弘范①兵济②潮阳，天祥③方饭五坡岭，弘范兵突至，众不及战，天祥仓皇出走，千户王惟义执之。天祥吞脑子④，不死。至潮阳，见弘范，左右强之拜，天祥不屈，弘范释其缚，以客礼见之。天祥固请死，弘范不许，与俱入厓山⑤，使为书招张世杰⑥。天祥遂书所过零丁洋⑦诗与之。其末云："人生自古谁无死，留取丹心照汗青⑧！"弘范笑而置之。厓山破，元军置酒大会，弘范曰："国亡，丞相忠孝尽矣，能以事宋者事元，将不失为宰相也。"天祥涕泣曰："国亡不能救，死有罪，肯逃其死而二其心乎？"弘范义之，遣使归之京师⑨。道经吉州，不食八日，犹生，乃复食。

十月，至京师，馆人供帐甚盛，天祥不寝处，坐达旦⑩。丞相⑪博啰见之于枢密院[12]，天祥不屈，仰首言曰："天下事有兴有废，自古帝王将相，灭亡诛戮，何代无之，天祥今日忠于宋氏，以至于此，愿早求死。"博啰曰："汝立二王[13]何济干事。"天祥曰："国家不幸丧亡，吾立君以存社稷，存一日则尽臣子一日之责。人臣事君，如子事父母，父母有疾，虽甚不可为，岂有不下药之理？尽吾心焉不可为，则天命也。今日天祥有死而已，何必多言！"博啰怒，囚之。天祥于狱中作《正气歌》以见志。至元十九年，有闽僧言土星犯帝座，疑有变。未几，中山有狂人自称宋主，有兵千人，欲取文丞相。世祖召天祥谓之曰："汝何愿？"天祥曰："天祥受宋恩，为宰相，安事二姓？愿赐一死足矣。"世祖犹未忍，遽麾之退。言者力赞从天祥之请，从之。俄有诏止之，天祥死矣。天祥临刑殊从容，谓吏卒曰："吾事毕矣。"南向拜而死，年四十七。其衣带中有赞曰："孔曰成仁。孟曰取义，惟其义尽，所以仁至。读圣贤书，所学何事，而今而后，庶几无愧。"（据朱轼：《历代名臣传·文天祥》）

【注释】 ①张弘范（1238—1280）：元大将，字仲畴。涿州定兴（今属河北）人。至元十五年（1278）任蒙古汉军都元帅，俘文天祥于五坡岭（今广东海丰北）。次年于厓山击败张世杰所统水军。②济：救助。③天祥：文天祥（1236—1283），南宋大臣。字履善，一字宋瑞，号文山。吉州吉水（今属江西）人。宝祐四年（1256）进士。元军占临安后，南下福建、广东坚持抗元，景炎三年（1278）被俘。元朝统治者极力威胁利诱，天祥坚贞不屈，遂被害。④脑子：一种药物，有毒。⑤厓（yá 牙，旧读 yán 岩）山：在广东新会南。⑥张世杰（？—1279）：南宋末将领。元军下临安，他与文天祥、陆秀夫等立赵昰为帝，在福建、广州抗元。景炎三年（1278）赵昰死，又立赵昺为帝，任枢密副使，与元将张弘范在海上决战，兵败突围，遇台风，舟覆溺死。⑦零丁洋：一作伶丁洋。在今广东珠江口外。⑧文天祥《过零丁洋》诗为："辛苦遭逢起一经，干戈寥落四周星。山河破碎风飘絮，身世浮沉雨打萍。惶恐滩头说惶恐，零丁洋里叹零丁。人生自古谁无死，留取丹心照汗青。"汗青，喻比史册。古代字写在竹简上，为防霉腐，须先将竹简烤干，故云。⑨京师：指元朝京师大都北京。⑩不寝处，坐达旦：不睡觉，坐到天亮。⑪丞相：元朝丞相。⑫枢密院：官署名。主要掌管军事、边防。⑬二王：指赵㬎的兄弟赵昰和赵昺。恭帝降金后，先后被拥立。

【大意】 元将张弘范进军潮阳，文天祥正在五坡岭吃饭，元军突至，将士来不及作战，文天祥仓皇出走，被千户（官名）王惟义所捉。文天祥吞毒药，没有死。到潮阳见弘范，元人强迫天祥跪拜，天祥坚不屈膝，弘范为他松了绑，以接待宾客的礼节与他相见。天祥坚决请求一死，弘范不许，与他一起进厓山，要他写信招降张世杰。天祥就写了《过零丁洋》这首诗给弘范，诗的末句是“人生自古谁无死，留取丹心照汗青！”弘范一笑置之。攻破厓山之后，元军摆酒庆功，弘范说：“国家已亡，你已尽了忠孝，能以你效忠于宋的精神为元效力，你将可以当宰相。”天祥哭着说：“国亡而我不能救，有罪应当死，我能逃避死罪而改变对国家的忠心吗?”弘范赞赏他的忠心，派人把他送回京师。途中经过吉州，天祥绝食八天，没有死，又恢复进食。

十月，到达京师。给他准备的住处很舒适，天祥不睡，坐着直到天亮。元丞相博啰在枢密院见他，天祥不跪，仰着头说：“国家总是有兴有废，自古的帝王将相，灭亡之后遭杀戮，哪一个朝代没有？我文天祥忠于宋而落到今天这样处境，愿求早日一死。”博啰说：“你立二王抗元，有什么用?”天祥说：“国家不幸亡了，我另立国君以保存社稷，存在一天就是我尽一天臣子的责任。臣子事奉国君，就像子女事奉父母；父母有重病，虽已无法救治，岂有不用药的道理？尽了我心而还无法挽救，则是天命决定的了。今天我文天祥只有一死而已，何必多说?”博啰发怒，把文天祥囚禁起来。文天祥在狱中写了《正气歌》以表明自己的心志。至元十九年，福建有僧人说土星侵犯帝座，可能有变乱。不久，中山有一狂人自称宋天子，有兵一千人，想要找回文丞相（指文天祥）。元世祖把文天祥召来问他：“你有什么愿望?”天祥说：“天祥受宋的恩惠，当宰相，怎么能再为别人效力？只愿赐我一死就满足了。”世祖没有下决心，让他退下。周围的人都劝世祖接受文天祥的请求处死文天祥，世祖同意了。不久世祖又下诏停止执行，可是文天祥已死。天祥临刑时很从容，对吏卒说，“我的事做完了”，向南遥拜而死，终年四十七岁。他衣带中有他写的一段话：“孔子说杀身成仁，孟子说舍生取义；惟其事事能依义而行，也就能达到仁。读圣贤的书，所学的就是这个。从今而后，差不多可以无愧于心了。”

五、史可法[①]舍身取义

【原文】　满兵环薄[②]城下，豫王[③]遣降将李遇春等，捧令旨至城下说可法降。可法痛骂，令总兵史得威答言，数以负天朝厚恩，并坚守不屈之意。豫王又令乡约[④]捧令旨至濠边，可法骂曰：“吾为朝廷首辅[⑤]，岂肯反面事人！”遂缒[⑥]健卒二人，投令旨并乡约于水中，降将李遇春等遁去。豫王又以书来，可法复书，责以背约[⑦]，不屈如故。十七日，又接豫王书数次，皆不启封，置之火。答语益厉。满兵攻城亦益急。……二十五日豫王身督劲兵攻城，西北角忽崩，时矢石如雨，城下尸骸山积，清兵藉以登城，蜂拥蚁集。可法知大事已去，乃与得威诀别，持刀自刎。参将张友福极抱持之，血溅衣，未绝。复引⑧颈令得威刃之，威不忍加。张友福同数十人，拥可法下城欲避。可法大骂不止。随拥至小东门，满兵追急，友福等死于乱箭，可法问得威前驱谓谁，得威以豫王答。可法拊膺⑨曰："吾得骂贼死足矣。"遂大呼云："史某在此！"满兵惊愕，遂为张鹰执赴南城楼上。豫王相待如宾，口呼先生，曰："前令人再三拜请，俱蒙叱回，今忠节已成，先生为我收拾江南，当不惜重任也。"可法怒曰："吾为天朝大臣，岂肯苟且偷生，做万世罪人？吾头可断，身不可屈，愿速死从先帝于地下。"词色甚厉，骂不绝口。豫王乃曰："吾书请数次，皆为诟厉⑩，今城破被执，又复如此。既为忠臣，当杀之以全其名。"可法厉声曰："城亡与亡，我意已决，即碎尸万段，甘之如饴⑪，但扬城百万生灵，既属于尔，当示以宽，万不可杀。"遂慨然受命于南城楼上。（据钱肃润：《甲申纪事·南忠纪》）

【注释】 ①史可法（1602—1645）：字宪之，号道邻。河南祥符（今开封）人。明末大臣。崇祯进士。官至南京兵部尚书。1644年李自成灭明朝，他在南京拥立福王（弘光帝），加东阁大学士，入阁参政。后以督师名守扬州，在清兵围困下艰苦抗战，最终城破被俘，宁死不屈，从容就义。清兵破城后在全城进行了十天屠杀，史称"扬州十日"。②薄：迫近。③豫王：即清豫亲王多铎。④乡约：奉官命在乡里管事的人。⑤首辅：即首揆。明代对首席大学士的习称。⑥缒（zhuì坠）：将人或物系在绳子上放下去。⑦背约：违背协约。当初清兵入关曾声称帮助明朝消灭李自成，事毕即返。后长驱直入占领中原。故史可法以背约斥之。⑧引：伸。⑨拊膺：拍胸。⑩诟厉：辱骂。⑪甘之如饴（yí）：觉得它甜如糖浆。比喻甘心情愿受苦或就死。

【大意】 （史可法守扬州）十五日，满兵从四面逼近城下，豫亲王多铎派降将李遇春等人捧着令旨到城下劝说史可法投降。史可法痛骂，令总兵史得威作回答，责备李遇春等背叛明朝，并表示坚守不屈之意。多铎又派乡里管事的人捧着令旨到护城壕边，史可法骂道："我是朝廷首席大学士，岂肯背叛而去事奉别人！"当即从城上用绳子放下两名兵卒，把乡里来的人和多铎的令旨一起抛到了水中，李遇春等也逃了回去。多铎又几次来信，史可法回信谴责清兵违背入关前的约定，进犯中原，仍然坚持不屈。以后又接多铎来信几次，都不拆封就烧了，复信的语言更加激烈。清兵攻城也更急。至二十五日，多铎亲自督率精兵攻城，城西北角崩塌，当时矢石如雨，城下清兵尸体堆积如山，清兵踏着尸体登城，蜂拥而进。史可法知道大事已去，就与史得威诀别，拿起刀自刎。参将张友福赶紧抱住他，血溅满了衣衫，但没有死。史可法又伸长脖子要史得威杀他，史得威不忍心下手。张友福等几十人护着史可法下城躲避，史可法大骂不止。到小东门，清兵追得急，张友福等死于乱箭。史可法问清兵在前的是谁，史得威告说是多铎。史可法拍着胸说，“我能当面骂贼人而死，也可满足了。”于是大喊“史某在这里!”令清兵大惊，于是被张鹰抓到南城楼上。多铎像对待宾客那样称呼史可法为“先生”，说：“前些日子派人再三请先生，都被你骂回，现在你已尽到了你的忠节，先生你如为我来收拾江南，我会不惜给你重任的。”史可法发怒说：“我是天朝大臣，岂肯苟且偷生，做万世罪人。我头可断，身不可屈，愿快些死去追随先帝于地下。”声色俱厉，骂不绝口。多铎于是说：“我写信请你多次，都被你辱骂，现在已经城破被俘，又还如此，既然你是忠臣，我就杀了你以成全你的名誉。”史可法厉声说：“城亡我也亡，我决心已定，即使碎尸万段，我也甘心情愿，但扬州城百万百姓，既已属于你，你应宽待他们，万万不可杀戮。”于是慷慨就义于南城楼上。

第七节　艰苦奋斗

本节案语

这一节，我们从古代神话传说中选录了最具代表性的两条材料，以反映中华民族勤劳勇敢、艰苦奋斗的民族精神。中华民族正是依靠这种精神，排除万难，开发了广袤的国土，创造了灿烂的中华文明。今天我们要建设社会主义现代化强国，仍然要依靠这种精神。

一、大禹帝劳身焦思平水土

【原文】　禹①者，黄帝之玄孙而帝颛顼②之孙也。……当帝尧之时，鸿水③滔天，浩浩怀山襄陵④，下民其⑤忧。……尧崩⑥，帝舜……命禹：“女平水土⑦，维是勉之⑧。”……

禹乃遂与益⑨、后稷奉帝命，命诸侯百姓兴人徒⑩以傅土⑪，行山表木[12]，定高山大川。[13]禹伤先人父鲧[14]功之不成受诛，乃劳身焦思，居外十三年，过家门不敢入。薄衣食，致孝于鬼神。卑宫室，致费于沟淢[15]。陆行乘车，水行乘船，泥行乘橇[16]，山行乘檋[17]。左准绳[18]，右规矩[19]，载四时[20]，以开九州[21]，通九道[22]，陂[23]九泽[24]，度九山[25]。（《史记》卷二《夏本纪》）

【注释】 ①禹：我国古代传说中的“五帝”之一，夏代的始祖。据史载，他受封为夏伯，为舜的大臣，住在阳翟（今河南禹州市）。因治水有功，舜将帝位传给他，建都于安邑（在今山西夏县），后南巡死于会稽（今浙江绍兴）。②颛顼（zhuān xū 专须）：此处说是禹的祖父。③鸿水：洪水。鸿，同“洪”，浩大的样子。④怀山襄陵：言水势汹涌猛涨，包围山冈，淹没丘陵。怀，包。襄，上。陵，丘陵。⑤其：助词，无义。⑥崩：古帝王死亡叫“崩”。⑦女平水土：女，通“汝”，你。平水土，即指治水。⑧维是勉之：望你勉力做好这件事。维，同“唯”。⑨益：即伯益，传说为东夷族的首领，辅佐禹治水，后禹让位给他，他不受，禹于是传位于启。⑩兴人徒：发动劳工服役。⑪傅土：施工动土。傅，通“敷”，施。⑫行山表木：巡视山林，并立木为表以作标记。⑬定高山大川：测定高山和大河的位置。⑭鲧（gǔn 滚）：禹的父亲。受舜命治水，因失败而被杀。⑮淢（xù 旭）：通“洫”，水渠。⑯橇（qiāo 敲）：泥船。⑰檋（jú 菊）：登山用具。⑱左准绳：左手拿着测量水平的线绳。⑲右规矩：右手拿着圆规和方尺。⑳载四时：指携带测量四时的仪器。㉑九州：古九州为冀、兖、青、徐、扬、荆、豫、梁、雍，传说皆为大禹所开。㉒九道：通往九州的道路，或指九州的河道。㉓陂（bēi 杯）：堤岸。此处用作动词，指修筑堤岸。㉔九泽：古九州沼泽。㉕九山：九州的名山。

【原文】 墨子称道曰：“昔者禹之湮[1]洪水，决江河而通四夷九州也，名山三百，支川三千，小者无数，禹亲自操橐[2]耜[3]而九杂[4]天下之川，腓[5]无胈[6]，胫[7]无毛，沐甚雨，栉[8]疾风，置万国。禹，大圣也，而形劳天下也如此。”（《庄子·天下》）

【注释】 ①湮（yān 烟）：阻塞。②橐（tuó 鸵）：盛土的器物。③耜（sī 饲）：古代翻土的工具。④杂：通“匝”，循环一周。⑤腓（féi 肥）：小腿肚子。⑥胈（bá 拔）：白肉。⑦胫（jìng）：脚胫，自膝至脚跟部分。⑧栉（zhì 质，旧读 jié 节）：梳头发。栉疾风是以风梳头的意思。

【大意】 尧的时候，洪水滔天，浩浩荡荡，包围山冈，淹没丘陵，百姓极其忧苦。尧去世以后，舜接天子位。舜对禹说：“你去治水，希望你勉力做好这件事。”于是禹就与益、后稷一起，命各族首领发动劳役动土施工，实际考察各地山脉，树立木桩作为标记，测定高山大川的地形。禹记着父亲鲧因治水不成而被杀的教训，所以殚思竭虑，付出了全部精力去治水，在外十三年，路过家门也不敢回去看一眼；他节衣缩食，把节余下的财物用来孝敬鬼神；住简陋的屋子，把节余的财物用于开渠治水。走陆路坐车，走水路乘船，走泥路乘橇，走山路乘檋（jú菊，登山用具）。左手握着测量用的线绳，右手拿着直尺和圆规，带着测量四时的器具，设置了九州，疏通了河道，修筑了湖泊的堤岸，测量了山川的地形。

墨子称道说：“古时禹堵塞洪水，疏导江河而沟通四夷九州，名川三百，支流三千，小溪无数。禹亲自拿着盛土和翻土的工具多次走遍了天下的河流，直到腿肚子没有了肉，小腿上没有了毛；他以大雨洗澡，以急风梳头，设置了万国。禹，是大圣人，而为了天下，如此地劳苦。”

二、愚公移山感上帝

【原文】 太行、王屋二山①，方七百里，高万仞②，本在冀州之南、河阳之北③。北山愚公者，年且④九十，面山而居，惩山北之塞⑤，出入之迂⑥也，聚室⑦而谋曰：“吾与汝毕力平险，指通豫南，达于汉阴⑧，可乎？”杂然相许⑨。其妻献疑⑩曰：“以君之力，曾不能损魁父⑪之丘，如太行、王屋何⑫？且焉置土石⑬？”杂曰：“投诸渤海之尾⑭、隐土⑮之北。”遂率子孙荷担者三夫，叩石垦壤⑯，箕畚⑰运于渤海之尾。邻人京城氏之孀妻，有遗男⑱，始龀⑲，跳往助之。寒暑易节⑳，始一反焉㉑。河曲㉒智叟笑而止之，曰：“甚矣，汝之不惠㉓！以残年余力，曾不能毁山之一毛，其如土石何？”北山愚公长息㉔曰：“汝心之固，固不可彻㉕，曾不若孀妻弱子。虽我之死，有子存焉；子又生孙，孙又生子；子又有子，子又有孙。子子孙孙，无穷匮㉖也，而山不加增，何苦而不平㉗？”河曲智叟亡以应㉘。操蛇之神㉙闻之，惧其不已也㉚，告之于帝㉛。帝感其诚，命夸蛾氏㉜二子负二山，一厝朔东㉝，一厝雍㉞南。自此，冀之南，汉之阴，无陇断㉟焉。（《列子》卷五《汤问》）

【注释】 ①太行、王屋二山：太行，原文作“太形”，今据张湛注改。太行山脉纵贯山西、河南与河北交界处，为中国北方的重要山系之一。此太行指地处山西阳城、垣曲与河南济源、沁阳一带的山段。王屋，在今济源与垣曲之间。②万仞：仞，古长度单位，说法不一，大多以八尺为仞。万仞，形容其高。③冀州之南、河阳之北：冀州，古代九州之一，指今山西陕西间、河南山西间、山东西北、河北东南部地区。又指古州名，汉时置，辖地在今河北中南部、山东西端和河南北端。河阳，晋地，在今河南孟县境。④且：将。⑤惩山北之塞：惩，苦于。塞，阻，堵。⑥迂：远。⑦室：指家人。⑧汉阴：古以水南山北为阴，故汉阴即指汉水的南面。汉水，即今经湖北西北部至武汉入长江的著名水系。⑨杂然相许：纷纷表示同意。⑩献疑：提出疑问。⑪魁父：小丘名，在今河南陈留县境。⑫如太行、王屋何：你能把太行、王屋这样的大山怎么样呢？⑬焉置土石：把土石放到何处去？⑭渤海之尾：渤海的西边。⑮隐土：据《淮南子》称，即今山东德州一带。⑯叩石垦壤：破石挖土。⑰箕畚（běn 本）：竹木编制的筐篮。⑱遗男：指父亲死后留下来的男孩。⑲始龀（chèn 衬）：刚刚换牙。小孩七八岁时脱掉乳牙叫龀。⑳易节：变换季节。㉑始一反焉：才能往返一趟。反，通“返”。㉒河曲：晋地，在今山西永济县一带，㉓惠：通“慧”，聪明。㉔长息：长叹。㉕固不可彻：僵化顽固已达极点。㉖匮：乏。㉗何苦而不平：何愁平不了呢？㉘亡（wú 吴）以应：无言答对。亡，通“无”。㉙操蛇之神：作者虚构的蛇神。㉚惧其不已也：蛇神怕愚公不停地挖，越挖越小，自己没有藏身之地。㉛帝：天帝，神话传说中主宰天地万物的天神。㉜夸蛾氏：大力神。㉝一厝（cuò 错）朔东：厝，放置。朔，古朔方指今宁夏回族自治区北部灵武一带。㉞雍：古雍州在今陕、甘、青一带。㉟无陇断：没有丘阜岗峦的阻隔。这是一则神话寓言，所述与实际地理状况并不完全相符。

【大意】 太行、王屋两座大山，方圆七百里，高万仞，原本位于冀州的南面，河阳的北面。一位住在山北的愚公，年纪将近九十岁了，他家面对太行、王屋两座大山而住，苦于山的北面道路不通，出入要绕道而行，于是召集全家商量，说：“我和你们一起竭尽全力铲平山的险阻，让道路直通豫州的南部，达到汉水的南边，行吗？”全家都异口同声地表示赞成。愚公的妻子提出疑问说：“你这一点力量，连小山丘魁父都动不了，又能把太行、王屋两座大山怎么样呢？而且，挖下来的土石又往哪里堆放呢？”全家七嘴八舌地说：“把这些土石倒到渤海西边、隐土的北面去。”于是，愚公率领能挑担的三个儿孙，刨石挖土，用簸箕土筐运往渤海西边。邻居京城氏的寡妇有一个男孩，刚七八岁，也欢跳着前来帮忙。从冬到夏，从夏到冬，半年才能往返一趟。住在河曲的一位老头名叫智叟，他笑着阻止愚公说：“你也太傻了！凭你的残年余力，连山上的一草一木都动不了，又能把这么些土石怎么样?”北山愚公长长地叹息着说：“你的想法这样顽固，已达到了极点，连寡妇小孩都不如。虽然我死了，但我的儿子活着；儿子又生孙子，孙子又生儿子；儿子又有儿子，儿子又有孙子，子子孙孙是不会穷尽的，而山却不会再增高，何愁铲不平呢?”河曲智叟无言应答。蛇神听到了这事，怕愚公真的挖山不止，就报告天帝。天帝被愚公的诚心所感动，就派大力神夸蛾氏的两个儿子背走了太行、王屋两座大山，一座放在朔方的东面，一座放在雍州的南部。从此以后，冀州南部与汉水南面之间，再也没有高山隔断了。

第八节 质朴俭约

本节案语

这一节选录了反映节俭美德的两条材料。由于古代中国能进入史书的多是在位者，所以尽管俭约首先是劳动人民的美德，这里所录的材料却都是关于贤臣士人的。不过就从这些材料中也已可见中华民族俭约美德的一斑：并且也可看出，尽管富豪高官骄奢淫逸成为风气，从总体来考察，崇俭反奢仍是中华民族占主导地位的价值取向。继承发扬这一美德，无疑有很大的现实意义。

一、季文子以俭率民

【原文】 季文子[①]相宣、成[②]，无衣帛之妾，无食粟之马。仲孙它[③]谏曰：“子为鲁上卿[④]，相二君矣，妾不衣帛，马不食粟，人其以子为爱[⑤]，且不华国[⑥]乎！”文子曰：“吾亦愿之。然吾观国人，其父兄之食粗而衣恶[⑦]者犹多矣，吾是以不敢。人之父兄食粗衣恶，而我美妾与马，无乃[⑧]非相人者乎！且吾闻以德荣为国华[⑨]，不闻以妾与马。”文子以告孟献子[⑩]，献子囚之七日。自是，子服[⑪]之妾衣不过七升之布[⑫]，马饩[⑬]不过稂莠[⑭]。文子闻之，曰：“过而能改者，民之上也。”使为上大夫。(《国语·鲁语上》)

【注释】 ①季文子：春秋时鲁国大夫，季孙行的父亲，先后做过文、宣、成三君的相，死于襄公五年（前568)。执政数十年，以俭约明礼闻名诸侯，史称“廉忠”。②宣、成：春秋中期鲁国的两个君主宣公和成公。③仲孙它（tuó 驼）：鲁公族仲孙氏，名它。仲孙，即孟孙，与季孙、叔孙合称“三桓”。④为鲁上卿：担任鲁国的最高行政长官。⑤爱：吝啬。⑥华国：使国家荣耀。⑦恶：不美，粗陋。⑧无乃：不是。⑨以德荣为国华：以道德高尚可以使国家荣耀。⑩孟献子：仲孙它之父仲孙蔑。⑪子服：仲孙它。⑫七升之布：古代的布幅宽二尺二寸，经线八十缕为一升，七升为经线五百六十缕，说明这种布很粗糙。⑬饩（xì 细）：饲料。⑭稂莠（láng yǒu 狼友）：狗尾草，泛指杂草。

【大意】 季文子在鲁宣公、成公两朝都辅助国君执政，但他的妻妾都不穿绸衣，他家的马不喂粮食，仲孙它（子服）给他提意见说：“你担任鲁国最高的官职，辅助了两个君主，你的妻妾不穿绸衣，马匹不喂粮食，人们不会认为你是吝啬，而且影响国家的声誉吗?”文子说：“我也愿意让妻妾穿绸衣，马匹吃粮食，可是我看鲁国的百姓，父老兄弟吃穿都很粗陋的还很多，所以我不敢这样做。别人的父老兄弟吃得不好，穿得不好，而我却让妻妾马匹穿得好吃得好，这样做我就不能成为辅助国君的重臣了。而且我听说有以道德的高尚为国争光的，没有听说可以以妻妾和马来为国争光的。”文子随后把子服的话告诉了子服的父亲孟献子，孟献子把子服禁闭了七天。从此，子服的妻妾也只穿粗布衣，他喂马的饲料也只用杂草。文子听说了，说：“有过而能改，是优秀的人啊!”让他当了上大夫。

二、张知白以俭德遗子孙

【原文】 近故张文节公[①]为宰相，所居堂屋不蔽风雨，服用饮膳，与始为河阳书记[②]无异。其所亲[③]或规之曰：“公月入俸禄几何？而自奉俭薄如此？外人不以公清俭为美，反以为有公孙布衣之诈[④]。”文节叹曰：“以吾今日之禄，虽侯服王食[⑤]，何忧不足？然而人情由俭入奢则易，由奢入俭则难。此禄安能常恃，一旦失之，家人皆习于奢，不能顿俭，必至失所，曷若无失其常。吾虽违世[⑥]，家人犹如今日乎?”闻者服其远虑。此皆以德业遗子孙者也，所得顾不多乎[⑦]！（司马光：《家范·祖》）

【注释】 ①张文节公：即张知白（？—1028），字用晦。宋沧州清池人。端拱进士。天圣三年（1025）出任宰相，死后谥文节。②书记：古代掌管书牍记录的官员。③亲：指亲近之人。④公孙布衣之诈：像公孙弘那样为高官而假饰清俭，沽名钓誉。公孙，指西汉武帝时丞相公孙弘。⑤侯服王食：意为按侯王的标准生活。⑥违世：指死亡。⑦顾不多乎：难道不多吗？

【大意】　张知白任宰相，但所住的房屋不蔽风雨，衣服用具饮食都与当初在河阳任书记员时一样。他身边的人规劝他："你每月的俸禄有多少，而自己生活如此俭朴？外面人不认为你这样清廉俭朴是美德，反以为你是在沽名钓誉，欺骗众人。"张知白叹息道："以我现在的俸禄，就是过王侯那样的生活，也不愁不够。可是人总是由俭朴转入奢侈很容易，由奢侈再转入俭朴就难了。我现在的俸禄哪里能永远靠得住，一旦丢失了，家里人都习惯于奢侈的生活，不能一下子适应俭朴生活，那就一定会连正常生活都维持不下去。哪里比得上仍然保持原来的生活，我即使去世，家里人还会像今天这样呢？"听他说的人都佩服他有远见。这都是把道德留给子孙，子孙所得到的难道不多吗？

第九节　勤学苦读

本节案语

本节所录的材料，反映了古人刻苦求学的精神。苏秦发愤刺股，葛洪借书苦读，车胤囊萤，匡衡凿壁，在艰苦条件下，排除万难，刻苦向学，最后终成杰出学者。他们从不同的方面表现了勤学的精神。当然，其中有人难免有追求功名利禄和光宗耀祖的思想，但他们求知的渴望，刻苦的精神，仍能给我们以有益的启迪和激励。

一、苏秦发愤刺股

【原文】　苏秦始将连横[①]……说秦王[②]，书十上而说不行。黑貂之裘弊[③]，黄金百镒[④]尽，资用乏绝，去秦而归。羸縢履蹻[⑤]，负书提橐[⑥]，形容枯槁[⑦]，面目犁[⑧]黑，状有归[⑨]色。归至家，妻不下纴[⑩]，嫂不为炊，父母不与言。苏秦喟[⑪]叹曰："妻不以我为夫，嫂不以我为叔，父母不以我为子，是皆秦之罪也。"乃夜发[⑫]书，陈箧[⑬]数十，得太公《阴符》之谋[⑭]，伏而诵之，简练以为揣摩[⑮]。读书欲睡，引锥自刺其股，血流至踵。……期年[⑯]，揣摩成，曰："此真可以说当世之君矣！"于是乃摩[⑰]燕乌集阙[⑱]，见说赵王[⑲]于华屋之下，抵掌而谈[⑳]。赵王大悦，封为武安[㉑]君，受相印，革车百乘[㉒]，绵绣千纯[㉓]，白璧百双，黄金万溢[㉔]，以随其后，约从散横[㉕]，以抑强秦……山东之国，从风而服。

（据《战国策》卷三《苏秦始以连横说秦》）

【注释】 ①苏秦始将连横：苏秦起初奉行连横政策。将，奉行。连横，也称连衡，与合纵相对，游说六国共同事奉秦国之策。苏秦是战国中期东周洛阳人，与张仪被人称为纵横家。他最初以连横之策来说服秦国，但不被采用，于是又以合纵之策游说六国，共同抗秦，并佩六国相印，负责纵约。后来被张仪连横之策所破，客死于齐。②秦王：秦惠文王，孝公的儿子。公元前337至前310年在位。③黑貂之裘弊：黑貂即紫貂，用毛皮作裘，最为贵重。弊，通“敝”，坏。④黄金百镒：黄金，指铜。镒，古二十两为一镒。⑤羸（léi 雷）縢（téng 藤）履蹻（jué 决）：打着裹腿，穿着草鞋。羸，缠绕，字或作“羸”。縢，裹腿。蹻，用草麻编制的鞋。⑥橐（tuó 驼）：盛物的袋子。⑦槁（gǎo 稿）：干枯。⑧犁：黑色。⑨归：“愧”的借字。⑩纴：指织机。⑪喟（kuì 愧）：叹声。⑫发：打开。⑬陈箧（qiè 怯）：摆出竹制的书箱。⑭得太公《阴符》之谋：得到太公的兵书《阴符经》。太公，周武王的师傅太公望，即姜尚，也称吕尚。《阴符》即《阴符经》，相传为太公所著兵法。⑮简练以为揣摩：选择其有用的加以熟习并揣度研摩。简，择。练，熟练。⑯期（jī 基）年：一整年。⑰摩：临近。⑱燕乌集阙：塞名。⑲赵王：指赵肃侯，武灵王的父亲。赵，战国国名，在今河北省南部，国都在今河北邯郸。⑳抵掌而谈：言其相近，谈话很投机。抵掌，击掌。㉑武安：赵邑，今河北武安县。㉒革车百乘（shèng 胜）：革车，兵车。乘，量词，古兵车一车四马名为一乘。㉓千纯（tún 屯）：量词，丝帛一段叫屯，故千屯即千段。㉔溢：通“镒”。万溢，泛言数量大。㉕约从散横：相约关东诸国联合起来，以破坏秦国的连横政策。从，通“纵”，即指合纵。

【大意】 苏秦起先主张六国联合共同事奉秦国的连横政策，向秦惠文王上书十次，没有为秦王接受。他的黑貂皮袄也坏了，一百斤黄金也花完了，生活所需的物资和费用都没有了，只好离开秦国回家。他打着绑腿，穿着草鞋，背着书，挑着担，身体干瘦，脸色发黑，面有愧色。回到家，妻子不下织机来迎接，嫂嫂不给他做饭，父母不和他说话。苏秦叹道：“妻子不把我当丈夫，嫂嫂不把我当小叔，父母不把我当儿子，这都是秦国的罪过呀！”于是连夜翻箱倒柜，把书找出来，找到了一本姜太公所写的兵书《阴符经》，就伏在桌旁读起来，选择其中精要的部分熟读揣摩。读到疲倦想睡，就拿一个锥子刺自己的大腿，血一直流到脚后跟。这样经过一年，终于研究成功了，说“现在真可以说服当今的各国国君了”。于是苏秦就途经燕乌集阙去见赵王，并在华丽的宫殿中劝说赵王，两人相对而谈，赵王大喜，封苏秦为武安君，给他赵国的相印，又给他兵车一百辆，锦缎一千段，白玉一百对，黄金一万镒，交他带着去联合各国，打破秦国的连横政策，共同抗秦。崤山以东的国家都闻风而响应。

二、匡衡凿壁偷光

【原文】 匡衡[①]字稚圭，勤学而无烛[②]。邻舍有烛而不逮[③]，衡乃穿壁引其光，以书映光而读之。邑人[④]大姓文不识，家富多书，衡乃与其佣作，而不求偿。主人怪，问衡。衡曰：“愿得主人书遍读[⑤]之。”主人感叹，资给以书，遂成大学。（葛洪：《西京杂记》卷二）

【注释】 ①匡衡：西汉经学家。字稚圭。东海承（今山东苍山兰陵镇）人。能文学，善说《诗》，时常引证经义议论政治得失。元帝时任丞相。②无烛：没有灯光。③逮：到，及。④邑人：本乡的人。⑤遍读：意指全部读完。

【大意】 匡衡，字稚圭，勤于学习，却苦于没有烛光照明。邻居有烛，却照不到匡衡家。匡衡就在墙壁上凿了个孔，让光透过来，就着这光线读书。乡里有一大户，不识字，家中有许多藏书。匡衡就去他家做佣工，却不要工钱。主人觉得奇怪，问他为什么。匡衡说：“我只希望能把主人家的书都读遍。”主人很感动，就把书借给他读。匡衡终于成了大学者。

三、葛洪借书苦读

【原文】 抱朴子者，姓葛，名洪，字稚川，丹阳句容人也。[①]……年十有三。而慈父见背[②]，夙[③]失庭训，饥寒困瘁[④]……又累遭兵火，先人典籍荡尽，农隙之暇无所读。乃负笈[⑤]徒步行借……日伐薪卖之，以给纸笔，常乏纸，每所写，反复有字，人尠[⑥]能读也。……但贪广览，于众书乃无不暗诵精持，曾所披涉，自正经诸史百家之言，下至短杂文章，近万卷。（据葛洪：《抱朴子·自叙》）

【注释】 ①葛洪(约281—341)：东晋道教理论家、医学家、化学家。自号抱朴子，著有《抱朴子》、《神仙传》等。丹阳句容今属江苏。②见背：指死亡。③夙(sù速)：早，过早。④瘁：劳累，困病。⑤笈：书箱。⑥尠（xiǎn险）：同“鲜”，少。

【大意】 抱朴子姓葛名洪字稚川，丹阳句容人。十三岁父亲去世，过早失去了家教，生活贫寒劳苦，又遭战火破坏，祖上留下的书籍全都被毁。农闲时候没书可读，于是背着书箱，徒步出去借书。因家贫，每天砍柴去卖，换来钱买纸笔。纸常不够用，所以他写过字的纸，都是反复一遍一遍地用，字迹重叠，人们很少能认清楚写的是什么。他喜欢广泛读书，对各种书无不暗暗背诵精读，他曾读过的书，从经书、史书、百家之言，以至各种短文，近一万卷。

四、王育折蒲学书

【原文】 王育字伯春，京兆人也。① 少孤贫，为人佣牧羊，每过小学，必歔欷②流涕。时有暇③，即折蒲学书④，忘而失羊，为羊主所责，育将鬻⑤己以偿之。同郡许子章，敏达⑥之士也，闻而嘉之，代育偿羊，给其衣食，使与子同学，遂博通经史。（《晋书》卷八十九《王育传》）

【注释】 ①王育：西晋时期著名的将军。京兆，今陕西西安市。②歔欷（xū xī 虚息）：哽咽，抽泣。③暇：空闲。④书：写字。⑤鬻（yù 玉）：卖。⑥敏达：聪慧而通达事理。

【大意】 王育，字伯春，京城人，从小父母双亡，家境贫寒。为别人放羊，每经过学校，总要哽咽哭泣。有空闲时，就折蒲草棍学写字，竟忘了放羊而丢失了羊，受到主人责骂。王育想卖了自己来赔偿。同乡的许子章是个明白事理的读书人，听说王育的事后，很赞许他，代他赔了羊，并供给他衣食，让他与自己的儿子一起学习。王育终于成为博学的学者。

五、车胤囊萤勤学

【原文】 车胤①家贫不常得油，夏月则练囊②盛数十萤③火以照书，以夜继日焉。及长……甚有乡曲之誉④。……时惟胤与吴隐之⑤以寒素⑥博学知名于世。（《晋书》卷八十三《车胤传》）

【注释】 ①车胤：东晋孝武帝时期学者，官至中书诗郎、侍中。②练囊：丝织的细密网袋。③萤：通称萤火虫。④乡曲之誉：享有一方的美誉。⑤吴隐之：东晋名臣，以廉洁奉公著称。⑥寒素：门第低微。

【大意】 车胤家贫常常没有灯油，夏天就用一个丝袋装上几十只萤火虫，借萤光夜以继日地读书。成年之后，得到家乡一方的赞誉。在当时只有车胤和吴隐之两人，是虽家境贫寒却博学而知名于世的。

第十节　尊师重道

本节案语

这一节摘录的两条材料，各有特色。李相以一字之教拜小吏为师，体现了“三人行必有我师”（孔子语）的精神；杨时程门立雪，表现了求教的虔敬。同时，这些材料反映出一种共同的精神，即对知识的尊重和求知的虔诚、迫切，重道重学，这是尊师的思想基础。

一、李相敬拜“一字师”

【原文】　李相①读《春秋》，误呼叔孙婼②（敕略）③为婼（敕晷）④。日读一卷，有小吏侍侧，常有不怿⑤之色。公怪问曰：“尔常读此书耶？”曰：“然。”“胡为⑥闻我读至此而数色沮⑦耶？”吏再拜言曰：“缘某师授，误呼文字；今闻相公呼婼（敕略）为婼（敕晷），方悟耳。”公曰：“不然。吾未之师也，自检《释文》而读，必误在我，非在尔也。”因以《释文》示之。小吏因委曲言之。公大惭愧。命小吏受北面之礼⑧，号为“一字师”。（王定保：《唐摭言》卷五《切磋》）

【注释】　①李相：五代福建寿州人。曾随王绪举兵，王绪被杀，李相将王绪的遗孤建齐藏于山中，将自己的小儿子改为建齐的名，于是其儿被杀。②叔孙婼（chuò 绰）：春秋时人，事见《左传·昭公七年》。③敕略：此为反切，即古代之注音，今当读为 chuò。④敕晷：此亦为反切，今当读 chuǐ。按“婼”有二音，一读 chuò，一读 ruò（若），后音为地名之专读。故李相读“婼”（chuò）为 chuǐ，实误。⑤不怿（yì 译）：不愉快。⑥胡为：为什么。⑦数（shuò 朔）色沮：屡次表情沮丧。⑧北面之礼：古代学生敬师之礼。老师面南坐，学生面北行礼。

【大意】　李相读《春秋》，把叔孙婼（chuò 绰）读成了叔孙 chuǐ。他每天读一卷，旁边有小吏侍候，听他读到这里，常有不高兴的表情。李相觉得奇怪，问他：“你常读这书吗？”小吏说：“是的。”李相又问：“那你为什么听我读到这里就不高兴呢？”小吏向李相行了一个礼，恭敬地说：“因为我老师教我，念错了字；现在听到您把婼（chuò）念做

chuǐ，才知道是错了。”李相说：“不，我读这书没有老师教我，是自己查着《释文》而读的，错的必定是我，不是你。”于是把《释文》拿来给他看，小吏委婉地指出了他的错误。李相非常惭愧，让小吏面朝南坐下，向他行了敬师之礼，称他为“一字师”。

二、杨时程门立雪

【原文】 河南程颢与弟颐① 讲孔、孟绝学② 于熙、丰③ 之际，河、洛之士翕然④ 师之。时⑤ 调官不赴，以师礼见颢于颍昌，相得甚懽⑥。其归也，颢目送之曰：“吾道南矣。”⑦ 四年而颢死。……又见程颐于洛，时盖年四十矣。一日见颐，颐偶瞑坐，时与游酢⑧ 侍立不去。颐既觉，则门外雪深一尺矣。（《宋史》卷四二八《道学传》）

【注释】 ①程颢与弟颐：程颢（1032—1085），字泊淳，人称明道先生。程颐（1033—1107），字正叔，人称伊川先生。洛阳（今属河南）人。北宋著名学者。同学于周敦颐，为理学奠基人。世称“二程”。以“理”为天地万物的本体，重新论证纲常名教的合理性，树立了儒学在后世的绝对权威。其著作后人合编为《二程全书》。②孔、孟绝学：即言孔孟儒学。撰史者据理学家观点，认为孔孟道统自汉魏以后因佛教和道教流行而中断，故称“绝学”，由理学家重续道统。③熙、丰：熙宁、元丰，宋神宗年号。④翕（xī 西）然：群情一致的样子。⑤时：即杨时（1053—1135），字中立。南剑将乐（今属福建）人。北宋学者。世称龟山先生。官至龙图阁直学士。学于二程，与游酢、吕大临、谢良佐并称程门四大弟子，著作有《龟山文集》。⑥懽：“欢”的异体字。⑦吾道南矣：我的主张（学说）将传布到南方去了。因杨时为南方人，所以程颢有此语。⑧游酢（1053—1123）：字定夫。建州建阳（今属福建）人。北宋学者。世称龟山先生。元丰进士，曾官监察御史，历知汉阳军及和、舒、濠等州。学于二程。程门四大弟子之一。著作有《易说》、《中庸义》、《论语杂解》、《孟子杂解》、《龟山集》。

【大意】 河南程颢与弟弟程颐，在神宗年间讲授孔子、孟子的学说，中原一带士人都去拜他们为师。杨时调动官职还没有赴任，以待老师的礼节在颍昌见了程颢，谈得非常投机。杨时走时，程颢目送他离去，说：“我的学说可以由他带到南方去了。”四年后，程颢死去，杨时又在洛阳拜程颐为师。这时候，杨时已经 40 岁了。有一天杨时与游酢二人去见程颐，程颐正坐着小睡，二人就在旁边侍立等着，到程颐醒来时，门外的雪已有一尺深了。

第十一节　励志自强

本节案语

孔子自述其成长过程说，“吾十有五而志于学”（《论语·学而》），把立志作为起点；古人又言“有志者，事竟成”（《后汉书·耿弇传》），说明立志是修养的起点，成就事业的基础。志存高远，以此激励自己，艰苦奋斗，自强不息，去实现理想，成就功业，是一种积极的人生态度。这里选录的几条材料，会在这方面给我们以启迪。

一、图复国越句践卧薪尝胆

【原文】　……吴王夫差①……悉发精兵击越②，败之夫椒③，越王④乃以余兵五千人保栖于会稽⑤。……句践乃以美女宝器令种间⑥献吴太宰嚭⑦。嚭受，乃见大夫种于吴王。……卒赦越……吴既赦越，越王句践反⑧国，乃苦身焦思，置胆于坐⑨，坐卧即仰胆⑩，饮食亦尝胆也。曰：“女⑪忘会稽之耻邪？”身自耕作，夫人自织，食不加肉，衣不重采⑫，折节下贤人⑬，厚遇⑭宾客，振⑮贫吊死，与百姓同其劳。……举国政属大夫种⑯，而使范蠡⑰与大夫柘稽⑱行成⑲，为质于吴⑳。（《史记》卷四十一《越王句践世家》）

【注释】　①吴王夫差：吴王阖闾之子，继阖闾为吴王，公元前495至前473年在位。吴，在今江苏苏州一带。②越：在今浙江绍兴一带。夫差伐越，在其即位的第二年，即公元前494年。③夫椒：一说在今江苏太湖中。④越王：名叫句（gōu勾）践，允常之子，公元前496至前465年在位，被吴国打败后，曾为吴王夫差的奴隶，回国后，卧薪尝胆奋发图强，最后击败了吴国。⑤保栖于会（kuài快）稽：留驻在会稽以自保。会稽，指会稽山，在今浙江绍兴东南。⑥种：越贤大夫文种，后被句践逼而自杀。间：私下。⑦太宰嚭（pǐ匹）：即吴国太宰伯嚭。太宰，相当于后来的丞相。⑧反：通“返”。⑨坐：同“座”。⑩仰胆：仰望挂在座前的苦胆。⑪女：通“汝”，句践自指。⑫不重（chóng）采：谓色调单一。⑬折节下贤人：降低身份，放下架子，礼待有才德之士。⑭遇：对待。⑮振：通“赈”，救济。⑯举国政属（zhǔ主）大夫种：把全部国政都委托给了文种大夫。举，整个，全部。属，同“嘱”，委托，交付。⑰范蠡（lǐ 里）：越贤大夫，句践复越后，隐居江湖，以商贾为业，世称陶朱公。⑱柘稽：越大夫。⑲行成：媾和。⑳为质于吴：留在吴国以为人质。

【大意】 吴王夫差击败越国之后，越王勾践带着残兵五千人滞留在会稽。勾践让大夫文种私下送美女和宝物给吴国的太宰伯嚭，伯嚭接受了，就把文种引见给吴王。吴王终于赦免了越，允许越王勾践返回越国。勾践回国后，自觉安排了艰苦的生活条件，处心积虑，在座位前挂一苦胆，坐卧都仰望着苦胆，饮酒吃饭也尝胆的苦味，对自己说：“你忘了会稽的耻辱了吗？”自己亲自下田耕作，夫人自己织布，吃饭不加肉。穿衣不用彩色，礼贤下士，厚待宾客，赈济贫苦百姓，吊唁死者，与百姓同甘共苦。把国家大事交给大夫文种，派范蠡与大夫柘稽到吴国媾和并当人质。……经过这样的艰苦奋斗，终于在十一年后战胜吴国，报仇雪耻。

二、励壮志马文渊“马革裹尸”

【原文】 马援① 军还，将至，故人多迎劳② 之。平陵人孟冀③，名④ 有计谋，于坐贺援，援谓之曰：“吾望子有善言，反同众人邪？昔伏波将军路博德开置七郡⑤，裁封数百户⑥；今我微劳，猥飨大县⑦，功薄赏厚，何以能长久乎？先生奚用相济⑧？”冀曰：“愚不及。”援曰：“方今匈奴、乌桓⑨ 尚扰北边，欲自请击之。男儿要当死于边野，以马革裹尸还葬耳，何能卧床上在儿女子手中邪⑩？”冀曰：“谅⑪ 为烈士，当如此矣。”（据《后汉书》卷二十四《马援传》）

【注释】 ①马援（前 14—后 49）：东汉初扶风茂陵（今陕西兴平东北）人。任伏波将军，封新息侯，后在进击武陵五溪蛮时，病死军中。他既是东汉著名的军事家，又是清廉正直的一代名臣。②迎劳：迎候慰劳。③孟冀：马援的老朋友。④名：名声。此处作动词，意为“有……名声”。⑤开置七郡：创设七个郡。⑥裁封数百户：才封给他几百户。裁，同“才”。⑦猥飨大县：愧受大县之封赏。猥，谦词，辱。飨，同“享”，享用。⑧奚用相济：拿什么来帮助呢？奚用，用什么。相济，相助。⑨匈奴、乌桓：汉时生活于我国北方的少数民族。⑩此三句意为：男人应该为国戍边，死于边地野外，用马皮裹尸送回来埋葬，怎么能躺在床上死在妇人手中呢？要当，应该。儿女子，小女子。⑪谅：信实，确实。

【大意】 马援打仗归来，快到的时候，许多老朋友前去迎接慰劳，平陵人孟冀，有善于计谋的名声，也在座祝贺。马援对他说："我希望你能有好的意见，你反而与大家一样吗？以前伏波将军路博德开辟设立了七个郡，才封了几百户；今天我只有很小的功劳，却愧受了大县的封赏，功劳小而赏赐大，怎能长久呢？先生拿什么来帮助我呢？"孟冀说："我愚钝做不到。"马援说："现在匈奴、乌桓还在骚扰北方边疆，我想自己请求去打击他们。男子汉就应当死于边疆荒野，用马皮裹着尸体运回安葬，哪里能睡在床上死于儿女子手中呢？"孟冀说："确实是刚烈之士，是应当如此。"

第十二节　自律改过

本节案语

人不可能没有过失，怎样对待过失是一个重要问题。孔子说："过则勿惮改。"（《论语·学而》）"过而不改，是谓过矣。"（《论语·卫灵公》）说明有过失不可怕，重要的是要自觉改正。这是一种实际的、积极的态度。具体说来，这种态度表现在四个方面：一是闻过则喜，二是知过自戒，三是改过不贰，四是引咎自责。这一节所选录的材料，可以帮助我们懂得应如何对待错误和过失。

一、左雄闻过谢周举

【原文】　初，尚书令[①]左雄[②]荐冀州刺史周举[③]为尚书；既而雄为司隶校尉[④]，举故冀州刺史冯直任将帅。直尝坐臧[⑤]受罪，举以此劾奏[⑥]雄。雄曰："诏书使我选武猛，不使我选清高。"举曰："诏书使君选武猛，不使君选贪污也！"雄曰："进[⑦]君，适所以自伐[⑧]也。"举曰："昔赵宣子[⑨]任韩厥为司马，厥以军法戮宣子仆[⑩]。宣子谓诸大夫曰：'可贺我矣！吾选厥也任其事。'今君不以举之不才误升诸朝，不敢阿君以为君羞[⑪]；不寤[⑫]君之意与宣子殊也。"雄悦，谢[⑬]曰："吾尝事冯直之父，又与直善；今宣光[⑭]以此奏吾，是吾之过也！"天下益以此贤之。（《资治通鉴》卷五十二《汉纪四十四》）

【注释】　①尚书令：官名。东汉时，政务都归尚书，尚书令是总理一切政务的首脑，相当于现在的总理。②左雄（？—138）：东汉政治家。南郡涅阳（今河南省镇平县南）人。官至尚书令。为人正直敢言，对豪门不法者，多所检举。③周举（？—149）：东汉汝南汝阳（今河南商水西北）人，字宣光。博学多闻，为儒者所宗，京师有“五经纵横周宣光”之誉。④司隶校尉：汉官名。掌管纠察京师百官以及京师所辖各郡，相当于州刺史。⑤臧：通“赃”。⑥劾奏：揭发罪状，上奏皇帝。⑦进：举荐，引进。⑧自伐：自己害自己。⑨赵宣子：即赵盾，春秋时晋国执政。他向晋灵公推荐韩厥为司马。不久秦晋两国在河曲打仗，有一天赵宣子的专车冲犯了队伍，韩厥根据军法斩了赶车人。赵宣子很赞赏韩厥执法不阿。司马，春秋时代掌管军政的长官。⑩仆：车仆，驾御马车的人。⑪羞：耻辱。⑫不寤：没有想到。寤，通“悟”。⑬谢：赔礼谢罪。⑭宣光：周举字。

【大意】 起先，尚书令左雄荐举冀州刺史周举任尚书，后来左雄任司隶校尉，又举荐曾任冀州刺史的冯直任将帅。但冯直曾因贪污判过罪，周举因此事向皇帝弹劾了左雄。左雄说：“皇帝的诏书是要我举荐作战勇猛的人，不是要我举荐道德清高的人。”周举说：“诏书是要你选打仗勇猛的人，可也没有让你选贪污的人呀？”左雄说：“我推荐了你，却正是自己害了自己呀。”周举说：“过去赵宣子任命韩厥为司马，韩厥依军法杀了赵宣子的车夫，宣子对大夫们说，‘你们可以祝贺我了，我选韩厥选对了，他果然忠于职守’，而今承蒙您不嫌弃我周举没有才能，而误将我推荐到朝廷，我不敢奉承迎合您，使您蒙受羞辱，没想到你的想法与赵宣子是这样不同。”左雄听了高兴起来，道歉说：“我曾在冯直父亲手下做过事，又与冯直是朋友，所以举荐了他。现在你因这事弹劾我，是我的错！”人们因此更称赞左雄是有道德的人。

二、周处改过除“三害”

【原文】 周处[①]字子隐，义兴阳羡人也。父鲂，吴鄱阳[②]太守。处少孤，未弱冠[③]，膂力绝人[④]，好驰骋田猎，不脩细行[⑤]，纵情肆欲，州曲[⑥]患之。处自知为人所恶[⑦]，乃慨然有改励之志，谓父老[⑧]曰：“今时和[⑨]岁丰，何苦而不乐耶？”父老叹曰：“三害未除，何乐之有！”处曰：“何谓也？”答曰：“南山白额猛兽，长桥下蛟，并子[⑩]为三矣。”处曰：“若此为患，吾能除之。”父老曰：“子若除之，则一郡之大庆，非徒去害而已。”处乃人山射杀猛兽，因投水搏蛟，蛟或沉或浮，行数十里，而处与之俱，经三日三夜，人谓死，皆相庆贺。处果杀蛟而反[⑪]，闻乡里相庆，始知人患己之甚，乃入吴寻二陆[⑫]。时机不在，见云，具以情告，曰：“欲自修而年已蹉跎，恐将无及。”云曰：“古人贵朝闻夕改，君前涂[13]尚可，且患志之不立，何忧名之不彰！”处遂励志好学，有文思，志存义烈，言必忠信克己。期年[14]，州府交辟[15]。仕吴为东观左丞[16]。孙皓[17]末，为无难[18]督。……入洛，稍迁新平[19]太守，扶和戎狄，叛羌归附，雍[20]土美之。（《晋书》卷五十八《周处传》）

【注释】 ①周处（？—297）：字子隐。西晋义兴阳羡（今江苏宜兴南）人。②鄱阳：郡名，治所在今江西省鄱阳县。③弱冠：二十岁左右。古人二十行冠礼。④膂（lǚ 旅）力绝人：体力极大，超过常人。膂，脊旁肌肉。膂力，指体力、筋力。绝，极，特异。⑤不脩（xīu 修）细行：不拘小节。脩，“修”的异体字，修饰，修理，整治。细，小。⑥州曲：乡里，地方上。⑦恶（wù 务）：厌恶。⑧父老：古时乡里中管理公共事务的有声望的老人。⑨时和：风调雨顺。⑩并子：连同你。⑪反：通“返”。⑫二陆：陆机、陆云兄弟，三国吴大臣陆逊、陆杭之后，都是著名文学家。⑬前涂：前途。涂，同“途”。⑭期（jī 基）年：一周年。⑮州府交辟：州郡争相召请他去任职。⑯东观左丞：东观为宫中藏书处，左丞为长官助手。⑰孙皓：三国孙吴的末代皇帝。⑱无难：地名。⑲新平：郡名，故治在今陕西省邠县。⑳雍：指关西古雍州地。

【大意】 周处，年少时父母双亡，未满20岁，体力就超过常人，喜欢骑马打猎，不注意小节，放纵情欲，不加节制，一乡的人很厌恶他。周处自己知道被人们讨厌，有了改悔的志向，对乡里有威望的父老说：“今年风调雨顺，庄稼丰收，为什么还苦而不乐呢？”父老叹道：“三害没有除，哪里能有快乐呢？”周处说：“三害是指的什么？”父老回答：“南山有一只白额虎，长桥下有蛟，再加上你周处，就是三害了。”周处说：“如果是这些东西为害乡里，我能把它除了。”父老说：“你如果能把这三者除去，那就不只是除害而已，还是这一郡的大喜事了。”周处于是上山射杀了老虎，又跳入水中与蛟搏斗，蛟在水中上下翻腾，顺流而下几十里，周处也随之而去。经过三天三夜没有回来，乡里人以为周处已死，都互相庆贺。而周处果然杀死了蛟，回到乡里，听到乡人互相庆贺，才知道大家厌恶自己到了什么程度。于是到吴国找陆机陆云兄弟。当时陆机不在，见到陆云。周处把自己的情形全向陆云说了，说：“我想自己修养改正，但年龄已经大了，怕是来不及了。”陆云说：“古人提倡早上知道，下午就改，你还是可以有前途的。而且只怕没有决心，不怕将来不会成名。”周处从此刻苦好学，他能写文章，坚持正义，说话很讲忠信，严格要求自己，一年之后，周围人们就争着请他去任职，后来在吴国担任了一些重要的官职，有政绩，受到赞扬。

第十三节　严己宽人

本节案语

严于律己，宽以待人，这是我国传统美德的一个重要方面。严于律己是一种力行道义，心怀宽广，情操美好的人格特质。有了这种道德人格，自然能够感人、服众，扶持社会正气，促进群体和谐。宽人，即待人宽厚。古人一直倡导在处理群己关系时，要“宽以接下，恕以待人”。它具体表现为不念旧恶，不计前嫌，不为已甚，不苛求于人。本节选录的材料体现了这些传统美德，对于今天我们处理人际关系，仍有着启发借鉴意义。

一、陆逊有长者风

【原文】　会稽太守淳于式表逊①枉取民人，愁扰所在。逊后诣都②，言次③，称式佳吏，权④曰：“式白⑤君而君荐之，何也？”逊对曰：“式意欲养民，是以白逊。若逊复毁式以乱圣听⑥，不可长也⑦。”权曰：“此诚长者⑧之事，顾⑨人不能为耳。”（《三国志》卷五十八《吴书·陆逊传》）

【注释】　①逊：陆逊，字伯言，三国吴孙策婿，年轻有为，屡建战功，官至丞相。②逊后诣都：陆逊后来到京师建业（今南京）。③言次：言谈之间。④权：三国吴主孙权。⑤白：禀告，上告。⑥毁式以乱圣听：诋毁淳于式来惑乱君王的听闻。⑦不可长也：这种作风是不可滋长的。⑧长者：古称贤德之人叫长者。陆逊胸襟开阔，能善待反对自己的人，故孙权视之为长者。⑨顾：只是。

【大意】　会稽太守淳于式上表检举陆逊侵占百姓财物，骚扰驻地安宁。后来陆逊到京城，在谈话间称赞淳于式是好官。孙权说：“淳于式揭发你而你却推荐他，这是为什么？”陆逊回答说：“他的本意是要保护老百姓，所以检举我。如果我诋毁淳于式来使你得到错误的印象，这种作风是不可滋长的。”孙权说：“这真是长者所做的事，但是一般人做不到呀！”

二、吕蒙正不记人过

【原文】　吕文穆公蒙正[①]，不记人过。初参政事，人朝堂，有朝士于帘内指之曰："此子亦参政耶?"文穆佯为不闻[②]而过。同列令诘[③]其官位姓名，文穆遽[④]止之。朝罢，同列犹不能平，悔不穷问。文穆曰："若一知其姓名，则终身不复能忘，固不如弗知也。"时人服其量。(潘永因：《宋稗类钞·量二》)

【注释】　①蒙正：吕蒙正（946—1011），字圣功。北宋洛阳人。太平兴国进士。历任太宗、真宗首辅。主张对辽采取妥协政策。质厚宽简，有重望，以正道自持。咸平中授太子太师。卒谥文穆。②佯为不闻：装作没听见。③诘：追问。④遽：急。

【大意】　吕蒙正从不记别人的过错。他开始参与政事，进朝堂时，有人在帘子里指着他说："这个人也来参与政事呀?"吕蒙正假装没有听见就走过去了，有同僚命令去查问那人的官位姓名，他赶忙制止了。议事完毕，同僚还忿忿不平，后悔没有去追问清楚。吕蒙正说："如果知道了他的姓名，那就会终身不忘，还不如不知道呢!"人们都佩服他气量大。

第十四节　诚信守约

本节案语

"人而无信，不知其可也。"(《论语·为政》)诚信守约是任何社会不可少的道德要求。这一节的三条材料，反映了古人在各种情况下守信不渝的动人事迹，由此可见古人对"信"的高度自觉。

一、季札挂剑报徐君

【原文】　吴使季札聘于鲁[①]……使齐[②]……适晋[③]……季札之初使，北过徐[④]君。徐君好季札剑，口弗敢言。季札心知之，为使上国[⑤]，未献。还至徐，徐君已死，于是乃解其宝剑，系之徐君冢树而去。从者曰："徐君已死，尚谁予乎[⑥]?"季子曰："不然。始吾心已许之，岂以死倍[⑦]吾心哉!"(《史记》卷三十一《吴太伯世家》)

【注释】　①吴使季札聘于鲁：吴国派季札去鲁国出使访问。吴，春秋吴国在今江苏苏州一带。鲁，在今山东曲阜一带。季札，吴君寿梦的少子。寿梦欲传位给他，他辞让不受，诸侯称赞他是一个有贤德的人。聘：古代国与国之间遣使访问。②齐：在今山东淄博市东。③晋：在今山西曲沃、侯马一带。④徐：周初徐戎所建，在今江苏泗洪县一带，后为吴王阖闾所灭。⑤上国：古时吴、楚等周边国家对中原诸国的尊称。⑥尚谁予乎：犹言“尚予谁乎”，还赠送给谁呢？⑦倍：通“背”，违背。

【大意】 吴国派季札出使鲁国、齐国和晋国，季札开始出使时，途中经过徐国，拜访了徐国国君。徐君很喜欢季札的佩剑，但不好意思开口要。季札心中明白，但因为要去鲁、齐等国出使，就没有把剑送给徐君。等季札完成出使任务返回又经过徐国的时候，徐君已经去世。于是季札把自己的佩剑解下来，挂在徐君墓前树上然后离去。季札的从人说：“徐君已经死了，你把剑挂在这里送给谁呢？”季札说：“不，当初我在心里已经决定要送给徐君了，岂能够因为徐君死了就背弃我心中的许诺呢？”

二、范式交友重信义

【原文】 范式①字巨卿，山阳金乡人也，一名氾。少游太学②，为诸生③，与汝南张劭为友。劭字元伯。二人并告归乡里。式谓元伯曰：“后二年当还，将过拜尊亲④，见孺子焉。”乃共剋⑤期日。后期方至，元伯具以白母，请设馔以候之⑥。母曰：“二年之别，千里结言，尔何相信之审邪⑦？”对曰：“巨卿信士，必不乖违⑧。”母曰：“若然，当为尔酝酒⑨。”至其日，巨卿果到，升堂拜饮，尽欢而别。（《后汉书》卷八十一《范式传》）

【注释】 ①范式：东汉义士。字巨卿。山阳金乡（今山东金乡县西北）人。曾任荆州刺史、泸江太守。②太学：朝廷办的国学。③诸生：古称入学而未获功名的普通学员为诸生。④尊亲：指祖辈及父母。⑤剋：限定，约定。⑥设馔以候之：准备酒食来迎候他。⑦尔何相信之审邪：你怎么能信以为真呢？审，确实。⑧乖违：背信，失约。⑨若然，当为尔酝酒：如果是这样，我就应当为你酿酒。

【大意】 范式年少时在太学学习，与张劭是同学好友。二人一起离太学回乡，范式向张劭说：“二年后我要回来，将到你家拜见你的父母，看你的儿辈。”于是一起约定了日期。当约定的日期快到时，张劭把这事告诉母亲，请母亲准备酒菜招待范式。他母亲说：“分别已经二年，相隔千里，你就那么认真相信他吗?”张劭回答：“范式是个守信的人，决不会违约。”母亲说：“如果这样，那我就为你酿酒。”到了约定的那天，范式果然到了。大家一起饮酒，尽欢而别。

三、卓恕千里如期

【原文】　卓恕①，字公行，上虞人。恕为人笃信，言不宿诺②；与人期约，虽遭暴风疾雨、雷电冰雪，无不必至。尝从建业③还家，辞太傅诸葛恪④。恪问：“何当复来?”恕对曰：“某日当复亲觐⑤”。至是日，恪欲为主人，停不饮食，以须⑥恕。至时，宾客会者皆以为会稽⑦、建业相去千余里，道阻江湖，风波难必⑧，岂得如期?须臾，恕至，一座尽惊。(《太平御览》卷四三〇《人事部七一》)

【注释】　①卓恕：三国吴名士。字公行。上虞（今属浙江）人。以信用诚实著称。②言不宿诺：说了必做，从没有停止不行的允诺。宿，隔夜，隔时。③建业：今南京。④诸葛恪：三国吴末期的太傅。诸葛瑾之长子。⑤觐（jìn 进）：朝见。⑥须：待，等候。⑦会稽：今浙江绍兴。⑧难必：很难预料。

【大意】　卓恕为人忠实守信，说到做到，从来没有拖延不履行自己的诺言。与别人约会，虽然遇到暴风骤雨，雷电冰雪，也必定如期到达。有一次从建业回会稽，向诸葛恪辞行。恪问：“你什么时候再来?”卓恕说了一个日期，说：“某日我会亲自来拜见你。”到了那一天，诸葛恪为了接待客人，停着不饮食，等待卓恕。到时间，客人们都以为会稽（卓恕家乡）与建业相距一千余里，一路上江湖阻隔，风浪的影响难以预料，怎么会如期到达?一会儿，卓恕果然到了，大家都非常吃惊。

第十五节　谦恭礼让

本节案语

谦恭，是一种积极的生活态度，它包含着对群体和他人智慧、能力、贡献的肯定和对自己的永不满足。礼让，是谦恭的外部表现。这一节所录的材料，表现了谦恭礼让的美德。这种美德带来了人际关系的和谐、群体的团结和事业的成功。今天在市场经济条件下要提倡竞争意识，但不应把竞争意识与谦恭礼让的传统美德对立起来，而应当把二者在社会主义道德的基础上统一起来。

一、范文子循礼让功

【原文】 晋师归[①]，范文子[②]后入。武子[③]曰："无为吾望尔也乎[④]？"对曰："师有功，国人喜以逆[⑤]之，先入，必属耳目[⑥]焉，是代帅受名[⑦]也，故不敢。"武子曰："吾知免[⑧]矣。"郤伯[⑨]见，公[⑩]曰："子之力也夫[⑪]！"对曰："君之训也[⑫]，二三子[⑬]之力也，臣何力之有焉？"范叔[⑭]见，劳[⑮]之如郤伯，对曰："庚所命也[⑯]，克之制也[⑰]燮何力之有焉？"栾伯[⑱]见，公亦如之。对曰："燮之诏也[⑲]，士用命也[⑳]。书何力之有焉？"（《左传·成公二年》）

【注释】 ①晋师归：指晋师自鞍战凯旋而归。鞍战是春秋中期发生在晋国与齐国之间的有名战役，齐大败，顷公仅以身免。鞍，在今山东济南市。②范文子：士燮，武子士会之子，时为上军佐。③武子：范武子士会，士燮之父，晋献公司马士蒍之孙，晋楚邲之战唯一不败的上军将。④无为吾望尔也乎：你没意识到我在盼望着你的归来吗？为，在此同"谓"。尔，你，指士燮。⑤逆：迎。⑥必属（zhǔ 主）耳目：必定使国人将注意力集中于我。属，通"瞩"，注目。⑦代帅受名：代替主帅接受荣誉。⑧免：指免于刑戮，因儿子如此礼让，故知今后能得以保全。⑨郤（xì 细）伯：即主帅郤克。⑩公：晋景公。⑪子之力也夫：这是你的功劳呵。子，古对男子之尊称。"也"是语尾助词，表示肯定；"夫"是语尾叹词，相当于今天的"呵"。⑫君之训也：这是由于君主您的教导。⑬二三子：指各位将佐。⑭范叔：即文子士燮，因食于范，故有此称。⑮劳：慰勉。⑯庚所命也：这是由于荀庚的指挥得当。庚，即荀庚，荀林父之子，荀偃之父。时为上军将。⑰克之制也：这是由于主帅郤克的领导统率有方。克，即郤克。⑱栾伯：栾书，时为下军将。⑲燮之诏也：这是由于士燮的正确指挥。时栾书虽为下军将，但却受命于上军将，故云。⑳士用命也：这是由于士兵服从命令。

【大意】 晋国军队凯旋归来，范文子士燮走在最后。文子的父亲说："你没有想到我在盼望你回来吗？"文子回答："军队有功，百姓高兴而来迎接，我走在前面，一定引人注意，是代替主帅接受荣誉呀，所以我不敢。"他父亲说："我放心了，你可以免于刑戮了。"主帅郤克进见晋景公，景公说："是你的功劳呀！"郤克说："这是由于您的训导，是大家的功劳，我出了什么力呀！"文子见景公，景公像慰劳郤伯一样慰劳他，他说："这是荀庚指挥得好，郤克统率有方，我出了什么力呀！"下军将领栾书进见，景公还是那样对他说，栾书回答："这是由于士燮的正确指挥和士兵努力执行命令的结果，我出了什么力呀！"

二、冯道根为将不争功

【原文】 道根①性谨厚，木讷②少言，为将能检御部曲③，所过村陌，将士不敢虏掠。每所征伐，终不言功，诸将讙哗争竞，道根默然而已。其部曲或怨非之，道根喻曰："明主④自鉴功之多少，吾将何事？"高祖⑤尝指道根示尚书令⑥沈约⑦曰："此人口不论勋。"约曰："此陛下之大树将军⑧也。"(《梁书》卷十八《冯道根传》)

【注释】 ①道根：冯道根，南朝梁大将，字巨基，广平酂（今湖北光化西北）人。官至信武将军、汝阴太守。②木讷：质朴而不善于言辞。③部曲：魏晋南北朝地方豪强或将领的私人军队称部曲。④明主：英明的君主。⑤高祖：南朝梁的建立者萧衍（464—549)。⑥尚书令：官名，掌章奏文书。⑦沈约：南朝梁女学家。著有《宋书》等。⑧大树将军：东汉名将冯异。据《后汉书·冯异传》载，汉军每所止舍，诸将并坐论功，唯冯异独自屏坐大树下，军中号为"大树将军"。

【大意】 冯道根性情谨慎敦厚，质朴而说话不多，为将领兵能约束部下，所过村庄田地，将士不敢抢掠。每次作战，总不夸功，其他将军喧闹着争功，道根只是默默看着而已。他的部下有的怨恨他，道根给他们讲道理："英明的君主自己明白各人功劳的多少，何必我去争？"梁高祖曾指着道根向尚书令沈约说："这个人从不论功劳。"沈约说："这是陛下的大树将军呀！"

第十六节 见利思义

本节案语

见利思义是中国传统道德处理群己关系的一条基本行为准则。本节所选录的材料，反映了古人践履这一准则所表现出来的优良品德。见利思义，不是一般地反对"利"，而是指在"利"的面前要首先考虑其取舍符不符合"义"。孔子说："义然后取，人不厌其取。"(《论语·宪问》)俗语也说："君子爱财，取之有道。"如果不符合道义，那就应当舍利而从义。当然，各个时代的"义"有着不同的内涵，有其时代性、阶级性，我们不能继承古代等级制社会要求的“义”；我们今天要讲社会主义的“义”。但“见利思义”作为一种行为准则，却仍是必须坚持的。

一、雷义获金付县曹

【原文】 雷义①字仲公，豫章鄱阳人也。初为郡功曹②，[尝]③擢举善人，不伐④其功。义尝济人死罪，罪者后以金二斤谢之，义不受，金主伺⑤义不在，默投金于承尘⑥上。后葺⑦理屋宇，乃得之，金主已死，无所复还，义乃以付县曹⑧。（《后汉书》卷八十一《雷义传》）

【注释】 ①雷义：东汉义士。字仲公，豫章鄱阳（今江西鄱阳）人。②功曹：官名。汉代郡守下有功曹史，简称功曹，为州郡掌管考查、记录功劳之佐吏。③尝：曾经。④伐：自夸。⑤伺：侦察、侦候。⑥承尘：即天花板。⑦葺（qì 气）：修理，修饰。⑧县曹：官府。

【大意】 雷义起先做郡功曹（官名），曾经提拔了善人，却不夸自己的功劳。又曾免了人的死罪，犯人后来拿二斤金子酬谢他，他不受。那人趁雷义不在，悄悄把金子放在天花板上。后来雷义修理房屋，发现了这金子。此时金子的主人已死，无法归还。雷义于是把金子交给了县衙。

二、裴度辞赠还失物

【原文】 ……（裴度）因退游香山佛寺，徘徊廊庑①之下。忽有一素衣妇人，致一缇缯②于僧伽③和尚栏楯④之上，祈祝良久，复取筊⑤掷之，叩头瞻拜而去。少顷，度⑥方见其所致，意彼遗忘，既不可追，然料其必再至，因为收取。踌躇至暮，妇人竟不至，度不得已，携之归所止。诘旦⑦，复携就彼。时寺门始辟，俄⑧睹向者素衣疾趋而至，逡巡抚膺⑨惋叹，若有非横⑩。度从而讯之。妇人曰：“新妇⑪阿父无罪被系，昨告人，假得玉带二，犀带一，直⑫千余缗⑬，以赂津要⑭。不幸遗失于此。今老父不测之祸无以逃矣！”度怃然⑮，复细诘其物色，因而授之。妇人拜泣，请留其一。度不顾而去。（王定保：《唐摭言》卷四《节操》）

【注释】 ①廊庑（wǔ 武）：堂下周围的廊屋。②缇缯（tí xí 题袭）：浅绛色的包袱。③僧伽：佛教对出家修行者的称呼。④栏循：栏杆。⑤筊（jiǎo 狡）：竹索，此处指竹签。⑥度：裴度，唐大臣，河东闻喜人，宪宗时宰相。⑦诘旦：第二天早晨。⑧俄：一会儿，旋即。⑨逡巡拊膺：徘徊抚胸。⑩非横：不幸的、痛心的事。⑪新妇：女人自谦之词。⑫直：通“值”，价值。⑬缗（mín 民）：穿钱的绳子。亦指成串的钱，一千文为一缗。⑭津要：当权的人，关键人物。⑮怃然：同情哀伤的样子。

【大意】 裴度游香山佛寺，在廊下徘徊，忽然有一穿白色衣服的女人，把一个包袱放在佛像前的栏杆上，祈祷了许久，又拿竹签抽了，然后磕头瞻拜而去。过一会儿，裴度才看到她放在那里的包袱竟忘了拿走，可已经追不上她了，裴度料想她一定还会再来，就给她收了起来。等到晚上，这妇女竟没有来。裴度不得已，只好把包袱带回住所。第二天清晨，又带着来等她。那时寺门刚打开，一会儿就看见昨天那女人快步走来，到那里边徘徊边抚胸叹息，像是有了意外的灾祸。裴度上前问她。妇人说：“我父亲无罪被官府抓去下了狱，昨天求人借得两条玉带，一条犀角带，值一千多缗，准备拿去贿赂当权的要人。不幸在这里丢失了，这下子老父亲是没法逃过这不测之祸了。”裴度又细问了她包袱里东西的具体情形，然后把包袱还给了她。妇人哭着拜谢，请裴度留下一件。裴度看都没有看一眼就走了。

三、林积还珠不取酬

【原文】 林积，剑南人。少时入京师，至蔡州，息旅邸。既卧，觉床笫间有物逆其背，揭席视之，见一布囊，其中有锦囊，又其中则锦囊实以北珠[①]数百颗。明日，询主人曰：“前夕何人宿此？”主人以告：“乃巨商也。”林语之曰：“此吾故人，脱[②]复至，幸令来上庠[③]相访。”又揭[④]其名于室曰：“某年某月日剑南林积假馆[⑤]”，遂行。商人至京师，取珠欲货，则无有，急沿故道处处物色[⑥]之。至蔡邸，见其榜，即还访林于上庠。林具以告曰：“元[⑦]珠俱在，然不可但取，可投牒府中，当悉以归。”商如其教，林诣府尽以珠授商，府尹使中分之，商曰：“固所愿。”林不受，曰：“使积欲之，前日已为己有矣。”秋毫无所取。（李元纲：《厚德录》）

【注释】 ①北珠：一称“东珠”，即松花江下游及其支流所产的珍珠，颗大光润，为当地人民对外交换物品之一。②脱：倘若。③上庠（xiáng 详）：原指西周的大学，这里指郡府的官学。④揭：通“楬”。标识。⑤假馆：寄宿。⑥物色：访求，寻找。⑦元：通“原”。

【大意】 林积，剑南人，年少时进京路过蔡州，住在旅店里。躺下时觉得床上有东西硌着背，掀起席子一看，有一布袋，布袋中又有绸袋，绸袋中装着几百颗北方产的珍珠。第二天，林积问店主人，前天谁住在这间房。主人告诉他说："是个大商人呀。"林积告诉他："他是我的老朋友，如果他再来，请告诉他到学校来找我。"又在屋内留了名："某年某月某日剑南林积在此住过"，然后离去。那商人到了京师，要取珠去卖，却没有了，急忙沿着来路一处处去找。到蔡州的旅店，见到林积的留言，就到学校找到了林积。林积告诉他："原来的珠子都在，但不能就这样拿走。你可以向官府报告，我会全部归还你。"商人照他说的做了，林积就到官府把珠子全部交给了商人。府尹要他们二人平分。商人说："这正是我的想法。"林积不接受，说："如果我想要，那这些珠子早已是我的了。"丝毫也没有拿。

四、许衡义不苟取

【原文】 许衡①字仲平，怀之河内②人也。……尝暑中过河阳，渴甚，道有梨，众争取啖③之，衡独危坐④树下自若⑤。或问之⑥，曰："非其有而取之，不可也。"人曰："世乱，此无主。"曰："梨无主，吾心独无主乎?"(《元史》卷一五八《许衡传》)

【注释】 ①许衡（1209—1281）：字仲平，号鲁斋。元朝河内（今河南沁阳）人。元世祖即位后，与刘秉忠等定朝仪官制，策划立国规模。主持国学，以儒家六艺为主要内容。官至集贤大学士兼国子祭酒。②怀之河内：怀州的河内。怀，怀州，古行政区划名，治所今属河南。河内，古县名，即今河南沁阳县。③啖（dàn 旦）：吃。④危坐：正襟而坐。⑤自若：安然如常，毫不动心。⑥或问之：有人问道。或，有人，某人。

【大意】 许衡有一次夏天经过河阳，口渴极了。道旁有梨树，许多人争着摘梨来解渴，只有许衡安然端坐树下，毫不动心。有人问他为什么不吃，他说："不是自己的东西是不可以拿的。"别人说："现在世道很乱，这梨是无主的。"许衡说："梨没有主，我的心也就没有主吗?"(意思是说虽然梨没有主，自己却不可失去做人的原则)

第十七节　家庭伦理

本节案语

家庭是社会的细胞，维持家庭关系的和睦稳定，对于整个社会的安定有极重要的意义。所以古人极重“齐家”。要保持家庭关系的和谐稳定，一个重要的方面，就是要建立合理的道德规范，使家庭成员都能自觉遵守。这一章选录的材料，反映了遵守家庭伦理，保持家庭和睦的一些情况。今天的家庭关系，与古代宗法等级制下的家庭关系，已有了极大的不同，家庭伦理的内容自然也应随之而有变化。不过，古代传统中也还有可借鉴之处，我们应仔细分析、取舍。

一、李密陈情报祖母

【原文】 戏[①]同县后进[②]有李密[③]者，父早亡。母何氏，更适[④]人。密见养[⑤]于祖母。事祖母以孝闻，其侍疾则泣涕侧息，日夜不解带，膳饮汤药，必自口尝。晋武帝[⑥]立太子，征为太子洗马[⑦]，诏书累下，郡县逼遣，于是密上书曰：“臣以险衅[⑧]，夙遭闵凶[⑨]，生孩六月，慈父见背[⑩]，行年四岁，舅夺母志[⑪]。祖母刘，愍[⑫]臣孤弱，躬见抚养。……臣欲奉诏奔驰……但以刘日薄西山，气息奄奄，人命危浅，朝不虑夕。臣无祖母，无以至今日，祖母无臣，亦无以终余年，母孙二人，更相为命，是以区区不敢废远[⑬]。臣今年四十有四，祖母刘今年九十有六，是臣尽节于陛下之日长，报养刘之日短也。乌鸟私情[⑭]，愿乞终养。……”武帝览表曰：“密不空有名也。”嘉其诚款，赐奴婢二人，下郡县供养其祖母奉膳。及祖母卒，服终[⑮]，从尚书郎[⑯]为河内温县[⑰]令，政化严明。（据《三国志》卷四十五《蜀书·杨戏传》注）

【注释】 ①戏：杨戏，三国蜀名吏，为诸葛亮所器重。诸葛亮死后，任建宁太守，射声校尉。②后进：晚辈。③李密（224—287）：西晋犍为武阳（今四川彭山东）人。字令伯，一名虔。④更适：改嫁，再嫁。⑤见养：被养。见，此处作助动词，表示被动。⑥晋武帝：西晋武帝司马炎。⑦洗马：官名，为东宫官属，职如谒者，太子出则为前导。⑧险衅：命运艰险，多灾多祸。衅，祸患，罪过。⑨闵凶：指忧丧之事。⑩见背：指父母或长辈去世。⑪舅夺母志：舅父强迫母亲改变守节抚孤的志向。⑫愍（mǐn 敏）：怜悯，哀怜。⑬废远：终止孝养而远行。废，中止、停止。⑭乌鸟私情：指报答祖母养育之情。古人常以羊有跪乳、乌有反哺来喻人之应孝敬父母。⑮服终：为祖母服丧完毕。⑯尚书郎：官名。东汉取孝廉中有才能者入尚书台，在皇帝左右处理政务，初任称郎中，满一年称尚书郎，三年称侍郎。⑰河内温县：今河南焦作市南部。

【大意】 李密父亲早死，母亲改嫁了，由祖母抚养长大，以侍奉祖母尽孝闻名于乡里。他侍候祖母生病总是哭泣叹息，日日夜夜都不脱衣服睡在祖母身边，吃饭喝药，一定自己先亲口尝一尝。晋武帝立了太子，征召他去做太子洗马（官名），连着下了几道诏书，地方官不断催逼，于是李密上书给武帝，说："我因为命运不好，从小遭遇不幸，出生才六个月，慈父就去世了；到四岁时，舅父又强行让我母亲改嫁了；祖母刘氏怜悯我孤苦弱小，亲自扶养我，直至我长大成人。而祖母刘氏被疾病缠身，常年卧床不起。我想接受诏书迅速赶去上任，只因为刘氏已经像夕阳即将西下，气息奄奄，生命微弱，朝不保夕。我没有祖母，活不到今天；祖母没有了我，也无法安享她最后的余年，祖孙二人，相依为命。所以我私下觉得不能丢弃祖母远行。我今年四十四岁，祖母刘氏今年九十六岁，所以我向陛下尽忠的日子还长，而报答刘氏的日子则短了。我以乌鸦反哺的心情，请求允许我奉养祖母直到最后。"武帝同意了他的请求。到祖母死了，办完了丧事，才去任职当官。

二、宋弘不易糟糠妻

【原文】 宋弘①字仲子，京兆长安②人也。……光武即位，征拜太中大夫。建武二年，代王梁为大司空，封栒邑③侯。所得租奉④分赡九族，家无资产，以清行致称。……时帝姊湖阳公主新寡，帝与共论朝臣，微观其意。主曰："宋公威容德器，群臣莫及。"帝曰："方且⑤图之。"后弘被引见，帝令主坐屏风后，因谓弘曰："谚言贵易交，富易妻，人情乎？"弘曰："臣闻贫贱之知不可忘，糟糠之妻⑥不下堂⑦。"帝顾谓主曰："事不谐⑧矣。"（《后汉书》卷二十六《宋弘传》）

【注释】 ①宋弘：东汉初期名吏，以清节威德著称于世。②长安：汉代县名，治所在今陕西省长安县。③栒（xún 旬）邑：汉代县名，治所在今陕西省旬邑县。④奉：通"俸"。⑤方且：将要。⑥糟糠之妻：指贫贱时共度患难的妻子。糟糠，聊以充饥的酒糟、糠皮等粗劣食物。⑦不下堂：不离开堂屋，意谓不把她休弃。⑧事不谐：事不成。谐，合，成。

【大意】 宋弘，长安人，历任高官，所得的俸禄田租都分给亲戚，自己家里没有资产，以清廉闻名。当时光武帝的姐姐湖阳公主的丈夫去世不久，光武帝与公主一起议论朝中大臣，试探公主的意思。公主说："宋弘的容貌德行，群臣都比不上。"光武帝说："待我们想想办法。"后来宋弘被光武帝引见，光武帝让公主坐在屏风后面，自己对宋弘说："常言道贵了就换朋友，富了就换妻子，这是人情之常吗?"宋弘说："我听说贫贱时的朋友不能忘，穷困中共度患难的妻子不能休弃。"光武帝回来对公主说："事情办不成了。"

三、孔融四岁知让梨

【原文】 孔融[①]字文举，鲁国人，孔子二十世孙也。兄弟七人，融第六。年四岁时，每与诸兄共食梨，融辄[②]引小者。大人问其故，答曰："我小儿，法[③]当取小者。"由是，宗族奇之。

山阳张俭[④]，以中正为中常侍[⑤]侯览[⑥]所怨，览为刊章[⑦]下州郡捕俭。俭与融兄褒[⑧]有旧，亡投褒。遇褒出。时融年十六，俭少之而不告。融见俭有窘色，谓曰："吾独不能为君主[⑨]耶?"因留舍之。后事泄，俭得脱走；遂并收融及褒送狱。融曰："保纳[⑩]舍藏者融也，当坐之。"褒曰："彼来求我，非弟之过，请甘其罪。"兄弟争死，郡县疑不能决，乃谳[⑪]，诏书[⑫]令褒坐焉。融由是显名。（据《后汉书》卷七十《郑孔荀列传》及注引《融家传》）

【注释】 ①孔融（153—208）：东汉末人，孔子后代，少有高名，为人恃才负气。终因触怒曹操被杀。②辄：每每、总是。③法：常理、常规。④张俭：东汉山阳高平（今山东邹城市西南）人，为官正直，初为山阳东部督邮，因严劾宦官侯览及其家属的罪恶，为人敬仰。在官方追捕下，曾逃至孔褒处，为孔融所隐匿。⑤中常侍：秦所设官，西汉沿用，为出入宫廷侍从皇帝的官，东汉时，专用宦官为中常侍，权力极大。⑥侯览（？—172)：东汉时宦官，为中常侍，受贿巨万，后自杀。⑦刊章：删去告发人姓名的捕人文书。⑧褒（bāo 包）：孔融的哥哥，孔褒。⑨主：主宰、主持、作主。⑩保纳：接纳保护。⑪谳（yàn 厌)：审判定罪。⑫诏书：皇帝所发的命令。

【大意】 孔融是东汉末年孔子的后代，他有兄弟七人，融排行第六。当他还只有四岁时，每次与诸兄一同吃梨，他都是拿最小的。大人问他什么原因，他回答说："我是小弟弟，按规矩应当拿小的。"由这件事，宗族的人们都以为孔融这孩子很不平常。

东汉山阳高平县的张俭，为人中正刚直，因检举揭发宦官侯览及其家属的罪恶为侯览所怨恨。侯览下发了一个逮捕张俭的文书，到各州郡逮捕张俭。张俭同孔融的哥哥孔褒过去是朋友，就逃奔到孔褒家去。当时孔褒出外不在，孔融才十六岁。张俭认为他年纪太轻而不愿意告诉他这次来的目的。孔融发觉了张俭有为难的意思，便说："难道我不能为您作主吗?"就把张俭留在家里，隐藏起来。这件事后来泄露了出去，张俭虽然逃走了，孔融及他的哥哥孔褒却被捕入狱。孔融说："接纳保护并把张俭隐藏起来的是我，应当判我的罪。"孔褒说："张俭来求我，不是我弟弟的过错，应当判我的罪。"兄弟两人都争着承担死罪，郡县的官吏们犹豫不决，只好请求上面定罪。最后，皇帝下了诏书，令孔褒服了刑。孔融因此在远近地区有了很大的名声。

第十八节　注重家教

本节案语

重视对子女的教育，是中国家庭道德的重要方面。这一节选录的三条材料从不同角度反映了注重家教的精神。其中有两点特别值得注意：其一，对子女的爱不是表现在给他们安排舒适的生活，而主要应表现在对子女的教育、培养；其二，注意身教，注意自己一言一行对子女的影响。这两点在今天都有重要的现实意义。

一、曾子舆杀猪教子

【原文】　曾子①之妻之②市，其子随之而泣。其母曰："女③还，顾反④为汝杀彘⑤。"妻适⑥市来，曾子欲捕彘杀之。妻止之曰："特与婴儿戏耳。"曾子曰："婴儿非与戏也。婴儿非有知也，待父母而学者也，听父母之教。今子⑦欺之，是教子欺也。母欺子，子而不信其母，非以成教也⑧。"遂烹彘也。(《韩非子·外储说左上》)

【注释】　①曾子：孔子著名弟子曾参（shēn 申），字子舆，鲁武城（今山东费县）人，约生活于公元前505至前435年间，以孝闻名。②之：往。③女：同"汝"，你。④顾反：顾，等待。反，通"返"。⑤彘（zhì 质）：猪。⑥适：去，往。⑦子：指对方，你。⑧非以成教也：这样是不能教育好孩子的。

【大意】　曾子的妻子要去集市，他的儿子跟着她哭。他母亲说："你回去吧，等我回来给你杀猪吃。"妻子从集市回来，曾子就要捉猪来杀。妻子制止他，说："我只是和小孩子随便说着玩的。"曾子说："孩子不是与你说着玩的。孩子不懂道理，是跟着父母学的，要听父母的教诲。今天你欺骗他，也就是教他欺骗。母亲欺骗孩子，孩子就不信任他的母亲，这样是不能教育好孩子的。”于是就杀了猪烧了吃。

二、赵左师说太后教子之方

【原文】 赵太后[①]新用事，秦[②]急攻之。赵氏求救于齐[③]。齐曰：“必以长安君[④]为质，兵乃出。”太后不肯，大臣强谏。太后明谓左右：“有复言令长安君为质者，老妇必唾其面!”

左师触龙[⑤]言愿见太后。太后盛气而胥[⑥]之。入而徐趋，至而自谢。……太后之色少解[⑦]。左师公曰：“老臣贱息[⑧]舒祺最少，不肖，而臣衰，窃爱怜之，愿令得补黑衣[⑨]之数，以卫王宫，没死[⑩]以闻。”太后曰：“敬诺。年几何矣?”对曰：“十五岁矣。虽少，愿及未填沟壑[⑪]而托之。”太后曰：“丈夫亦爱怜其少子乎?”对曰：“甚于妇人。”太后笑曰：“妇人异甚。”对曰：“老臣窃以为媪[⑫]之爱燕后[⑬]贤[⑭]于长安君。”曰：“君过矣，不若长安君之甚。”左师公曰：“父母之爱子，则为之计深远。媪之送燕后也，持其踵为之泣，念悲其远也，亦哀之矣。已行，非弗思也，祭祀必祝之，祝曰：‘必勿使反[⑮]!’岂非计久长、有子孙相继为王也哉?”太后曰：“然。”左师公曰：“今三世以前，至于赵之为赵[⑯]，赵主之子孙侯者，其继有在者乎?”曰：“无有。”曰：“微独[⑰]赵，诸侯有在者乎?”曰：“老妇不闻也。”“此其近者祸及身，远者及其子孙。岂人主之子孙则必不善哉?位尊而无功，奉厚而无劳，而挟重器[⑱]多也。今媪尊长安君之位，而封之以膏腴[⑲]之地，多予之重器，而不及今令有功于国。一旦山陵崩[⑳]，长安君何以自托于赵?老臣以媪为长安君计短也，故以为其爱不若燕后。”太后曰：“诺。恣君之所使之[㉑]。”于是，长安君约[㉒]车百乘，质于齐，齐兵乃出。

子义[㉓]闻之曰：“人主之子也，骨肉之亲也，犹不能恃无功之尊，无劳之奉，而守金玉之重也，而况人臣乎?”（《战国策》卷二十一《赵太后新用事》）

【注释】 ①赵太后：战国初赵武灵王子惠文王威后。赵，在今河北邯郸一带。惠文王死，孝成王立，年幼，故太后主事。②秦：在今陕西中部，当时已相当强大。③齐：在今山东淄博一带。④长安君：赵太后的小儿子。长安君是他的封号。长安在今河北饶阳县。⑤左师触龙：官左师而名触龙的人。龙，或连下“言”字作“讋”。⑥胥：同“顺”，等待。⑦色少解：脸色稍有缓和。⑧息：指儿子。⑨黑衣：卫士的代称，因当时宫中卫士都穿黑衣。⑩没

(mò 末) 死：《史记·赵世家》作"昧死"，即言冒死，以示谦谨。⑪填沟壑：指死去。这是自己谦虚的说法。⑫媪 (ǎo 袄)：对老年妇女的尊称。⑬燕后：太后女而嫁燕王者。⑭贤，胜。⑮必勿使反：反，通"返"。古诸侯嫁女，非被废弃或亡国，不得返回母国，故有此祝愿。⑯赵之为赵：指赵于战国初年建国。⑰微独：犹言非独，不仅。⑱重器：指诸侯象征其特权地位的珍贵器物如钟鼎之类。⑲膏腴：言土地肥沃。⑳山陵崩：婉喻太后死去。㉑恣君之所使之：按照您的意见派他出去吧。恣，听任。㉒约：约集；备办。㉓子义：赵国贤士。

【大意】 赵太后刚主持政事不久，秦国发兵猛烈地攻击赵。赵太后向齐国求救，齐国说："一定要长安君来做人质，才能出兵。"太后不肯，大臣们一再劝说太后。太后明确告诉大家："谁再要提让长安君去做人质的事，我一定要向他脸上吐唾沫。"左师触龙要求见太后，太后满怀怒气接待了他。左师进去，慢慢小步上前，自己先道歉赔罪，太后脸色稍稍缓和了一些。左师说："我的儿子舒祺年龄最小，没有出息，可是我老了，心疼他，希望能让他当一名卫士保卫王宫，我冒死向您请求。"太后说："可以。他多大了？"左师回答："十五岁了。虽然还小，但希望能在我去世之前替他安排好。"太后说："男人也疼爱他的小儿子吗？"左师说："还胜过女人呢。"太后笑着说："还是女人更疼爱些。"左师说："我以为太后爱你的女儿燕后还胜过了爱长安君。"太后说："你错了，我爱女儿远不及爱长安君。"左师说："父母之爱子女，总是为他考虑长远。你送燕后出嫁，拉着她的脚为她哭，是想到她要嫁往远方而哀伤。已经走了之后，不是不想她，每逢祭祀都要为她祝愿，说千万不要被废弃而回来呀。这岂不是为她做长远打算，要她有子孙相继为王吗？"太后说："对呀！"左师又说："现在向上溯三代之前，直到赵国初年的时候，赵国君主的子孙封侯的，现在他们的后代仍然保留着原来地位的还有吗？"太后说："没有。"左师又说："不只是赵国，其他诸侯国中还有在的吗？"太后说："我没有听说过有。"左师说："像这样，近的灾祸应在自己身上，远的则祸及子孙。难道说国君的子孙都不好吗？不，这是因为地位尊贵而没有功劳，俸禄丰厚而没有付出辛劳，而又掌握着极高的权力。现在太后你给长安君尊贵的地位，又封给他肥沃的土地，多给他权力，却不让他有功于国家。一旦你去世了，长安君凭什么在赵国立足？我以为你给长安君的打算只看到了眼前，所以说对他的爱不如对燕后的爱深。"太后说："好，按你的意见派他出使吧。"于是给长安君备了一百辆车，去齐国做人质，齐国也就出了兵。子义听说这事以后说："国君的儿子，亲生骨肉，尚且不能依靠没有功劳的尊位，不付出劳苦的俸禄，以保持自己的地位权力，何况是做臣子的呢?"

三、孟轲母择邻断机杼

【原文】　邹①孟轲②之母也，号孟母。其舍近墓。孟子之少也，嬉游为墓间之事③，踊跃筑埋。孟母曰："此非吾所以居处子④也!"乃去。舍市傍⑤，其嬉戏为贾人炫卖⑥之事。孟母又曰："此非吾所以居处子也。"复徙。舍学宫⑦之傍，其嬉游乃设俎豆⑧，揖让进退⑨孟母曰："真可以居吾子矣!"遂居之……孟子之少也，既学而归，孟母方绩⑩，问曰："学何所至⑪矣?"孟子曰："自若也⑫。"孟母以刀断其织。孟子惧而问其故，孟母曰："子之废学，若吾断斯织⑬也! ……"孟子惧，旦夕勤学不息；师事子思⑭，遂成天下之名儒。君子⑮谓孟母知为人母之道⑯矣。(刘向：《列女传·母仪》)

【注释】　①邹：古邹国，在今山东邹城市。②孟轲：儒学的重要奠基人之一，中国古代杰出的思想家。鲁公族孟氏之后，约生活在公元前372至前289年间。受业于子思之门人，游说于齐、梁之间，上继孔子，兼言仁义，倡仁政，主性善，尚气节，重修养，对中国古代道德传统的形成和发展具有深刻的影响。有《孟子》一书传世，为儒家重要经典。③墓间之事：丧葬之事。④此非吾所以居处子：这不是我要让儿子居住的地方。⑤舍市傍：在集市的旁边住下来。舍，居住。傍，通"旁"。⑥炫卖：沿街叫卖。⑦学官：即学校。⑧俎（zǔ组）豆：古宴聘或祭祀时放置带骨熟肉的几案和盛肉酱的器皿。⑨揖让进退：指祭祀中的文明礼仪。⑩绩：泛言纺织。绩之本义，乃缉麻成线。⑪学何所至：学到什么地方了？意指有无长进。⑫自若也：一切照常，还是老样子。意指和原先一样，没啥长进。⑬斯织：这幅布。⑭师事子思：子思，孔子之孙，约生活在公元前483至前402年，名伋，也是儒家的重要学者。这句话就字面解之，即言以子思为师而事之，而实际上，子思死时，孟子尚未出生，故应依《史记》说师事子思之门人，而不是直接师事于子思。⑮君子：本指有才德之人，此泛指世人。⑯为人母之道：当母亲的如何教育子女的道理。

【大意】　孟轲的母亲，人们称她孟母。他们家靠近墓地，孟子小时候就学着玩丧葬的游戏，埋土作坟，跳舞祭奠。孟母说："这不是我要让儿子住的地方。"于是搬走了，住到集市旁边。孟子的游戏又都是学商人做买卖的事。孟母又说："这不是我要让儿子住的地方。"又搬家，住到了学宫旁边。孟子玩的时候就学着摆放祭祀用的器具和前进后退行礼的礼仪。孟母说："这里可以让我儿子住下去了。"于是住了下来。孟子小时候，有一次放学回家，孟母正在织布，问孟子："学到什么地方了？"孟子说："还是老样子。"孟母就拿起刀把布机上没织完的布割断了。孟子吃了一惊，问妈妈为什么这样做。孟母说："你荒废学业，正和我割断这布一样。"孟子害怕了，从此日夜勤学不止；以子思的门人为师，最后成为天下的名儒。人们认为，孟母是真懂得做母亲的道理了。

第十九节　扶危济困

本节案语

扶危济困是中华民族处理群己关系方面的一种传统美德。人生在世，不可能一帆风顺，总难免有危难、穷厄。对他人危难漠不关心，甚或幸灾乐祸，乘机自肥，向来为人们所不齿。而解囊相救，雪中送炭，助人为乐，这才是人们历来称颂的美德。本节所选录的事例，从不同方面显示了这种美德的可贵。

一、查道倾囊救弱女

【原文】　查道①初赴举②，贫，不能上道，亲族裒③钱三万遗之。道出滑州，过父友吕翁家，翁丧，无以葬，母兄将鬻④其女以办丧事。道倾褚⑤中钱，悉与之，又与嫁其女。（李元纲：《厚德录》）

【注释】　①查（zhā 扎）道：宋代人，字湛然。端拱年间进士，官至龙图阁待制。②赴举：参加科举考试。赴，去，前往。③裒（póu 掊）：聚集。④鬻（yù 育）：卖。⑤褚（zhǔ 主）：囊。

【大意】　查道首次参加科举考试，由于贫穷，不能上路，于是亲戚本家凑集了三万钱送他赶考。查道出了滑州，经过父亲的好友吕翁家，吕翁刚刚去世，无钱下葬，母亲和哥哥要把吕翁的女儿卖了来办丧事。查道便将自己囊中的钱全部拿出给了吕翁家，而后又帮助吕翁的女儿出了嫁。

二、郑成仙自矢修桥

【原文】 郑成仙，歙[①]之杨冲人。以织箕为业，质坚而价不二，近村数十里争购之。箕敝，皆卧舂[②]以待。少壮时，尝值风雨过坤沙前硐，小桥木腐，蹶而危者再[③]。忽仰天自矢[④]曰："吾有生之日，当积箕为石以缮[⑤]此桥。"闻者皆笑之。自是，得钱稍易银，即贮之于小瓦鉼[⑥]，閟土铫下[⑦]，其妇与子皆不识也。铫少溢[⑧]，或为邻人所贷，或閟处偶泄，伺者窃去。凡三散而三蓄，志愈坚，家人藜藿[⑨]不给，弗恤[⑩]也。久之，艺售而贫窭[⑪]如故，人窃疑之。

康熙丁未[⑫]，郑年七十余。一日，忽呼诸邻叟至室，曰："吾足趼而背伛[⑬]，夙愿[⑭]不酬，桥与身俱逝矣。吾初愿尚不止此。"倾鉼而出，灿若繁星，合计之，得金二镒[⑮]，即日鸠工[⑯]采石。其妇与子皆敝衣椎髻[⑰]，环立瞪目，作悔恨声。曩[⑱]之笑者忽敛容[⑲]惊愕曰："叟果至是耶?"遂相与诹吉[⑳]经始[㉑]，稚者负锸[㉒]，壮者肩石，挥汗趋役，穷日不休。未匝月[㉓]工毕举，奠危以宁，其道如砥[㉔]……（徐珂：《清稗类钞·义侠类》）

【注释】 ①歙（shè 射）：州名，今安徽歙县。②卧舂（chōng 冲）：停止舂米，以待新箕播米。卧，息。舂，用杵臼捣米谷去壳。③蹶（jué 决）而危者再：多次踏上都差点摔下桥去。蹶，踏。④自矢：自己发誓。矢，通"誓"，指誓言。⑤缮：修整，补修。⑥瓦鉼（xíng 形）：瓦制的酒器。鉼，酒器。⑦閟（bì 必）土铫下：藏在瓦锅下面。閟，掩闭。土铫，瓦锅。⑧溢：满。⑨藜藿（lí huò 离获）：多用以指粗劣的饭菜。藜，植物名，亦称"灰藋"、"灰菜"。藿，豆叶。⑩弗恤：不体恤，不周济。⑪贫窭（jù 据）：贫寒。⑫康熙丁未：清康熙六年（1667）。⑬足趼（jiǎn 茧）而背伛（yǔ 雨）：脚掌长了老茧，背也驼了。趼，足久行生硬皮。伛，驼背。⑭夙愿：多年来的愿望。⑮镒（yì 逸）：古代度量单位，二十两或二十四两为一镒。⑯鸠工：召集工人。鸠，聚集，召集。⑰椎（chuí 捶）髻：如椎形的发髻。⑱曩（nǎng）：以往，以前。⑲敛容：收起笑容。⑳诹（zōu 邹）吉：选择吉日。㉑经始：开始营建。㉒锸（chā 插）：即锹，插地起土的工具。㉓未匝（zā）月：未满一月。㉔砥（dǐ 抵）：磨石，细者为砥。

【大意】 郑成仙，歙县人，编簸箕为生。他编的簸箕质地坚固价格合理，远近几十里的乡民争着来买，簸箕破了，都暂停舂米，等买到他的簸箕再舂。年轻时，有一次风雨中过坤沙前硐，那小桥上的木板已朽烂了，几次都差点摔倒掉下去。他对天发誓："我有生之年，一定要积攒卖簸箕的钱买石头来修好这座桥。"听说的人都笑他。从此，他有了钱就换成银子，存在小瓦罐里，藏到锅下面，他妻子儿子都不知道。或是锅满了稍稍露了出来，被邻居借去，或者是泄露了藏银子的地方被小偷偷去了。这样积蓄了又丢失，丢失了又积蓄，三散三蓄。但他的决心更坚定，家里人不体恤，连最坏的饭菜也不给他，这样时间长了，簸箕很受欢迎而生活却依旧贫困，人们都暗自觉得奇怪。康熙六年，郑成仙七十多岁了，一天，他忽然把邻居老人都叫到家里说："我脚也长了老茧，背也驼了，多年来的愿望再不能实现，桥和我就都要完了。我当年的愿望还不止这个。"把瓦罐里的银子全倒了出来，亮闪闪像天上的星星一样洒满一地，清点以后，一共是黄金二镒。当天就召集工人开采石料，准备修桥。他妻子儿子都穿着破衣服，瞪着眼站在周围，连声表示悔恨。过去曾笑过他的人也严肃吃惊地说："老人家果真是这样呀!"于是一起选定吉日动工，年幼的使铁锹，青壮年背石头，挥汗赶工，日夜不停，不到一个月就完工了，把危桥变成了安全的通道。

图书在版编目（CIP）数据

中国传统道德：普及本：重排本/罗国杰主编. —北京：中国人民大学出版社，2011.12

ISBN 978-7-300-14944-8

Ⅰ.①中… Ⅱ.①罗… Ⅲ.①伦理学-思想史-中国-古代 Ⅳ.①B82-092

中国版本图书馆 CIP 数据核字（2011）第 263842 号

国家教育委员会组织编写

中国传统道德　普及本（重排本）

主　编　罗国杰

副主编　夏伟东

Zhongguo Chuantong Daode　Pujiben

出版发行	中国人民大学出版社		
社　　址	北京中关村大街 31 号	**邮政编码**	100080
电　　话	010-62511242（总编室）		010-62511398（质管部）
	010-82501766（邮购部）		010-62514148（门市部）
	010-62511173（发行公司）		010-62515275（盗版举报）
网　　址	http：//www.crup.com.cn		
经　　销	新华书店		
印　　刷	涿州市星河印刷有限公司		
开　　本	720 mm×1000 mm　1/16	**版　　次**	2012 年 1 月第 1 版
印　　张	12.5 插页 4	**印　　次**	2025 年 5 月第 5 次印刷
字　　数	198 000	**定　　价**	38.00 元
